极简世界史

[英]乔治·维尔斯 著
徐萍 译

吉林出版集团股份有限公司

图书在版编目（CIP）数据

极简世界史 /（英）乔治·维尔斯著；徐萍译.—长春：吉林出版集团股份有限公司，2017.8
（小历史系列）
书名原文：A SHORT HISTORY OF THE WORLD
ISBN 978-7-5581-2892-9

Ⅰ．①极… Ⅱ．①乔… ②徐… Ⅲ．①世界史—通俗读物 Ⅳ．①K109

中国版本图书馆CIP数据核字（2017）第118767号

极简世界史

著　者	[英]乔治·维尔斯
译　者	徐　萍
责任编辑	齐　琳　姚利福
封面设计	亿德隆装帧设计
开　本	650mm×960mm　1/16
字　数	300千
印　张	20
版　次	2017年8月第1版
印　次	2020年2月第3次印刷
出　版	吉林出版集团股份有限公司
电　话	总编办：010-63109269
	发行部：010-63104979
印　刷	唐山唐文印刷有限公司

ISBN 978-7-5581-2892-9　　　　　　定价：49.80元

版权所有　侵权必究

目 录

第一章丨空间中的世界.................... 001

第二章丨时间里的世界.................... 004

第三章丨生命的起源...................... 007

第四章丨鱼类时代........................ 010

第五章丨煤炭沼泽的时代.................. 014

第六章丨爬行动物时代.................... 018

第七章丨第一种鸟类和第一种哺乳动物...... 022

第八章丨哺乳动物时代.................... 026

第九章丨猿人、类人猿和亚人.............. 029

第十章丨尼安德特人和罗德西亚人.......... 033

第十一章丨真正的人类.................... 037

第十二章丨早期人类的思想................ 041

第十三章丨耕作的开始.................... 045

第十四章丨原始的新石器时代文明.......... 049

第十五章丨苏美尔与古埃及的书写.......... 053

第十六章丨原始的游牧民族................ 057

第十七章｜最早走向海洋的人们 061

第十八章｜埃及、巴比伦和亚述 066

第十九章｜原始的雅利安人 072

第二十章｜最后的巴比伦帝国和大流士一世的帝国 076

第二十一章｜早期的犹太人历史 080

第二十二章｜犹太的祭司与先知 085

第二十三章｜希腊人 089

第二十四章｜希波战争 094

第二十五章｜希腊的辉煌 098

第二十六章｜亚历山大大帝的帝国 101

第二十七章｜亚历山大市的博物馆和图书馆 105

第二十八章｜释迦牟尼的一生 109

第二十九章｜阿育王 114

第三十章｜孔子和老子 117

第三十一章｜走入历史舞台的罗马 122

第三十二章｜罗马和迦太基 127

第三十三章｜罗马帝国的成长 131

第三十四章｜罗马与中国 141

第三十五章｜早期罗马帝国统治下普通人的生活 145

第三十六章 | 罗马帝国时期宗教的发展.................151

第三十七章 | 耶稣的教学.................157

第三十八章 | 基督教教义的发展.................163

第三十九章 | 野蛮人把帝国分裂成东西方.................166

第四十章 | 匈奴与西方帝国的终结.................170

第四十一章 | 拜占庭帝国和萨珊帝国.................175

第四十二章 | 中国的隋朝和唐朝.................179

第四十三章 | 穆罕默德和伊斯兰教.................181

第四十四章 | 阿拉伯人的辉煌时光.................184

第四十五章 | 拉丁基督教世界的发展.................187

第四十六章 | 十字军东征和教皇统治的时代.................194

第四十七章 | 王公们的顽固与大分裂.................202

第四十八章 | 蒙古人的征服.................209

第四十九章 | 欧洲人的知识复兴.................214

第五十章 | 拉丁教会的改革.................222

第五十一章 | 查理五世.................226

第五十二章 | 政治实验时代：君主立宪制、议会制和欧洲共和主义...233

第五十三章 | 欧洲人在亚洲和海外的新帝国.................242

第五十四章 | 美国独立战争.................247

第五十五章 | 法国大革命与法国君主政体的恢复.................253

第五十六章 | 拿破仑倒台后欧洲的脆弱和平.....................260

第五十七章 | 材料知识的发展...................................265

第五十八章 | 工业革命...271

第五十九章 | 现代政治社会思潮的发展...........................275

第六十章 | 美国的扩张...283

第六十一章 | 德国崛起到欧洲的主导地位.........................289

第六十二章 | 汽船和铁路构建的新的海外帝国.....................291

第六十三章 | 欧洲在亚洲的侵略和日本的崛起.....................296

第六十四章 | 1914年的大英帝国.................................300

第六十五章 | 欧洲的武器装备时代，1914—1918年的大战...........302

第六十六章 | 俄国的革命与饥荒.................................305

第六十七章 | 世界政治与社会的重建.............................309

第一章 | 空间中的世界

我们这个世界的故事,还没有被充分地解读出来。几百年前,人们所了解的历史仅仅局限于 3000 年以内的时光。对于之前那段历史的构建,仅仅是基于传说和猜测。文明世界中的大部分人,一直被灌输这样的理念,整个世界是在公元前 4004 年突然被创造出来的。权威们的分歧也仅仅限于:这个世界是诞生于那一年的春天还是秋天而已。为什么会产生这种误解,而且这种误解看起来时间又如此精确呢?这种情形的出现主要是基于对希伯来《圣经》的字面理解,以及与此紧密连接在一起的武断的神学假设。现在,学者们早就抛弃了这些观念,人们已经普遍开始认识到,我们所生活于其中的宇宙,存在于一个漫长的时段之中,而且这一时段很有可能是永无止境的。当然,在这些表象之中,会有误判出现。这就类似于在一个房间里面,在每一端都放上镜子,两面镜子相对而立,那么这个房间看起来也是没有尽头的。但是,关于我们生活在其中的宇宙仅仅存在了六七千年的时间,这看起来却似乎是一个爆炸性的想法。

现在,众所周知的事实是,地球是球形的,如果被轻微地压扁,就呈现出橘形,其直径将近 8000 英里。但是,只有极少数的智者,在近 2500 年的时段里,才知道地球是球形的。在那之前,人们一直认为它是平面的。对于地球和天空、地球和行星、地球和恒星的关系,人们有着各种各样的想法,而今看来,这些想法是非常荒唐的。如今,我们知道,它围绕着两个轴旋转(它们比赤道

NASA 拍下的宇宙图景

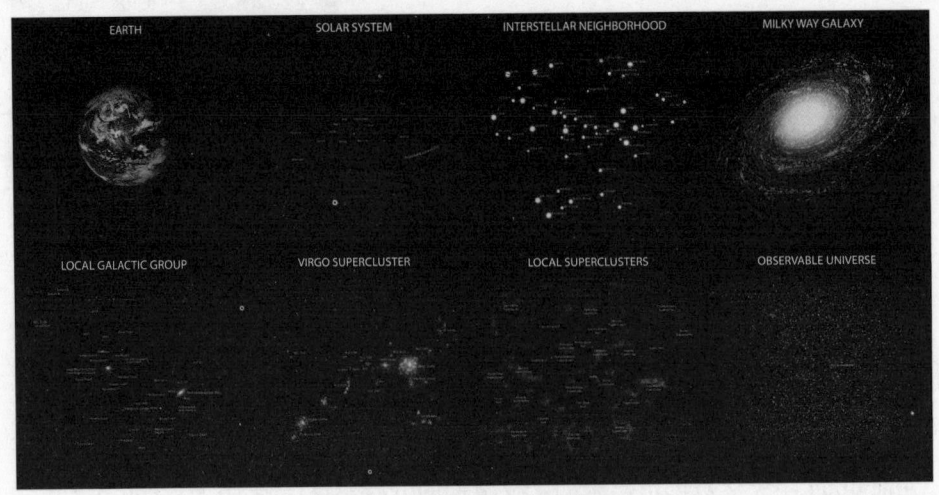

从地球扩张到我们可观测的宇宙

直径大约短了24英里），这种旋转是以24小时为周期进行的，这也是昼夜交替的原因所在。以一年为周期，地球围绕着太阳旋转，其运转轨道是有点轻微扭曲的、略有变化的椭圆形。地球与太阳的最近距离大约在9150万英里，不会超过9450万英里。

围绕太阳运转的星体并非只有地球和月球。同时，还有行星，包括水星和金星，它们的距离分别为3600万英里和3700万英里。在地球旋转圈之外，忽略不计众多规模较小的天体，则分别为火星、木星、土星、天王星和海王星，其平均距离大约为1.4万亿英里，大约有17.9亿万英里的区别。对于这些动辄百万的数字，人的大脑很难想象和掌握。如果把太阳和行星都缩减到一个较小的、可以想象的比例，那么读者将更容易理解。

现在，我们假设地球是直径为1英寸的小球体，那么太阳将是一个9英尺宽的大球体，距离地球323码，大约为1英里的1/5，4～5分钟的步行路程。月球则像一个小小的豌豆，距离这个世

天使星云

界 2 英尺半。在地球和太阳之间,有两颗内行星,分别是水星和金星,它们距离太阳分别为 125 码和 250 码。这些天体周围都是空虚的,直到你抵达火星,它位于地球后面 175 英尺。木星比它近 1 英里,直径为 1 英尺。土星,更小一些,2 英尺远;天王星,4 英尺远;海王星,6 英尺远。之后的数千英里,除了小的颗粒尘埃和逐渐稀薄的漂浮的废料,到处都是空虚的状态。依据这个比例尺,距离地球最近的恒星,是 40000 英里。

创世之柱星云

  这些数据将提供给我们关于宇宙的无限空间的概念,这就是我们生活展开的舞台。

  关于这个巨大的虚无空间,我们只了解地球表面的生命。我们距离地球的中心大约是 4000 英里,但是我们能够深入探索的不超过 3 英里。而我们对于空间的探索,不会超过地球表面 5 英里。很显然,空间的无限性,或者是空虚混沌的,或者是死气沉沉的。

  我们对于海洋的深度探索只抵达 5 英里处,飞机飞行的最高纪录不超过 4 英里。人类乘坐热气球曾经抵达 7 英里的高度,但是付出了巨大的代价。没有一只鸟的飞行高度超过 5 英里,飞机携带的小鸟和昆虫在低于那个高度的情况下就已经被抛掷下来。

第二章｜时间里的世界

在过去的50年中，关于地球的年龄和起源，科学界已经进行了诸多有趣的推测。在这里，我们无法对这些推测进行总结，因为它们涉及非常微妙的数学和物理因素。事实上，物理学和天文学都不是特别发达，所以除了解释性的揣测，无法进行有效的分类和排序。总的趋势是，我们对于地球年龄的猜测是越来越久远。现在看来，最可能的情况是，地球作为独立的存在，作为围绕太阳旋转的行星，其存在时间可能超过了20亿年。也许比那个时段还要长。这是一个绝对超出我们想象的时间长度。

在地球独立存在的阶段之前，太阳、地球，以及其他围绕太阳运转的行星可能是在宇宙中所弥漫的物质形成的巨大旋涡里。望远镜向我们揭示出这样一个现象，在天上发光的螺旋云物质的不同部分，螺旋式的喷雾，它们似乎都在围绕太阳运转。许多天文学家都推测，太阳及其行星曾经都是那样的螺旋式存在，但是这些物质慢慢集结成现在的形式。通过这一雄伟的进程，集结在不断进行，直到世界和月球也可以辨别出来。那时，它们的旋转速度比现在要快，距离太阳也更近一些。它们围绕太阳运转的速度非常迅速，很可能在表面就已经融化了。在天空里面，太阳本身也是一团更大的火焰。

如果我们能够穿越无限的时间，看到历史长河早期的地球，我们会看到这样一幅场景，就像一个高炉

初始太阳系

的内部或者熔岩流表面，在冷却和凝固之前的那种形态，如同其他短暂的场景一样。我们看不到水，因为水在当时仍然是过热的水蒸气，是含有硫黄的、金属的蒸汽。在其下面是旋转和沸腾的熔融岩石物质的海洋。在乌云密布的天空中，一闪而过的太阳和月亮的光芒，就如同烈焰一般迅速地扫过。

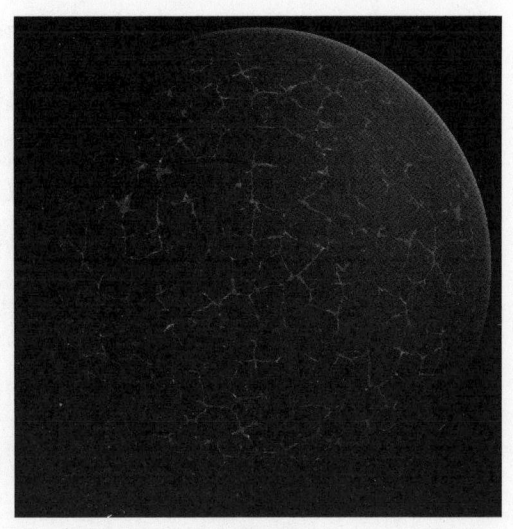
早期地球

时间以百万年的速度流逝，一个百万年，紧接着另一个百万年，这种火焰般的场景将逐渐失去其喷发时的炙热。空气中的水蒸气将会变成雨滴落下，变得日益稀薄；巨大的凝固岩石块将出现在熔融的海面，向下沉没，逐渐被其他的漂浮物体取代。太阳和月球距离日渐遥远，规模也因此看起来变得更小了，并且将以匆匆消失的速度穿越天际。现在，月球以其较小的规模，逐渐冷却，并且交替阻隔或者反射阳光，从而表现为日食和满月的形式。

随着时间的缓慢流逝，地球逐渐变得越来越像我们今天所看到的模样。直到最后，空气冷却，蒸汽固化成为云彩，第一场雨降落在下面的岩石之上。在漫长的、无尽头的千年之中，地球上大部分的水蒸发于大气之中，但是现在仍然有热流在池塘和湖泊之下的结晶岩之上流淌，而这些溪流将挟带碎屑和淤积的泥沙。

最终，地球上将形成这样的条件，人类可以站在地球上面，环顾四周。

如果我们能够造访当时的地球，那我们就应该站在巨大的熔岩般的岩石上，位于暴风雨的天空下，没有一丝泥土或触手可及的植被。炎热的狂风，超过曾经出现过的任何龙卷风，暴雨倾盆而下，在我们身边流淌，夹杂着石块，充满泥泞。它们逐渐汇集成洪流，切割出很深的峡谷，因为它们急于把沉积物堆积于早期的海洋之中。透过云层，我们可以看到，巨大的太阳非常明显地在天空移动，在太阳和月球交替出现的时候，每天都会出现地震和动荡的浪潮。月球，现在它对着地球的是恒定的一面，但在当时它不断地进行旋转，不断地展示它现在隐藏的那一面。

  地球的年龄不断增长，百万年一个接一个地流逝，白天变长，太阳更加遥远，也更加温和，月球在天空中的步履也在放缓。狂风和暴雨的力度在减弱，第一批海域的水在升高，最终汇集成大洋，从那时起开始装饰我们的星球。但是，地球上始终没有任何的生命，海洋里面没有生命，岩石也是极为贫瘠的。

第三章 | 生命的起源

现在大家都知道,在人类的记忆开始之前,我们目前所拥有的关于生命的知识都来自层状岩石中生物的标记和化石。我们发现,它们被保存在页岩、板岩、石灰岩、砂岩、骨骼、贝壳、纤维、茎、果实、脚印、抓痕等上面,它们与最早的潮汐波痕和最早的雨蚀一起,形成了我们的记忆。正是通过对这些岩石记录的仔细检验和观察,地球上生命的历史才被拼接在一起。这也是时至今日,几乎每个人都知道的事实。这些岩石并非一层接一层地整齐地堆积在一起,它们被褶皱,被弯曲,被推搡,被扭曲,然后混合在一起,就像一个图书馆被打劫和烧毁之后的样子。正是许多人终其一生的工作,才使得其被有序地记录下来,能够进行阅读。以岩石记录为代表的时间的全部指南针现在估计为16亿年。

有记录的最早的岩石,地质学家称其为冰岩,因为那上面看不出任何生命的痕迹。大面积的冰岩裸露于北美洲,在地理学家看来,它们的厚度至少代表了16亿年的一半,也就是8亿年,这个数字是整个地质记录的长度。让我们再来回顾一下这个重要的事实。自从陆地和海洋在地球上第一次被区分开来以来,有一半的时间给我们留下了生命的痕迹。这些岩石中有雨水的痕迹,有潺潺流水的痕迹,但是却没有任何生命的印记。

寒武纪的海洋生物包括水母、软舌螺(游泳蜗牛)、原始海绵、腕足动物(小圆货贝)、直角石、三叶虫(兜头虫)、珊瑚虫(æocyathus)、苔藓笔石、三叶虫(突刺三叶虫属)等。

显微镜下的硅藻(与30亿年前出现时没什么两样)

帝王三叶虫，已知的最大三叶虫（发现于北美）

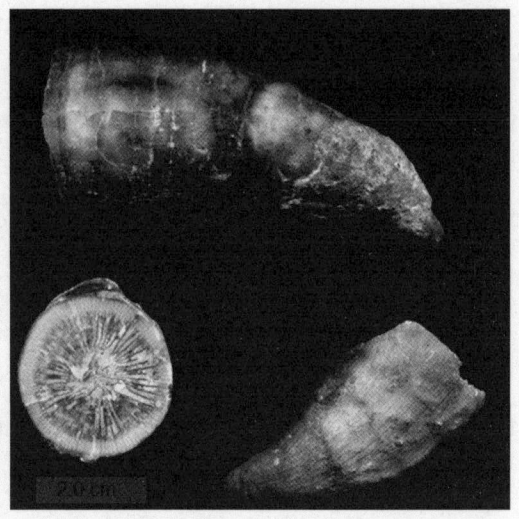

珊瑚虫，发现于北美，距今5亿年

然后，当我们开始进行记录的时候，过去的生命迹象开始出现和增加。在世界历史中，我们发现这些过去的痕迹所在的时段，被地质学家称为元古代。生命的第一个迹象是比较简单的、卑微的东西的痕迹：小贝壳、长着茎和花形头部的植虫类、海藻、海洋蠕虫及甲壳类动物的遗骸等。较早出现的生物有像植物虱子类的爬行生物，可以滚成球的蚜虫和三叶虫。后来经过几百万年，出现了某种海蝎子，也开始有了更多的能够移动的强大的生物，这是在以前的世界中从来没有见过的。

所有这些生物的体积都并不庞大。它们之中最大的是海蝎子，大约有9英尺长。当时陆地上没有任何生命的迹象，没有任何的植物或者动物。地球上也没有任何鱼类和脊椎动物。从地球历史的这个时期开始，能够留下印记的所有植物和动物，都是浅海和潮间带的生物。如果我们希望在今日的地球上找到平行于下古生代岩石的动植物群，我们应该做到最好。除了体积的大小之外，我们可以通过一个岩石池或浮渣沟取一滴水，并把其置于显微镜下面进行仔细观察。我们会发现，这些小甲壳类、小贝类、动物和藻类，与那些巨大的、笨拙的原型惊人地相似，这些原型曾经是我们星球的生命之王。

目前，人们头脑中的观念仍然认为，下古生代的岩石不可能给我们提供任何关于我们星球生命起源的代表性解释。除非这些生物拥有骨骼，或者其他比较坚硬的部分，除非它拥有一个外壳，或者具备足够的体积和重量，能够在泥沼中留下很明显的足迹或者其他痕迹，否则就不可能留下其存在的化石印记。今日的世界，仍然存有成千上万种小型软体动物，难以想象，它们会给未来的地理学家留下任何考证的痕迹。在过去的世界中，也存在数以亿计的生物物种，它们曾经生存和繁殖、繁荣并消失，没有留下任何的痕迹。我们称之为无生代的温暖的浅水湖泊和海洋，可能充满了种类不限的低等的、果酱般的、无骨的、无壳的生物，许多绿色的、浮渣一般的植物也可能已经遍布于阳光照射的、潮间带之间的岩石和海滩上。关于岩石的记录，仅仅是过去生命的一个完整记录，就像银行是周边存在的人的完整记录一样。只有当一个物种开始分泌外壳，或骨针，或甲壳，或石灰支干，或者能够提供给未来记录的某些东西，它才能够被记录下来。但是在那些承载任何化石痕迹的岩石之前，有时会发现石墨，这是一种处于分离状态的碳，有些专家认为它可能是通过某种未知生物的非常旺盛的活动，从一系列的组合中分离出来的。

一块20多亿年前形成的岩石

第四章｜鱼类时代

在人们以为世界只有几千年历史的时候，人们同时也认为，不同的植物和动物一直呈现固定的形态，它们的形态和今天是完全一致的，没有任何变化。但是，随着人们开始发现岩石的记录，并且进行仔细研究之后，这一信念被严重质疑。人们开始推测，许多物种都已经发生了变化，并且是随着时间的推移缓慢地进化，这种质疑最终发展成为一种观念，即有机进化的观念。该观念认为，地球上所有的生命物种，无论是植物的还是动物的，其祖先的生命形式都极其简单，经历缓慢的连续过程的进化才达到今天的形态，其祖先有些甚至是几乎没有生命的物质，甚至可以追溯到无生代时期的海洋。

关于有机进化的问题，如同地球的年龄问题一样，在过去一直是个备受争议的话题。曾经有一个时期，人们非常模糊地认定，有机进化的信念与基督教、犹太教和穆斯林教义是不相容的，完全是异端邪说。那个时代已经成为历史，现在即使是最正统的天主教、新教、犹太教和伊斯兰教的信徒，都已经完全接受了这一新的关于生命起源的观点。没有任何生命是突然出现在地球之上的。生命在不断成长、进化。随着时间的推移，人们的想象力在不断发展，生命也从最初的潮流间的黏物质的混合，最终成长为自主的、拥有能量和意识的生命。

生命是由个体组

硬鳞鱼化石

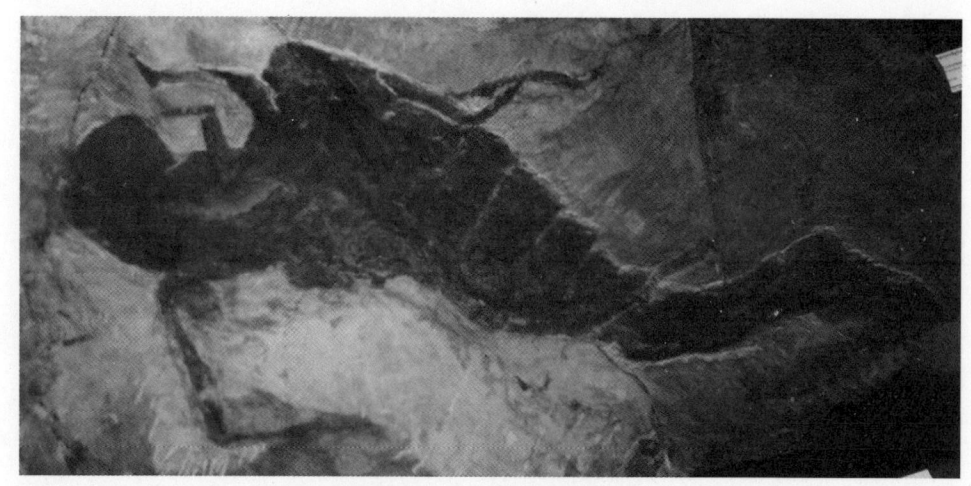

海蝎子化石，其身长约2.5米

成的。这些个体是非常明确的东西，它们既非块状，也非成群的存在，甚至也不是没有界限、静止不动的晶体，那些都不具备生命的特征。它们拥有两个非生命体不具备的特征：它们可以把其他物质吸纳到自己体内，使其成为自己的一部分，它们可以自我繁殖。它们可以进食，可以繁殖，可以制造其他的个体，其中大部分都和它们自己类似，但是又与它们略有不同。这就是个体与其后代之间的家族相似性，但是父母和其后代之间也存有差异。每个物种，在生命的每个阶段，都是这样的情形。

现在，科学家们还无法向我们解释，为什么后代应该与他们的父母相似，或者说为什么他们又与父母有所不同。但是，后代与父母究竟是相似，还是不同，这是一个常识性的问题，而非科学知识。如果某一物种的生存条件发生了变化，那么物种必然要发生相关联的变化。因为，物种在每一个时代，必然会存在很

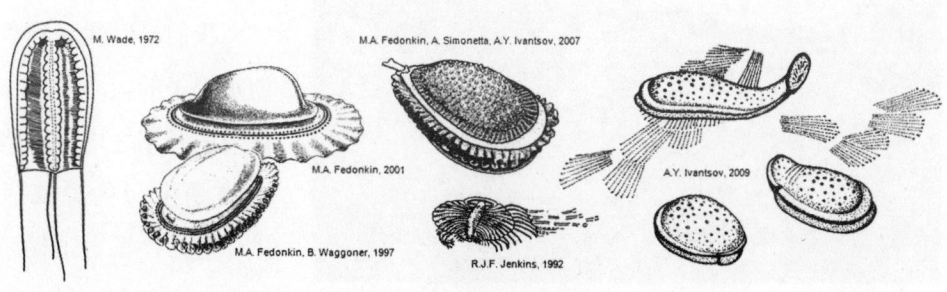

5亿——5.5亿年前的生物

第四章｜鱼类时代

多的个体差异,使它们能够更好地适应其生存的新环境。而个体的差异,也使得其中的一部分很难生存下去。从总体上来说,前者比后者活得更长,会生育更多的后代,繁衍得更为昌盛。因此,一代又一代,物种的平均水平是向着更加良性的方向发展的。这一进程,被称为自然选择的进程,它并非科学的理论,而是基于繁殖和个体差异的事实而推论出来的。在物种的变异、毁灭和保存方面,很多力量在发挥作用,科学对此可能并没有充分的认识,但是如果否认这种自生命开始以来的自然选择进程,要么就是对生命基本常识极为无知,要么就是缺乏正常的思维能力。

许多科学界的人士都对生命的起源进行了猜测,他们的猜测是非常有趣的,但是关于生命开始的方式,并没有明确的定论,也没有令人信服的猜测。然而,几乎所有的权威都认同这样一个观点,它可能开始于温暖阳光照射下的浅盐水区域的泥浆或者沙土里面,逐步扩展到海滩、潮间带和更加开阔的水域。

早期的世界是一个充满潮汐和潮流的世界。个体不断地被破坏,它们要么被卷到沙滩上被风干,要么被推到海底深处,远离空气和阳光。早期的生存条件实际有利于这样一种发展趋势,它们为了扎根,为了生存下去,开始形成皮肤和硬壳,以免被晒干。从最早的那一时期开始,生命的个体依靠敏锐的味觉寻找食物。而对光的敏感性,将使其逐渐从海洋和洞穴的黑暗中挣扎出来,甚至也使其远离海滩,以免遭过度日晒之苦。

或许,生物体的第一个壳或者盔甲,并非为了防范敌人,而是为了避免被晒干。但是牙齿和爪子在那之前就开始出现了。

我们已经注意到早期水蝎子的大小。在相当长的时期之内,这些生物是生命的最高领主。随后,在古生代岩石的一个部分中,也就

裂口鲨化石,1889年发现于美国俄亥俄州

是志留纪的那个部分，许多地质学家推测它距今大约是5亿年，出现了一种新型的生物。它有眼睛，有牙齿，能游泳，是一种更为强大的存在。这是第一种已知的脊椎类动物，即最早的鱼类。

根据爱丽斯·伍德沃的猜测，这种鱼类在下一个岩

1905年绘制的早期鲨鱼图谱

石纪，也就是泥盆纪的时期大量增加。它们是如此盛行，以至于这个时期的岩石记录被称为鱼类时代。现在地球上已经没有这种鱼类了，它们有点类似于今天的鲨鱼和鲟鱼。它们能够冲破水域，在空中跳跃，在海藻中穿行，彼此追逐捕食，从而给世界上的水域带来了一种新的活力。按照我们现在的标准衡量，它们的体积都不是很大，很少有超过二三英尺长度的，但是也有例外，会达到20英尺长。

从地质学上看，我们对于这些鱼类的祖先毫无所知。它们似乎与之前的任何形式都没有关联。动物学家对它们的祖先持有非常有趣的看法，但是这种观点是基于现存生物的蛋卵发育状况进行推理的，也有基于其他来源进行推测的。很显然，这些脊椎动物的祖先是非常柔软的，或许是非常小的会游泳的生物，它们最早发展起来的比较坚硬的部分就是嘴部周围的牙齿。这种鲨类鱼的牙齿遮住了上下颚，形成了扁平状牙齿，它的很大一部分被包裹起来。在地质记录中，当这些鱼类发展出牙齿之后，它们从过去黑暗的隐藏之地游出来，进入了有光的区域，于是在地质记录中第一次出现了脊椎类动物。

第五章｜煤炭沼泽的时代

在鱼类时代，陆地上没有什么生命的痕迹。贫瘠的岩石和高地直接暴露在阳光和雨水之下。地球上甚至没有真正的土壤，也没有蚯蚓之类的昆虫来帮助土壤的形成，没有植物从岩石之中破土而出，没有任何苔藓或者地衣的痕迹，生命仅仅存在于海洋之中。

在由贫瘠的岩石构成的这一世界里，气候条件变化巨大。导致气候变迁的原因非常复杂，需要对其进行适当的评估。地球运行轨迹的变化，旋转极点的逐渐改变，大陆形状的变化，甚至是在太阳温暖照射下温度的些许波动，它们共同促使地球进入了寒冷和冰冻的时代，经过数百万年的变迁，又使得地球进入了一个温暖、平静的时期。世界历史似乎包含很多具有内部活动的阶段，在几百万年的时间里，积累的推力将不断导致火山喷发和地震，它们导致全球山脉和大陆边界线的重新组合，增加了海洋的深度和山脉的高度，导致极端气候的不断出现。随后而来的是相对平静的时期，随着霜、雨、河流它们消磨山的高度，挟带着泥沙填补海底，海底不断升高，海洋进一步扩展开来，变得更浅、更宽，覆盖了越来越多的土地。世界历史中，既有"高而深"的时代，也有"低而平"的时代。读者们必须避免这样的想法，自从地壳变得越来越结实，地球就变得越来越寒冷。自从大量的冷却发生之后，内部的温度已经停止影响外部的条件了。即便在无生命时期，仍然存在"冰川

20世纪初绘制的石炭纪沼泽地与树木图谱

时代"过剩的冰雪痕迹。只是在鱼类时代即将结束的时候，也就是浅海和潟湖到处密布的时代，生命开始通过各种方式从水里逐渐蔓延到陆地之上。毫无疑问，这些早期的生命形式开始大量出现，并且在数百万年的时间里，以非常罕见但也很模糊的形式在不断进化。

泥盆纪的"森林"

在向陆地蔓延的过程中，制造煤层的植物无疑是领先于动物的，但是动物们也很快遵循了植物的发展路径。植物们面临的第一个问题是，当脱离了具有浮力的水之后，什么东西能把它的叶子支撑起来。第二个问题是，如何把沼泽地的水分吸纳到植物中来，毕竟现在水分不是近在咫尺了。这两个问题的解决最终都依赖于木本的发展，它既解决了植物的生存问题，又扮演了水的携带者角色。各种各样的木本沼泽植物出现，岩石的记录突然变得异常丰满起来，这些植物大多体积庞大，包括大树的苔藓、蕨类植物、巨大的楔叶类植物，等等。随着岁月的流逝，伴随着这些植物，从水里也开始爬出各种各样的动物，有蜈蚣和千足虫，有原始的昆虫，有古代的帝王蟹和海蝎子，也有脊椎类的动物。

一些早期的昆虫体积非常庞大，这一时期存在有像龙一样的飞行物，其翅膀可以伸展到29英寸长。

大头螈

第五章 | 煤炭沼泽的时代　　015

通过不同的方式，这些新的生物种类已经适应了呼吸空气。迄今为止，所有的动物都在呼吸溶于水中的空气，事实上这也是所有动物仍然必须要做的事情。但是，现在的潜水员模式是，所有动物王国里的生命都是在需要的时候，就会获得供应它水分的能量。如果肺部干涸，那么这个人必然会窒息而死，他肺子的表面应该是潮湿的，才能保证空气进入他的血液。在所有的情形里面，适应空气呼吸的形式，或者是在老式的鳃上面进化出一个盖以避免水分的蒸发，或者进化出深藏在体内的气管或者其他的呼吸器官，以保证水样的分泌物，保持湿润。最早的有脊椎线的鱼，其鱼鳃不能适应在陆地上呼吸空气的需要。在动物王国发展的这一时期，鱼类游泳的囊最终发展成为新的、深层的呼吸器官，也就是肺。我们知道的两栖类动物，当今的青蛙和蝾螈，它们的生命起源于水中，并且是用鳃呼吸的。随后，许多鱼类的鱼鳔以同样的方式发展成为肺，咽喉部产生了袋状的凸起，接管了呼吸的功能，动物们开始爬向陆地，鱼鳃变小，并且最终消失了。（除了鳃裂，它变成了耳朵的一部分，或者成为耳膜。）现在，动物们可以在空气中生存了，但是它们必须回到水边产卵并且继续繁殖。

在这一沼泽和植物的时代，所有呼吸空气的脊椎类动物都是两栖类动物。它们基本都是今天蝾螈的形态，有的规模已经相当庞大。它们的确是陆地动物，但是需要生活在潮湿的沼泽地附近。在习惯上，这一时期的大树也是两栖的，

石炭纪的玉蜀黍化石

它们不能结出落在地上的种子和果实，不能只依赖雨水和露水的帮助就能够成长起来。如果它们想要发芽的话，就必须在水中释放孢子。

比较解剖学是一门极其美丽的科学，对它的关注是非常有趣的，因为它追踪的是生命为了适应在空气中生存的复杂而美妙进化的过程。

石炭纪的蜻蜓，翅膀有29英尺（75厘米）之巨

所有的生物，动物也好，植物也罢，都是与水密切相关的。例如，所有鱼类之上的高等脊椎动物，包括人类，在它们的发展过程中都经历过这样的阶段，在蛋卵时期，都经历过鳃裂被除去的阶段。鱼类裸露在外的、经过水洗的眼睛受到了更高形式的保护，以避免眼睑和分泌水分的腺体干燥。为了适应空气中较弱的振动，需要一个耳鼓。身体的每一个器官都进行了修改和调整，这些都是可以被推论出来的，所有这些都是为了适应空气中的生存条件。

石炭纪，是两栖动物的时期，是生命生活在沼泽、潟湖和水域低岸的时期。到目前为止，生命已经被延长了。丘陵和高地，仍然十分贫瘠，死气沉沉。生物们开始学会呼吸空气，但是其生命之根仍然立足于最初的水源之中，它们必须返回水中才能够进行繁殖。

第六章 | 爬行动物时代

石炭纪时期的生命丰富多彩，但随后到来的是一个漫长的干旱和严寒时期。在岩石的记录中，它们以厚砂岩等沉积物为代表，化石相对较少。世界上温度波动很大，其中很长一段时间是冰川寒冷期。大面积的沼泽植被消失了，它们被这些新的沉积物覆盖，开始了压缩和碳化的进程，从而形成了今日世界上绝大多数的煤炭矿床。

但也正是在这一变化的时期，生物进行了最快速的调整，这是在艰难时期学习到的深刻教训。当气候重新变得温暖和湿润的时候，我们发现了一系列新的动植物形式。我们在记录中发现，脊椎动物所产的卵，并没有像以前孵化出来的小蝌蚪那样需要在水中生活一段时间。在它们的发展阶段中，从独立生存的那一刻就可以呼吸空气，开始就越来越接近成年了。鳃已经被完全切开，鳃裂仅在胚胎阶段出现过。

这些没有经过蝌蚪阶段的新生物，就是爬行动物。与此同时，一类能结种子的树木发展起来，它们可以独立于沼泽和湖泊，传播它们的种子。现在，开始出现许多掌状的苏铁，以及许多热带的针叶类植物，但是开花的植物还没有

渐雷兽

腔骨龙，已知最早的恐龙之一

根据各种最新发现的化石复原的恐龙（注意，恐龙其实都是有毛的）

出现，也没有草。同时，还出现了大量的蕨类植物。昆虫的种类也在增加，出现了甲虫，但是蜜蜂和蝴蝶还没有出现。在这一漫长的严峻时期，新型动植物群的基本形式已经出现了。这些地球上的新生命需要的仅仅是更适宜的条件，才能繁荣和盛行。

随着时间的推移，各种变迁不断发生，但最终迎来的是一个相对平静的时期。地壳的运动仍然难以估量，其轨道的变化，轨道和极点的增加和减少，共同造就了一种温暖的生存条件。据现在推测，这个时期大约持续了2亿年的时间。这就是所谓的中生代时期，以区别于在它之前的更为广阔的元古代和古生代时期（它们一共是14亿年）。从新生代时期算起，从它结束到现在，也被称作爬行动物时代，这主要是因为爬行动物处于绝对优势，具备多种多样的形式，这一状况大约在8000万年前结束了。

当今世界，爬行动物种类很少，而且分布有限。真实的情况是，相对于石炭纪统治世界的两栖类动物所剩无几的幸存者，这些爬行动物的种类已经很多了。我们仍然有蛇、海龟和陆龟（龟鳖目）、鳄鱼和蜥蜴。无一例外，它们需要的是常年温暖的环境，不能忍受风寒，可能所有中生代的爬行动物都受到这

梁龙

样的限制。这是生活在温室里的动物，它们依存于同样温室的植物。它们不能忍受任何的严寒天气，但是，这个世界最终出现了能够适应陆地上干燥气候的动物系和植物系，它们与之前处于全盛时期的泥浆沼泽中的动物和植物有着极其明显的区别。

那一时期的爬行动物，比我们目前所知道的所有品种还要丰富得多。我们今天知道的有巨型的海龟和乌龟，大鳄鱼、种类繁多的蜥蜴和蛇，但其实另外有一些非常精彩的生物，都已经从地球上消失了。当时有一种被统称为恐龙的形态各异的生物。当时，植被遍布于整个世界的低层空间，包括芦苇和蕨类植物等，这孕育了大量的食草类爬行动物，其体积在中生代时期达到了最大规模。这些动物中的一部分，比陆地上出现过的任何动物都要庞大，就像鲸鱼一样。例如，卡内基梁龙从鼻子到尾巴的距离是84英尺；巨太龙甚至更大，达到了100英尺。以它们为食的是一群大小相当的食肉恐龙。其中的霸王龙，在很多书中都成为描绘恐怖的爬行动物的最尖端的词汇。

当这些伟大的生物在中生代的蕨类植物和常青丛林中奔跑和追逐的时候，还存在另外一个目前已经消失了的恐龙部落，它们发展出一种蝙蝠形状的前肢，捕食昆虫，也彼此进食，它们开始在蕨类植物和森林的树枝上跳跃，这就是翼手龙。它们是第一种具备脊骨的飞行类动物，在脊椎类动物的成长过程中是一个崭新的成就。

但是，也有一些爬行类动物重新返回了海洋。三个比较大型的海洋的生物返回了它们祖先诞生的海洋,它们分别是沧龙、蛇颈龙和鱼龙。其中有些已经接近今天的鲸鱼大小。鱼龙已经是相当典型的海洋生物,但是蛇颈龙在今天没有找到对应的同源生物物种。它们身体强壮,体型庞大,身上带桨,适合游泳,也适合在沼泽或者浅水区域爬行。长长的脖子上面有一个相对较小的头部,颈部超过了今天的天鹅。沧龙无论是游泳,还是在水下寻觅食物,都像天鹅所做的一样,它们会潜伏在水下,伺机捕食经过的鱼类和其他生物。

　　这就是中生代时期整个陆地上的生命情况。按照我们人类的标准,它领先于任何之前的生命。它产生出来的动物数量、类别、力量和行动力,都非常庞大,正如人们所说的,比之前的世界都更为"重要"。海洋里面还没有取得如此之大的进步,但是大量的新的生命形式也在扩散。大量的类似乌贼的生物开始出现在浅海区域,它们长着隔成块块的壳,大部分呈螺旋形,这就是菊石类生物。在元古代,它们的祖先就已经开始存在,但现在是它们的辉煌时代。如今,它们已经没有残存者了,与它们关系最近的是鹦鹉螺,这是生活在热带水域的动物。一种新型的、更加多产的鱼类开始流行开来,它们的鳞片比之前盛行的片状的和齿状的覆盖物更为轻盈和完美,之后它们一直在海洋与河流中居于主导地位。

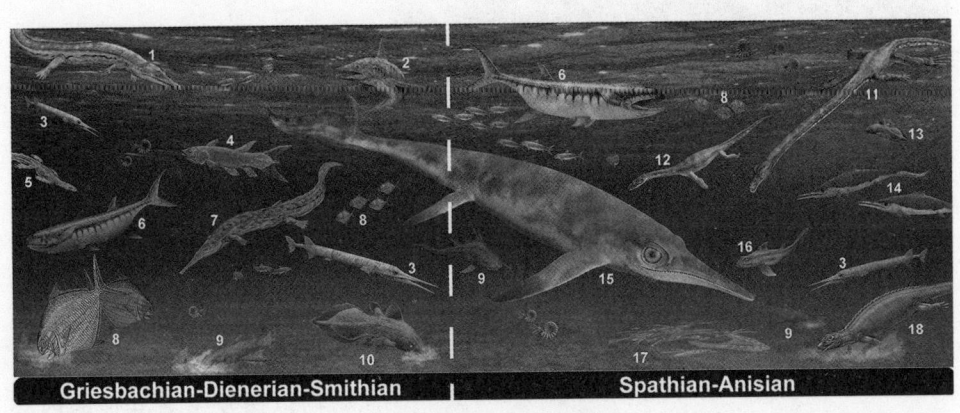

中生代海洋中的掠食者们

第七章｜第一种鸟类和第一种哺乳动物

在一些记载中，中生代时期茂盛的植被，以及在生命的历程中第一个夏天蜂拥出现的恐龙，都介绍得非常简略。但是，当恐龙称霸于炎热的热带雨林和沼泽平原时，翼手龙则在没有开花的灌木和树林中追逐嗡嗡的昆虫，它们所带来的颤动和发出的尖叫声充斥着整个森林。在这一时期，在这些耀眼的生命的边缘，一些不那么显眼、不那么丰富的生命形式，开始获得一定的力量，学习生存的经验教训。这些对于其种族的生存意义重大，尤其当太阳和地球的慷慨赠予最终开始褪色的时候，更是如此。

一种跳跃的爬行动物，也是比较小型的恐龙，似乎是被竞争和敌人的追逐推动，选择了适应高山和海洋更为寒冷的环境。在这些非常神奇的物种之中，发展出一种新型的形式，它们的身体开始延伸出类似羽毛形状的东西，这也是现在极为粗犷的羽毛开端。这些羽毛状的鳞片形成了一种非常保温的覆盖物，比以往的爬行动物的覆盖物都效果更好。所以它们能够进入以前没有生命的寒冷地区。也许，在这些变化发生的同时，这些动物对它们的卵开始更为关注。

始祖鸟

很多爬行动物对它们的蛋卵毫不关心，完全依赖于太阳和季节进行孵化。但是树上的新的生命形式开始养成了保护自己蛋的习惯，而且开始用自己的身体来温暖这些蛋。

随着对寒冷天气的适应，动物也在发生着其他的内部变化和调整。这些生物,这些原始的鸟类,逐渐发展成为温血的、能够独立取暖的动物。最初的鸟类有点类似于海鸟,以鱼类为食,它们的前肢并非翅膀,而是桨,非常类似于企鹅。这种特有的原始鸟类,即新西兰的几维,有着非常简单的羽毛,但是其功能既不是飞,也没有证据显示是从会飞的祖先那里继承下来的。在鸟类的发展过程中,羽毛是早于翅膀而出现

鹬鸵,新西兰的特有生物

的。但是一旦羽毛变得比较轻盈,并且扩散开来,它就不可避免地进化成为翅膀。我们了解到的一个鸟类化石,在它的下颌处有爬行动物的牙齿,并且长有爬行动物类的长尾巴,同时它还长有真正鸟类的翅膀,能够支撑它在中生代翼手龙的世界里飞行,并且生存下去。中生代的鸟类品种并不丰富,数量也不多。假设一个人可以穿越来到典型的中生代时期,可能连续数日都不会看到鸟类,但是他会在叶子和芦苇丛中看到大量的翼手龙和昆虫。

当然,他可能永远也无法看到任何哺乳动物的痕迹。也许,第一种哺乳动物在第一种鸟类出现数百万年之前便已出现。但是总体而言,它们体积狭小,看起来模糊不清,而且分布稀疏,不能够吸引人注意。

水龙兽

如同最早出现的鸟类一样，最早的哺乳类动物，也是由于竞争的需要，以及需要在艰难的环境中生存，并且为了适应寒冷而改良的动物。它们逐渐进化出毛，形成一种保温的覆盖层，进行了适应性的调整，总体上类似，细节上存有差异，它们逐渐发展成为恒温动物，不依赖于太阳而生存。但是它们没有形成羽毛，而是形成了毛，对于蛋卵，它们也不是看护并孵化，而是把蛋保留在自己的体内，直到几乎完全成熟的时候。它们大多数都是胎生的，后代出生的时候就是活着的。即使在它们的孩子出生以后，它们也保持着一种保护性的和营养性的联系。今日大多数但并非所有的哺乳动物都给它们的孩子喂奶。有两类哺乳动物，它们虽然下蛋，但是并没有乳房类的组织，它们对于幼雏的喂养是通过皮肤下的秘密营养腺，这就是鸭嘴兽和针鼹。针鼹产下坚韧的蛋之后，将其置于腹部下面的一个小袋里面，携带这些蛋类以保持温暖和安全，直到蛋类孵化出来。

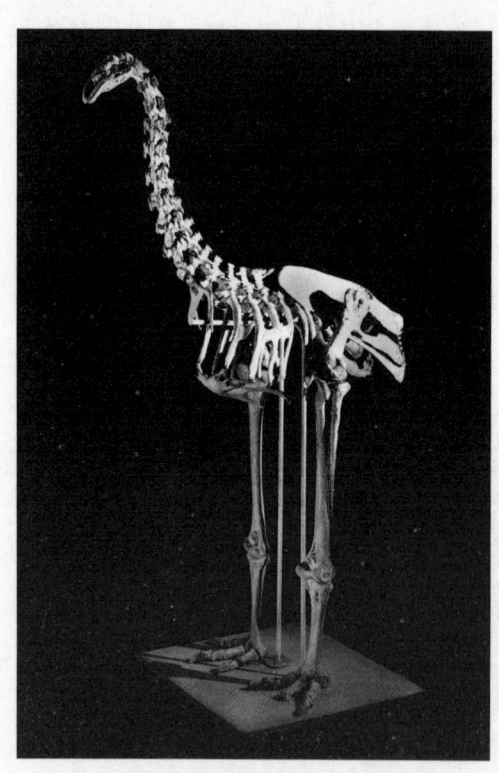

生活在新生代早期的3.6米高的恐鸟

但是，对于一个到达中生代的访客而言，寻找一只鸟可能需要几天，甚至是几个星期的时间。而且，除非他明确知道去哪里寻找，否则其寻找哺乳动物的努力可能就是徒劳的。在中生代，无论是鸟类，还是哺乳类动物，都是奇异的而且非常次要的生物。

据现在猜测，爬行动物的时代，也是早期的哺乳动物化石比较丰富的时代，大约持续了800万年。也正是在那个不可思议的年代，拟人的智力开始出现，安全、充沛的阳光照射已经存在，能够确保恐龙和飞行蜥蜴的丰富性。随后，宇宙的神秘节奏以及各种力量的累积，最终破坏了这种平衡与稳定。对于生命而言，这一轮的运气正在耗尽。随着时光的流逝，无以数计的年头过去了，其中也有停滞与倒退，条件变得非常极端和艰难，水平线、山和海重新分布，所有的一切都发生了巨大的变化。通过岩石的记录，我们发现了这样一件事情，在中生代繁荣的衰落期之中，发生过非常持久的、平稳的条件变化，这也是生物物种剧烈变化的时期，出现了新的、非常奇怪的物种。在灭绝的威胁下，那些古老的属性和品种正在竭尽全力展示它们最大的变异和适应能力。例如，那些菊石类在中生代最后的篇章中，呈现出多种奇异的形态。在固定的条件下，缺乏创新的动力，无法发展，处于被压抑的状态，存在就是最好的适应。然而，在异常的条件下，在当时这是常态，只有创新才有生存和发展的更好机会。

随后，在岩石的记录中出现了一个断层，这可能是数百万年。在生命的历史轮廓中，这意味着存在一层面纱。当面纱被揭开的时候，爬行动物时代已经终结。所有的恐龙，包括翼手龙、蛇颈龙和鱼龙，无数的菊石类种属，都消失得无影无踪，没有留下任何的后代。寒冷杀死了它们，它们最后的变化都是不充分的，都没有达到生存的条件。世界经历了一个极端的条件，这远远超出了它们的忍耐能力。一个缓慢然而彻底的对中生代生物的大屠杀已经发生，我们发现了一种新的场景，一种新的耐寒植物，一种即将掌控世界的更新型、更强大的植物。

这仍然是一个荒凉和贫困的场景，本书的生命新篇章即将展开。苏铁类和热带针叶林，给那些冬天落叶以避免雪的破坏的树木、开花的植物和灌木让出了更大的生存空间。那里原来到处都是繁多的爬行动物，现在则出现了多种多样的鸟类和哺乳动物。

第八章｜哺乳动物时代

地球上生命的下一个伟大时期，是新生代时期，这是一个剧烈动荡的时期，也是火山活动特别活跃的时期。现在的阿尔卑斯山脉、喜马拉雅山脉的大部分，落基山脉和安第斯山脉的骨干，都是在这一时期被堆积起来的，目前的大洋和大陆的概貌也是在这一时期形成的。世界地图首次模糊地显示出与今日地图的相似之处。据估计，从新生代到现在，时间大概是4000万年到8000万年。

在新生代的开始时期，气候状况极为严峻。随后，它变得越来越暖和，最后出现了一个新的物种丰盈期，随后条件再度变得极为严峻，地球上出现了一系列极端寒冷的循环期。很显然，冰川时代慢慢开始了。

目前，对于引起气候变化的原因，我们了解得并不充分，也无法预测我们面临的气候条件的变化。我们可能会走向一个日照增加的时代，也可能退步到一个新的冰河时代，火山的活动和山脉的巨变可能增加，也可能减少。我们无法预测，因为我们对此缺乏充分的科学知识。

随着这一时期的开启，草出现了，世界上首次出现了牧草地，曾经非常模糊的哺乳动物形态开始得到充分发展，出现了一些非常有趣的放牧动物，以及依赖它们生存的肉食类动物。

最初，这些哺乳类动物与之前在地球上繁荣过并最终消失的巨大的食草和食肉类动物，它们之间的差别只有几点。如果观察者比较粗心，他甚至可能推测，

草，4000万年前首次出现在地球上
拍摄于新西兰

在第二个比较温暖和充足的漫长时期,自然状况仅仅是对第一次的重复,草食类和肉食类动物与之前的食草和食肉恐龙基本是平行的,鸟龙则是对翼手龙的取代,诸如此类等。然而,这只是一个表面的比较。宇宙的多样性是无限的,也是不间断的。它在不断地发展,历史不会重演,也不存在精确的平行线。新生代和中生代时期的生命差异远远大于其类似性。

最根本的差异来自两个时期的精神生活。它基本上来自父母和后代的持续接触,这是哺乳动物和鸟类的生活,与爬行动物的生活区分的重要特征。除了极少数的例外,爬行动物的蛋卵是放在一边,单独孵化的。这只新生的爬行动物对它的父母一无所知,它的精神生活,完全是自己开始、经历和结束的。它可以容忍同类的存在,但与它们没有联系,它从不模仿,也不向它们学习,无法与它们协调行动。它的生命就是独立的个体,但是随着新型的哺乳动物和鸟类等新生命的孕育,激起了学习和模仿的可能性,也有了交流的可能,通过发出警报和其他的协调行动,它们受到共同的控制和指导。世界上出现了可以传承的生命模式。

新生代早期的哺乳动物,在大脑的容积方面,只是略微优于智力最为活跃的恐龙。但是通过考察趋向现代的记录,我们会发现,在哺乳动物的每一个部落和种族,其脑容量都是普遍地在稳定增加。例如,在早期的阶段,我们会发现,类似犀牛的动物开始出现。有一种叫作巨雷兽的生物,生活在这一时期的很早区段。在生活习惯和需求方面,它有点类似于早期的犀牛。但是其脑容量不及其现存后代的十分之一。

早期的哺乳类动物,只要哺乳期结束,它们就与后代分开。但是,一旦形成了相互理解的能力,继续联系的优势就非常明显了。目前,我们发现一些哺乳动物的物种,已经开启了真实的社会性生

原马

活，它们成群居住，彼此守望，相互模仿，从他者的行为和叫声中获得警告。这种现象在脊椎动物的世界从未出现过。毫无疑问，爬行动物和鱼类都会成群地在浅滩出现，它们成规模地孵化，相同的条件使它们集结在一起。但是就社会化和成群的哺乳类动物而言，它们的联系并非来自外部力量的推动，而是源于内部的动力，促使它们能够联系在一起。它们不仅彼此相似，而且能够在同一时间、同一地点被发现，它们彼此喜欢，所以它们在一起。

爬行动物的世界和我们人类精神世界的差异，似乎是我们人类的同理心无法表达的。我们无法构思出爬行动物本能的动机，它的欲望、恐惧和厌恶。我们无法理解它的简单性，因为我们的动机都极其复杂。我们的平衡和反应，都不是简单的应急产物。但是哺乳动物和鸟类有自我限制，它们会为其他个体考虑，它们有社会的需求，在其较低的水平上，具备自我控制能力，有点类似于我们人类的低层次生活。因此，我们可以与它们建立各种形式的联系。当它们遭受痛苦，它们会发出叫喊声，做出动作，激发我们的情感。我们可以基于互相理解，驯化出具备理解力的宠物。对于我们而言，它们是可以被训导出来的，可以被驯化成具备自我克制能力的宠物。

新生代时期最重要的事实就是脑容量的增长，这是个体之间交流和相互依存的重要标志。它也预示着我们即将讲述的人类社会的发展。

随着新生代时期的展开，当时的动植物与当今动植物的相似度不断增加。笨重的大型尤因他兽类和雷兽、始马，还有大型的笨拙的什么都不像的动物，都消失了。但是，另一方面，一系列进化于非常怪诞和笨拙的祖先的新生态开始出现，如长颈鹿、骆驼、马、大象、鹿，还有现在世界上存在的狗、狮子和老虎。马的进化进程在地质记录上很容易阅读出来。在新生代早期，我们拥有一个类似于貘的祖先的完整系列。另外一条发展主线始于美洲驼和骆驼的发展进化。

第九章 | 猿人、类人猿和亚人

自然科学家们将哺乳动物纲分为一系列的目。其中居于头位的是灵长目动物，包括狐猴、猴子、猿和人。他们的分类依据最初是建立在结构相似的基础上，没有考虑任何的智力因素。

在地质记录中，灵长类动物的历史是很难被破译出来的。就大部分动物而言，狐猴和猴子居住在森林里面，而狒狒居住在裸露的岩石区域，它们很少被淹死或者被沉积物覆盖，它们中的大多数也不是数目非常可观的物种，所以它们不像化石中的马、骆驼等动物，在化石中占有很大的比重。但是，我们知道在中生代早期，也就是大约4000万年之前，原始的猴子和狐猴类的动物出现了，然而其智力非常平庸，没有像它们未来的接班人那样头脑发达。

新生代中期的夏日最终结束了。这就如同生命的历史中另外两个伟大的夏日——煤炭沼泽时期的夏日和爬行动物时代的夏季，最终都结束了。世界又变得非常寒冷，经过短暂的温暖时期，又再度寒冷起来。在过去的温暖时光里，

更新世早期冰川期，西班牙北部一瞥

曙人

河马能够在茂密的亚热带植被里面打滚,巨大的牙齿类似军刀的老虎,长着马刀齿的老虎,追寻猎物,就像伦敦新闻界的记者所做的那样。现在则进入了一个暗淡时期。草类和物种的灭绝发生了。毛茸茸的犀牛,开始适应寒冷的气候。猛犸象,就像大象的长毛的堂弟,北极犀牛和驯鹿,都在这场景中穿过。几个世纪过去了,出现了北极冰盖,大冰川时期的死亡开始向南部蔓延。在英格兰,它几乎来到了泰晤士河;在美洲,它抵达了俄亥俄河。期间有几千年的温暖时光,但是随后世界又走进了严酷的寒冬。

地质学家把这些寒冷的阶段,分别称为第一、第二、第三和第四冰河时代,其插曲为间冰期。我们今天生活的世界,仍然是被那个可怕的冬天耗尽力量和伤害过的世界。第一个冰川期的来临大约是在60万年之前,第四冰川期的高峰是在5万年前。正是在这个漫长的宇宙冬天,在冰天雪地之中,第一个类人的生物开始出现在我们的星球。

到了新生代中期,出现了各种各样的猿类,它们嘴部和腿部的骨头已经具备了准人类的属性。但是,只有当我们接近冰川时代,我们才会发现这些生物的准人的痕迹。这些痕迹并非骨骼,而是工具。在欧洲,关于这一时期的记载,介于50万到100万年之间。我们发现了燧石和石头,它们明显地被一些有手的生物弄出缺口,用锋利的刀刃来进行锤击、刮擦或者战斗。这些东西被称为原始石器(黎明的石头)。在欧洲,我们没有找到制造这些物体的生命骨骼或者其他的遗骸,只有这些物体本身。就我们所拥有的一切而言,这些生物还并非人类,而是一群非常聪明的猴子。但是在特里尼尔的爪哇,发现了同时期的一块头骨、各种牙齿和骨头,这是属于同一种类猿人的,其脑容量比其他任何存活的猿类都要大一点，而且似乎已经直立行走了。这种生物现在被称为爪哇直立猿，它的一小屉骨头，成为迄今为止唯一有助于我们想象的材料，使我们能够猜测这些石器的制造者究竟什么模样。

在皮尔丹地区发现的燧石工具开始，直到我们抵达几乎 25 万年前的沙漠，我们才会发现其他的亚人生物。那里有大量的工具，而且质量比我们在岩石上读取的记录有大幅度提高。这些工具不再是笨拙的原始石器，而是用相当的技能才可以制作出来的匀称工具。它们比真正人类制作的工具要大得多。随后，在海德堡的一个采沙坑里面，出现一个类似人类的颌骨，这是一个笨拙的颌骨，非常软，比真正的人类颌骨既窄又重，所以这一生物的舌头还不能灵活地移动，无法准确地发音。根据这种颚骨的力量，科学家们推测出这种生物是一种重型的，类似于人类的怪物。他们可能有巨大的四肢，也可能有一个厚厚的毛层，科学家们称之为海德堡人。

对于人类的好奇心而言，这一颌骨是最令人苦恼的事物之一。看到它，就像透过一块有缺陷的玻璃看过去，观察到的只是这一事物非常模糊、非常诱人的一面，他蹒跚地穿过荒凉的旷野，吃力地四处攀爬以避开马刀齿的老虎，时

检查皮尔丹人头骨化石真伪

刻提防着森林里毛茸茸的犀牛。然后，在我们能够仔细观察这个怪物之前，他消失了，地面上被他摩擦制造出来的工具堆积得杂乱无章。

在如图特教授的监测中，海德堡人就像是模特一样，仍然是非常迷人的谜一样的存在，图中所示是在萨雷克斯的皮尔丹地区发现的生物遗骸，其年代在10万到50万年前之间，虽然某些权威人士认为这些残留应该推回到海德堡之前存在颌骨的时期。这里存在一个很厚重的亚人头盖骨，大于任何存在的猿类的头骨，还有一个类似黑猩猩的颌骨，可能属于这一猿类，也可能不属于它。而且，一个蝙蝠状的大象骨头也被制造出来，穿过了一个明显无用的洞。那里还有一头鹿的股骨，被切割成牙签的形状，这就是全部的发现。

这是一种什么样的动物，为什么要在骨头上钻孔呢？

科学家们把它命名为曙人，也就是黎明的人。他完全不同于海德堡的生物和其他活着的猿类。没有同他类似的痕迹存在。但是，自10万年之前开始，燧石和类似的石头等工具的残留越来越多，而且这些工具也不再是非常粗陋的"原始石器"，考古学家现在已经能够区分出刮刀、钻子、刀、飞镖、投掷的石块和手工的斧头。

我们现在距离人类越来越近了，在下一部分里面，我们将描绘这些人类的前身中最奇怪的那一类，尼安德特人。他接近于人，但还不是真正的人。但是，我们仍然需要非常清晰地指出，并没有科学家们认为海德堡人或者曙人是现在人类的直接祖先，他们只是最近的相关联的形态。

第十章 | 尼安德特人和罗德西亚人

在五六万年之前,也就是第四个冰河时代的高峰之前,地球上存在一种类似人类的生物,但是直到几年前它的遗骸才被确定为是人类的。我们有了它的头骨和骨头,还有大量制造和使用过的工具。他能够取火,能够在洞穴里躲避寒冷,穿着粗陋的皮毛,像人类一样使用右手。

然而,现在的人种学家告诉我们,这些生物都不是真正的人类,他们只是属于同一属的不同种类。他们有着非常突出的大下巴,大眼睛上方有非常凸出的眉脊,额头很低。他们的手指不能像今天人类的手指一样相对,他们的脖子也使得他们不能回头,不能仰望天空。他们向前行走的样子看上去无精打采的,头部低垂,向前探着。他们脆弱的颌骨类似于海德堡人,明显地不同于人类。他们的牙齿也和人类不同。他们的颊齿在结构上比我们更为复杂,而非更为简单。他们没有我们颊齿中的长牙,而且他们也没有现在正常人类所拥有的犬齿。他们头骨的容量跟人类相近,但是小脑大一些,大脑小一些。他们的智力组合与人类不同,他们并非人类的祖先。无论是精神层面,还是体态层面,他们和人类都不是一个层次。

还有一些已经灭绝的物种的头骨和骨骼,是在尼安德特发现的,因此奇怪的原始人被命名为尼安德特人,他们应该在欧洲存

一个尼安德特人和他的骨架
拍摄于东京历史博物馆

海德堡人复原过程

在了上百年或者是上千年的时间。

那时,世界上的地理和气候与今天截然不同。例如,欧洲被冰川覆盖的地区抵达了南部的泰晤士河、德国和俄罗斯地区;那时也不存在分隔英国和法国的海峡;地中海和红海地区还是大峡谷,在它们的底层还可能存在湖水链,一个巨大的内海从现在的黑海,穿过南部俄罗斯,抵达中亚地区。西班牙和整个欧洲也并不是在冰川覆盖下的荒凉高地,气候也并不比拉布拉多更为艰难。只有抵达北非的人,才会发现那里非常温暖的气候。穿过寒冷的欧洲南部草原,以及稀疏的北极植被,我们就会看到耐寒的动物,长毛的猛犸象,毛茸茸的犀牛,巨大的牛和驯鹿,它们无疑遵循着春天植被向北、秋天植被向南的规律,来回迁徙。

那也是尼安德特人活动的场景。他们通过这种方式收集水果、浆果和根茎维持生存。他可能主要是一个素食主义者,依赖树枝和根茎为生。他当时的牙齿水平比较适合大规模的素食。但是,在他们的洞穴里,我们也发现了许多动物的长骨头,上面有裂缝便于提取骨髓。他们的武器在与动物的公开冲突对峙中可能没有什么用处,但是却可以在渡过河流的时候用矛攻击它们,甚至可以挖掘陷阱。他们也可能在追踪兽群,捕食那些死于战斗中的动物,他们扮演的角色,也许相当于在剑齿虎存在的世界里面一个豺狼的角色。也许在冰川时代的艰苦环境之中,这种生物不得不改变素食的习惯,开始攻击动物。

我们无法猜测尼安德特人具体的长相。他可能毛很多,看起来不像人类,我们甚至不知道他是否能够直立行走。他可能会手脚并用地支撑自己的身体。他可能独自行动,也可能生活在小家族里面。通过观察他的下巴,我们可以推测他还不会说话,就像我们曾经认为的那样。

数千年来,尼安德特人是欧洲地区所能见到的最高级的生物。随后,大约在3万或者3.5万年之前,随着气候转暖,出现了一批与其同宗的人——克鲁玛努人。但是这批人更聪明,懂得更多,能够彼此合作,他们从南部来到了尼安德特人居住的世界。他们把尼安德特人从洞穴和占据的地方驱逐出去,他们猎捕同样的食物,他们可能也与其祖先发生了战争并且杀死了他们。这些来自南部和东部的新来乍到者——我们并不清楚他们的地域起源,最终把尼安德特人赶出了居住的地区,并成为我们的血亲。他们的脑壳、四肢、脖子和牙齿都与我们今天的人类一样。在克鲁玛努人的一个山洞,还有格里马尔迪的另外一个山洞,发现了一些骨骼,于是真正的迄今为止最早的人类就被发现了。

我们的人种开始进入岩石记录,人类的故事由此开启。

虽然气候条件仍然十分严峻,但是世界变得越来越像我们今天看到的样子。冰河时代的冰川主要退缩在欧洲地区,法国和西班牙的驯鹿现在让位给了随着干草原的增加而不断出现的马群,猛犸象在欧洲南部变得越来越罕见,它逐步向北退却了。

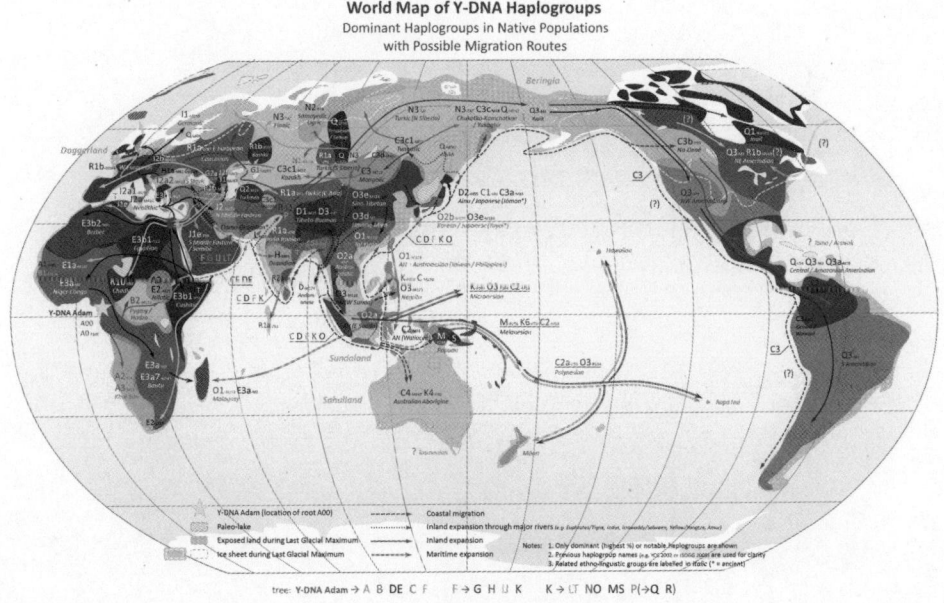

Y染色体的全球旅程

第十章｜尼安德特人和罗德西亚人

我们并不知道人类真正起源于哪里。但是在1921年夏天，南部非洲的布罗肯希尔发现了一具非常有趣的头骨和一些骨骼碎片，这个遗骸大约是人体的三分之一，称为罗德西亚人，在特征上居于尼安德特人和现代人的中间等级。大脑的容积显示出，其大脑容量要大于尼安德特人，而小脑容量要小于尼安德特人，头盖骨直立于脊骨之上，跟人类的方式相同。牙齿和骨骼都相当人性化。但是脸部仍然是猿类的，眉骨巨大，头骨中间有一个脊。这一生物的确是真正的人类，也就是说，虽然还是有点像猿类，但是长着尼安德特人的脸。相比于尼安德特人，罗德西亚人更接近真正的人类。

罗德西亚人的头骨可能是从冰川时代起到他们共同的后代出现之间，在一系列亚人的发现中，第二种能够证明人类在地球上生存过的种类，而他们共同的灭绝者可能就是人类。罗德西亚人的头骨本身不是非常古老。到这本书出版的时候，还没有关于它的年代的确切推断。可能一直到最近的时期，这一亚人类依然生活在南部非洲。

第十一章 | 真正的人类

就目前的科学而言,与我们具有同源关系的最早的人类痕迹,发现于西欧,主要是法国和西班牙。骨头、武器、打制的骨头和石块、雕刻的骨头碎片、洞穴和岩石表面的绘画都是记载的凭证。它们在这些国家被发现,据推测,时间大约在3万年之前。在我们人类祖先的第一批遗物方面,西班牙可以说是世界上最富有的国家。

当然,我们现在的这些藏品,仅仅是我们未来累计的开端,当有足够的人员对这些资源进行彻底检测的时候,当有更多的国家加入这一行列的时候,我们才会发现更多的细节,目前的考古学家还做不到这一点。亚洲和非洲的绝大部分,是还没有受过专业训练的观察者在进行勘察,而且他们也无法进行自由的勘察。因此,我们必须非常谨慎,不能简单地就得出结论,认为早期的真正人类就是典型的西欧居民,或者说人类最早就是出现在西欧。

在亚洲、非洲和今天淹没于海洋下面的一些地区,可能存在比目前曝光的任何物品都更为丰富和更为久远的遗骸。在这里,我只写到亚洲和非洲,而没有提及美洲,是因为迄今为止那里没有发现任何高级的灵长类动物,包括大型的猿类、亚人、尼安德特人和任何早期真正的人类。这些生命的发展似

阿尔塔米拉洞穴壁画

乎只存在于旧世界，只是到了旧石器时代的末期，人类才首次穿过了大陆连接的那部分，也就是现在的白令海峡，进入了美洲大陆。

我们所了解到的欧洲最早的人类可能属于一个，也可能属于两个截然不同的种族。其中的一个种族级别非常高，他们非常高大，也很有思想。一位妇女的脑容量已经超过了今天男子的平均脑容量。其中一个男人的骨骼身高超过6英尺，其体格形态类似北美的印第安人。首个骨骼被发现于克鲁玛努山洞，这些人因此被称为克鲁玛努人。他们是野蛮人，然而是比较高级的野蛮人。第二个种族，也就是格里马尔迪山洞所保留的种族，具有非常明显的黑人特征。他最近的亲源是布须曼人和南非的霍屯督人。非常有趣的是，在我们发现已知的人类历史的起源之际，在种族上人类已经至少被分为两个主要的品种，也许你会做出不那么合理的猜测，前者可能是褐色的，而不是黑色的，他来自东方或者北方；后者是黑色的，而不是褐色的，来自赤道南部。

这些野蛮人在4万年前就是这样的人类，他们能够把贝壳串成项链，能够在身上作画，能够在骨头和石头上雕刻和勾勒人物。他们的绘画虽然非常粗糙，

各种石器时代的工具

但是能够抓住动物的概貌，这些被发现于洞穴的光滑墙壁之上，以及引人注目的岩石表面。他们制作了各种各样的工具，相比于尼安德特人的工具，体积很小，但是却更加精巧。今天的博物馆里，存有大量他们的工具，他们的雕像，他们的岩画。

他们之中最早出现的是猎人，主要追逐的是一种小型的长胡须的野马。野马随着牧草迁徙，于是他们也跟着迁徙。他们也追杀野牛。他们也知道猛犸象，因为他们留下了非常清晰的关于这种动物的图画。根据一个相当模糊的画面，他们诱捕并且杀死了它。

他们使用矛和投掷的石头打猎。他们没有弓箭，也不能确定他们是否驯养动物。他们没有狗，发现过一个雕刻的马头，其中一两幅图画显示出这是一个愤怒的马头，皮肤和肌腱都极为扭曲。但是那个年代、那个地区的马很小，不可能用来驮人，如果某匹马被驯服，那它也只能是一匹带路的马。他们是否已经学会用动物的奶作为食物，这也是值得怀疑的，似乎是不太可能的。

他们虽然已经有兽皮做的帐篷，但似乎没有建造出房屋。虽然他们也制造出了黏土，但是没有上升到制作陶器的高度。他们没有烹饪的工具，所以他们的烹饪可能是最原始的，或者说是不存在的。他们对于耕种一无所知，也不懂得运用篮子和织布。除了皮肤和毛发，他们就是裸体的、身上涂画的野蛮人。

这些已知的最早人类，在欧洲开阔的干草原上逐猎，这种状况大约持续了上百个世纪，在气候变化之前，他们一直在缓慢地移动。一个世纪接着一个世纪，欧洲变得越来越温暖和潮湿，驯鹿向北部和东部转移后退，紧接着它们的是野牛和马。干草原逐渐让位给森林，红鹿取代了野牛和马的位置。随着他们需求的变化，他们工具的特征也在发生改变。对人类而言，河流与湖泊的狩猎变得越来越重要，骨质的精细工具也在增多。"这个时期的骨针，"德莫尔迪耶说道，"比后来要优越得多，后世甚至可以把文艺复兴包括在内，例如，罗马人从来没有与这个时期相媲美的针。"

在1.2万年到1.5万年之前，一种新型的人类漂流到西班牙南部，并且在裸露的岩石表面留下了非常明显的自画像。这些就是中石器时代的文化（得名于马斯齐尔的山洞）。他们有弓，似乎佩戴羽毛的头饰，他们的绘画非常清晰，他们也把图画简化为一种象征,例如用一个垂直的点和两个横向的点代表一个人,这也是书写理念的开端。

最近发现的旧石器时代的艺术品,于1920年发现于西班牙,有1万年到1.2万年之久,这是人类发现的旧石器时代距今最近的物品,它们只是具有缺口的工具。到了1万年或者1.2万年之前,一种新型的生命在欧洲出现,人类不仅学会了制造碎片和缺口,而且能够打磨石器,他们还开始了耕种。新石器时代开始了。

非常有趣的是,在不到一个世纪之前,世界上一个非常偏远的地区,塔斯马尼亚地区,那里有一个人种,身体和智力的发展,相比于欧洲早期的任何一个人类痕迹,水平都非常低下。很久以前,由于地理隔绝的原因,他们与世界上的其他种族、其他的刺激和发展隔绝开来。他们似乎在堕落,而不是在发展。他们的生活依赖于贝类和小型的野味。他们居无定所。他们的确是我们人类,但是既没有人类的敏捷,也没有人类的艺术才能。

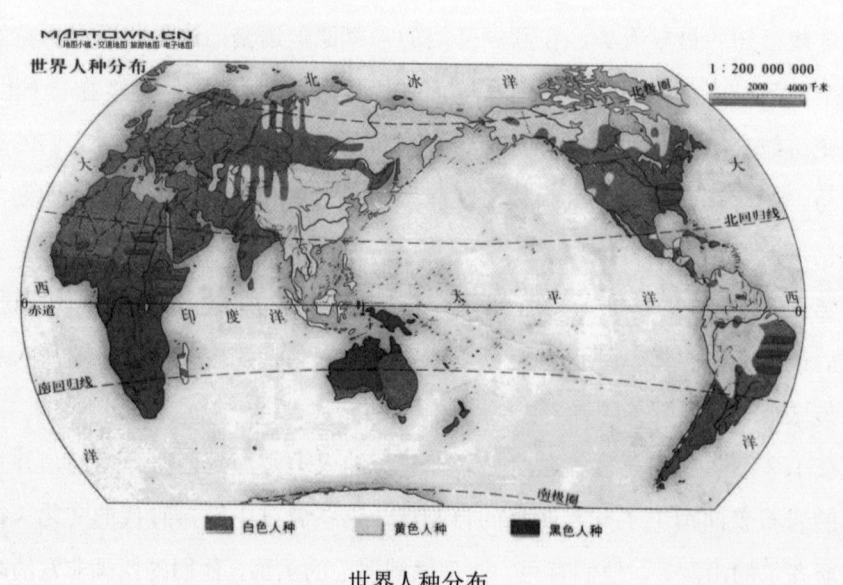

世界人种分布

第十二章 | 早期人类的思想

现在,让我们沉浸在一个非常有趣的推理之中,在那些人类早期的日子里,人们对于冒险持有什么想法?在那些遥远的日子里,在 400 个世纪之前,在播种和收获之前,关于狩猎,关于迁居,人们怎么思考?他们在思考什么?这发生在人类的文字记录开始之前很久的时期,在回答这些问题的时候,几乎没有留下什么供我们推理和猜测的东西。

科学家们赖以构建最初思想的资源各种各样。最近,精神分析学,也就是分析儿童们的自负和冲动如何被抑制、被扭曲、被修改、被遮盖,以适应社会生活的科学,提供了一种分析原始社会历史的方法。还有一种方式,就是分析现在仍然幸存的野人们的思想和习惯,这是另一个非常丰富的研究资源。同时,还存在一种精神上的化石,我们可以在民间传说和根深蒂固存在于当代文明人中的迷信和偏见里面发现这些。最后,我们还有数量不断增加的图画、雕塑,以及人们发现的非常有趣和有价值的记录,它们的含义也都非常清晰。

原始人的思考可能就像一个儿童那样,也就是说用一系列想象的图画进行

环形巨石建筑,可能是远古人思考死亡的地方

思考。他把想象和图画在脑海中联系起来，他依据由此激发的情绪活动，就像当今一个孩子或者没有受过教育的人所做的那样。在人类的经历中，系统思维发展得相对比较晚。直到近3000年来，它才在人类的生活中开始发挥重要的作用。即便到今天，真正能够掌控自己思想的人也是少数。世界上大多数人仍然生活在想象和激情之中。

在人类故事舞台上亮相的最早的真正人类，可能是非常小的家庭群体。就像早期哺乳动物的羊群和牧群来自家族的繁衍一样，早期的部落也是如此繁衍生息的。但是，在这之前，最初的对自己的克制已经形成，对父亲的恐惧和对母亲的尊重，一直延续到成年人的生活中。而团体之中，年长的人对年轻人自然而生的嫉妒也在逐渐减轻，妈妈自然而然就是年轻一代的顾问和保护人。人类社会的生活是出于本能的反应，年轻人长大之后，具有一种天然的本能，他们出去给自己找伴。但是，另一方面，也存在分离带来的缺点和危险。伟大的天才的人类学作者阿特金森，在他的书籍《原始法》中，已经揭示出野蛮人的习惯法。他们的禁忌——在当时的部落生活中这是明显的事实，也可以归结为原始人类从动物发展进化到社会发展精神调整的需求。心理分析师后来也做了很多工作来证实对这些可能性的解释。

一些喜欢推理的作家一直试图让我们相信，对老年人的尊重和恐惧，以及野蛮人对老年妇女的情绪化反应，在原始宗教的开端以及神和女神形象的塑造中扮演了重要角色，这些在梦中都被夸大了，而且因为幻想的精神因素而更加丰富。与这种对强有力的、能够提供帮助的崇拜相关联的是，在这些人死去之后，由于他们在梦中出现带来的敬畏和兴奋，人们很容易相信，他们并非真正地死亡，而仅仅是转换到另一个具有强大力量的遥远空间。

孩子们的梦想、想象力和恐惧比现代的成年人更为生动和真实，而原始人在某种程度上就是一个孩童。他更接近于动物，他们

秘鲁印加人的丝织品

认为动物的情绪和反应和他们自己是相同的。他可以设想出动物的伙伴，动物的敌人，动物的神。一个人只有具备孩子般的思维，才能再度意识到，这些奇形怪状的岩石、方木、特殊的树木等诸如此类的东西，对于处于旧石器时代的人而言，是多么重要，并且具有特殊的意义，也才会理解，为什么梦想和传说会创造出有趣的故事，以及他们为什么认为那是可信的。一些故事很容易被记住和再度讲述。妇女们会给孩子讲述这些故事，从而形成一个传统。直到今天，很多颇有想象力的孩子创作出长篇的故事，塑造了一些非常惹人喜爱的玩偶、动物和半人的英雄形象，而原始人也可能做着同样的事情，他们都相信英雄的真实性。

我们所了解到的最早的人类可能是非常健谈的。从这一点来说，他们和尼安德特人不一样，他们要优于后者。尼安德特人是没有语言能力的，当然，原始人的语言可能是非常简单的名字组合，并且需要配合手势和标志。

无论多么低级的野蛮人，他们都有关于因果关系的知识。但是原始人对于因果关系并不十分挑剔，他们很容易把结果和原因荒谬地结合在一起。他说道，"因为你这样做了"，"事情就发生了"。你给了孩子一枚有毒的浆果，他就死了。你吃了一位很英勇的敌人的心脏，你就变得强壮了。事实上，存在两类因果关系，一种是真实的，另一种是错误的。我们把这种野蛮人思维中的因果系统称为迷信，然而迷信就是非常简单的野蛮人的科学。它不同于现代科学，它完全是零散的，盲目的，而且更容易出现错误。

在很多情况下，把因果联系起来并不困难。很多人的错误思想也容易被实践经历纠正过来。但是对于原始人来说，存在非常重要的一系列问题，他们在持续不断地寻找原因，进行解释，这些解释是错误的，但是仔细探究也不能说是完全错误的。对于他而言，这件事情非常重要，游戏种类繁多，规则应该更容易掌握。而且，毫无疑问，他在极力坚信这些上千个魔法、符咒和预兆，以界定这些理想的结果。他另外关注的问题是疾病和死亡。偶尔，会发生大规模的感染，导致人们的死亡。有时，人们遭遇疾病非常虚弱，或者突然遭遇死亡，但是却没有明显的原因。这些都导致草率的、情绪化的原始人的思想非常狂热。梦想，或者神话般的猜测，促使他谴责或者向某个人、动物或者物品求助。他们具有孩子般的恐惧和忧虑的倾向。

在一些早期的很小的部落里面，年长的人比其他的人在这方面更有权威，虽然他们也会产生恐惧，也会产生想象，但是一直宣称自己能够为别人提供建议，能够进行规定，能够发布命令。他们宣布什么是不吉利的，什么是不可避免的，哪些是善与恶的预兆。最初迷信领域的专家，是行医的人，也是第一个祭司。他宣称，他能够解释梦境，能够进行复杂的巫术活动，以带来好运，或者避免灾祸。原始的宗教，并不像我们今天的宗教那样是需要实行或者遵守的，而是祭司决定的原始的实践性科学。

第十三章 | 耕作的开始

在过去的50年里,尽管我们在这个领域进行了大量的研究和推测,但是我们对于世界上耕作与定居的起源仍然是茫然无知的。我们现在能够比较肯定地说出的事实,就是在公元前1.5万年到1.2万年之间,当时中石器时代的人居住在西班牙南部,早期的猎人开始向北部和东部迁移,抵达了北非、西亚和现在淹没于地中海水下的广大地中海区域。年复一年,这里的人们主要从事两件至关重要的劳作,开始进行耕作和驯养动物。除了制作他们祖先的那种工具,他们也用石头磨制工具。他们还在探索编制物品的可能性,并且用植物纤维进行非常粗陋的纺织,开始制作非常粗陋的陶器模型。

在人类文化的发展进程中,他们进入了一个新的阶段,即新石器时代,这有别于克鲁玛努人的旧石器时代,以及格里马尔迪的中石器时代。这些新石器时代的人们逐渐分布到世界上所有的温暖区域,他们掌握的艺术,他们学会掌控的植物和动物,传播到世界各地。到公元前1万年,人类大部分处于新石器时代。

在现代人看来,耕耘土地,播撒种子,收割收获,脱粒打磨,这似乎是自然而然的事情。就像对于现代人的意识而言,世界是圆的,这已经是司空见惯的事。人们会问,除此之外,你还能做什么?还能是什么呢?但是对于2万年前的原始人来说,今天看来对我们来说显而易见的常识,他们一无所知。他们只能通过大量的试验和错误的实践,才能取得有效的经验。而且,在每一个改变的时刻,都会出现很多奇怪的失误。在地中海区域的某些地方,小麦主要是野生的;但是人们已经学会在播种之前把它研磨作为食物,在学会播种之前,他也学会了收割。

纵观全世界,只要有耕种和收割的地方,就会产生把耕种和血祭联系起来

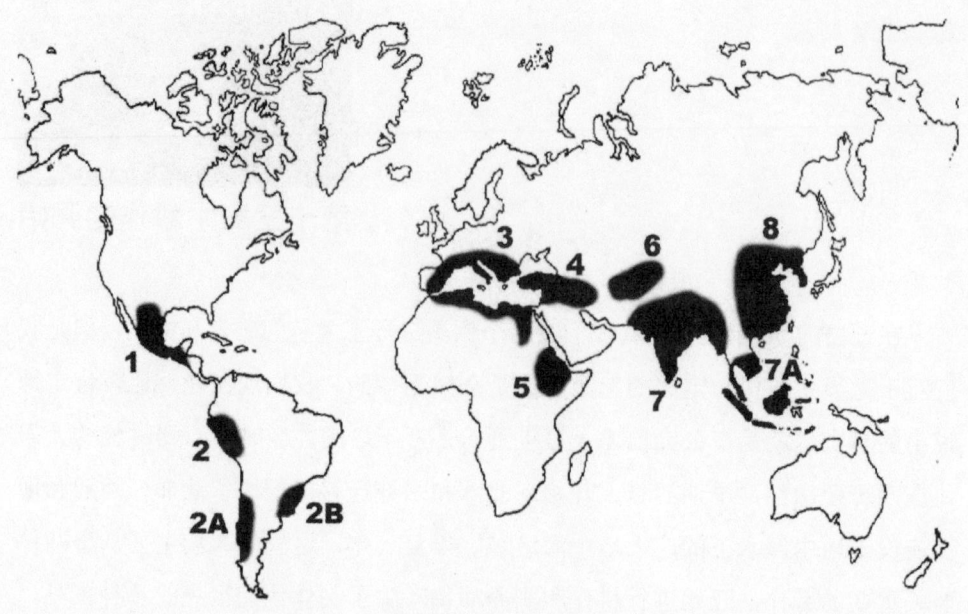
古代农业发源地示意图

的原始观念,而且主要是用活人进行祭祀的观念,这是一件非常值得注意的事情。对于好奇的人类而言,让这两件事情纠缠在一起的研究非常具有吸引力。对此有兴趣的读者会发现,J.G. 弗雷泽在那本里程碑式的著作《金枝》里面,对此进行了很有贡献的详细研究。我们必须记住,在原始人的幼稚的、梦想的、愿意制造神话的观念之中,这两件事情的确是紧密联系在一起的。对此,没有合理的理性解释。但是,在公元前1.2万年到2万年之间,新石器时代的人们,每到耕种的季节,就会有一个人牺牲。而且,牺牲的人并非身份地位低微或者被抛弃的人,通常选择的是少男或者少女,该青年通常具有非常神圣的意义,甚至自己都非常崇拜他(她)被献祭的时刻。他(她)是一个被献祭的神王,被杀的每一个细节都成为庄重的仪式,仪式通常由年长的、非常有威望的人来主持。随着时间的推移,这种形式发展成为惯例。

　　最初,原始的人类对于季节只有一个粗略的了解,他们很难确定播种和祭祀的最佳时机。按照我们的推测,在人类的早期阶段,他们没有年的概念,这是有一定的原因的。第一份年表是阴历的,《圣经》确定的年份是根据月亮的变化而来的。巴比伦的日历显示出,通过划分出13个月的循环,来试图界定播种的时间。月亮对日历的影响一直持续到今天。如果我们还无法理解这种惯例，那么举一个例子，事实上，基督教教会并不是在固定的日子里纪念耶稣的受难和复活纪念日，这一日期随着月亮的不同阶段而发生变化。

我们还不能确定，第一位农学家是否对星星进行了观测。但是，第一个对星星进行观察的很可能是迁徙的牧民，他们认为星星是界定方向的简明标志。但是，一旦星星在界定季节方面的作用被发现，它们对于农业的重要性也开始显现出来。播种期的献祭与一些著名星星的南行或者北行联系起来。对于原始的人类而言，对星星的崇拜和神化是一个必然的结果。

很容易看出来，在新石器时代早期，具备血祭和星象知识与经验的人，是非常重要的人物。

对于知识渊博的那些男男女女而言，人们对于不洁与污染的恐惧，以及由此而产生的清洁灵魂的需求，是他们另一个力量的来源。因此，一直就存在女巫和巫师、女祭司和祭司。早期的牧师，并不是掌握实用技术的宗教人士。他的知识通常来自经验，而且通常是失败的经验。他对于那些善于嫉妒的大多数人保持着这一秘密，但是并不能改变这一事实，他最初的主要功能是知识性的，主要功能是实际的应用。

1.2万年到1.5万年之前，在旧世界所有温暖的、具有良好灌溉条件的区域，都分布着这些新石器时代的人类社会。他们存在男女祭司的传统，存在等级，耕种农田，发展村落，建造城墙围成的小城市。随着时间的推移，这些群体的思想也在发生变化。艾莉奥特·史密斯和里弗斯都曾经使用"日石文化"这一术语来描述早期农业民族的文化特征。"太阳和巨石"也许不是描绘这种文化的最恰当词汇，但

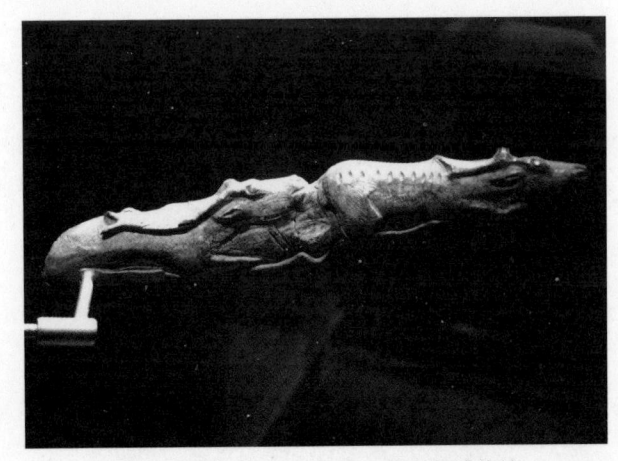

游泳的驯鹿，13000年前，藏大英博物馆

是在科学家们找出一个更好的词汇之前，我们还是要继续使用它。它起源于地中海和西亚的某些区域，随着时间的推移，向东扩展，跨岛穿越太平洋到达美洲，与来自北部的蒙古移民的生活方式混合在一起。

携带这种日石文化的棕色人种，无论到达哪里，都会有非常奇怪的想法和实践。其中一些做法非常奇怪，因此需要精神专家的解释。他们建造了金字塔、大土堆、巨石圆形阵，这也许是为了方便牧师的天文观测。他们把死者身体的一部分或者全部都制成木乃伊，他们文身，他们有古老的习俗，如父代母育，他们让父亲在床上休息直到孩子出生，他们把万字饰"卐"当作幸运的象征。

如果用点来绘制一幅世界地图，来显示这些群体留下的痕迹之间的距离，那么，我们就会沿着温带和亚热带的海岸绘制出一条线，从英国史前的巨石阵，西班牙，穿越来到墨西哥和秘鲁。但是赤道以南的非洲、北欧中部和北部、亚洲北部不会有这种点状标志；有些种族的发展几乎是完全独立的一条线。

新石器这一术语，我们这里指代的也包括尼安德特人和原始石器时代的工具。前人类的时代被称为"旧石器时代"，人类真正使用未经打磨的石头则处于"新石器时代"。

第十四章 | 原始的新石器时代文明

到了大约公元前1万年,世界的地理轮廓与今天的世界大致相同。很有可能的情形是,穿越直布罗陀海峡的巨大障碍,已经阻止了大洋的水流从地中海河谷穿过,地中海的海岸线和今天大体是一致的。里海可能比现在更为广阔,可能与高加索山北部的黑海连接在一起。这块伟大的中亚海岛土地,现在是草原和沙漠,当时非常肥沃,是一个很宜居的地方。总体而言,它是一个更为潮湿和更为肥沃的地区。相比今天而言,欧洲的俄罗斯更是遍地的沼泽和湖泊。白令海峡则是把亚洲和美洲联系在一起的陆地。

到了这一时期,我们目前知道的人类的种族划分已经成为可能。穿越这一更为温暖、森林更为茂密的温带地区,沿着海岸线,崇拜日石文化的棕色人种开始蔓延开来,他们是地中海居民、柏柏尔人、埃及人和许多南亚和东亚人口的祖先。当然,伟大的种族也具有多样性,有很多的分支,伊比利亚和地中海的人种,大西洋及地中海的暗白人种,包括柏柏尔人和埃及人的"闪米特人";德拉威人;印度的深色人种,大量波利尼西亚人,还有毛利人都是这一伟大人种的分支。西部的人种比东部的更白一些。在欧洲中部和北部的森林里,一种金发碧眼的有着蓝眼睛的人种开始变得与众不同,与棕色人种的主要群体区分开来,这就是许多人现在所说的北欧人种。在亚洲东北部较开放的地区,这些褐色的人种正在向另外一个方向发展,这种类型的人眼睛发暗,高颧骨,黄皮肤,有着非常直的黑发,这是黄色人种。在南非、澳大利亚、亚洲南部的许多热带岛屿,仍然是早期的黑色人种。

非洲的中部是种族的混合区域。今天,几乎欧洲所有的有色人种都是北部棕色人种和黑色人种的混合。

我们必须记住,各个人种都是可以自由交配的。他们可以分离、混合和重

一个玛雅武士或是神祇
（大英博物馆）

新连为一体，这就如同云彩一样。人类的种族不像树木长出的树枝那样，永远不会再交织在一起。我们需要铭记于心的是，在任何情况下，都有种族重新混合的机会。如果我们这样做，我们就会避免很多错误的妄想和偏见。人类将会用一种最宽松的方式使用种族这一词汇。有人曾经滥用人种这个词汇，并在此基础上提出了最荒谬可笑的论断。他们妄谈英国人种如何，欧洲人种如何，然而实际上几乎所有的人种都是棕色、黑色、白色和黄色元素的混合。

正是在人类发展的新石器时代，黄色人种首次进入美洲大陆。很明显，他们是通过白令海峡进入美洲大陆，并且逐步向南扩展的。他们在南部发现了大量成群的美洲驯鹿。当他们抵达南美的时候，发现了雕齿兽一种巨大的犰狳，同时还有大懒兽，极其丑陋和笨拙，高度如同大象一样。他们可能把大懒兽——灭绝了，因为它们虽然体型庞大，但是实际上却是外强中干。

大部分美洲部落的生活，从来没有超越过新石器时代的狩猎形式。他们从来没有发现过铁的用途，他们主要的金属拥有物就是金和铜。但是墨西哥、尤卡坦和秘鲁的条件，有利于定居种植。大约在公元前1000年，产生了一种非常有趣的文明，它与旧世界的文明不同，但与其平行发展。就像许多早期的原始文明一样，这些部落在播种和收割的季节，展现出献祭的形式。但是正如我们即将看到的那样，在旧世界里面，这些思想逐渐被淡化、复杂化并且被其他人试图掩盖。然而，在美洲大陆，它们被发展得越发精细，达到了一个很高的强度。这些美洲的国家基本上都是被祭司统治的国家，他们的战争首领和统治者都是遵循着律法和神的指示行事。

这些祭司把天文学发展到非常精细的程度。他们对于年代的通晓，要远远高于我们即将描绘的巴比伦人。在尤卡坦，他们有一种书写的方式，被称为玛雅人的写作，非常神秘，也非常复杂。到今天为止，我们已经能够对它进行破译，它主要是用来记载精确而复杂的日历，这是祭司用他们的智慧书写上去的。玛雅人的文明和艺术在公元700—800年达到一个高峰，现代的观察者被其雕塑的艺术中所蕴含的柔性力量和奇特的造型之美震惊，并且困惑于其怪诞的风格、疯狂的规制和呈现出来的思想上的错综复杂性。在旧世界，没有什么东西和它相像。最近的一种，但也是最远的一种，就是发现于古老的印度雕刻。到处都是编织的羽毛，时而出现缠绕在一起的蛇。许多玛雅人的雕刻，就如同欧洲精神病院的病人绘制出来的画作，其数量远远超过了旧世界的数量。看起来，玛雅人的思维与旧世界的人们好像是两条不同的轨迹，其思想观念是完全扭曲的，根本不是理性的思维。

把这种反常的美洲文明与普遍的精神失常观念联系起来，还可以从他们对流血的痴迷中找到证据。墨西哥文明特别嗜好流血，它每年制造出成千上万的受害者。他们公开地对受害者开膛破肚，取出仍然在跳动的心脏，这是祭司台上主要的行为。公共的生活，国家的庆典，都伴随着这种极其恐怖的行为。

这些部落中普通人的平凡生活，和其他普通农民的平凡存在是一样的。他们的陶器、织物和染色都做得非常好。玛雅人不仅在雕刻的石头上进行书写，而且也在皮革等物品上进行写作。欧洲和美国的博物馆中有很多非常难解的、谜一般的玛雅人手稿，除了日期之外，几乎无法破译。在秘鲁，有一种同样的写作方式，但是后来采用了结绳记事的方式，数千年前的中国，曾用同样

16世纪西班牙人绘制的阿兹特克人血祭祀场面

第十四章｜原始的新石器时代文明

的方法进行记录。

在公元前 4000 年或公元前 5000 年的旧世界，也就是早于美洲文明三四千年的时候，存在着和这些美洲文明相似的原始文明。这些文明建立在寺庙的基础上，有大量的血祭和与天文学相关的祭祀。在旧世界，这些原始文明相互激发和促进，朝着我们现代世界的方向发展。然而，美洲的原始文明从未超越过原始阶段。他们之中的每一个都生活在自己的小世界里面。直到欧洲人抵达美洲之前，墨西哥对秘鲁似乎一无所知。在秘鲁，土豆是主要的食物，但是墨西哥人同样一无所知。

年复一年，人们就这样生活着，崇拜神灵，进行血祭。玛雅人的装饰艺术上升到一个较高的水平。人们做爱，部落作战。干旱和充沛，瘟疫和健康，交替来临。在漫长的时光里，祭司们不断完善他们的历法和祭祀仪式，但是在其他领域却没有取得什么进展。

第十五章 | 苏美尔与古埃及的书写

相比美洲大陆，旧世界的舞台更为宽泛和多样化。到了公元前6000年或公元前7000年，已经出现了几乎达到秘鲁水平的准文明公社，它们出现在亚洲和尼罗河的肥沃地区。当时的波斯北部、中亚地区和阿拉伯南部都比现在更肥沃，在这些地区出现了很早的原始公社痕迹。在美索不达米亚的下游地区和埃及，出现了城市、寺庙、系统的灌溉和社会组织的证据，并且已经超过了野蛮的村镇水平。那一时期，幼发拉底河和底格里斯河通过不同的入口进入波斯湾，正是在它们之间，苏美尔人建立了第一座城市。几乎是在同时（当时的年表比较模糊），伟大的埃及历史开启了。

这些苏美尔人是鼻子高耸的褐色人种。他们的写作方式已经被破译，语言也被掌握了。他们发现了青铜的用法，用太阳晒干的砖块建立了塔状寺庙。这个国家的黏土质地良好，他们用它来进行写作，所以他们的铭文能够保存至今。他们有牛、绵羊、山羊和驴，但是没有马。他们徒步作战，近距离编队，携带

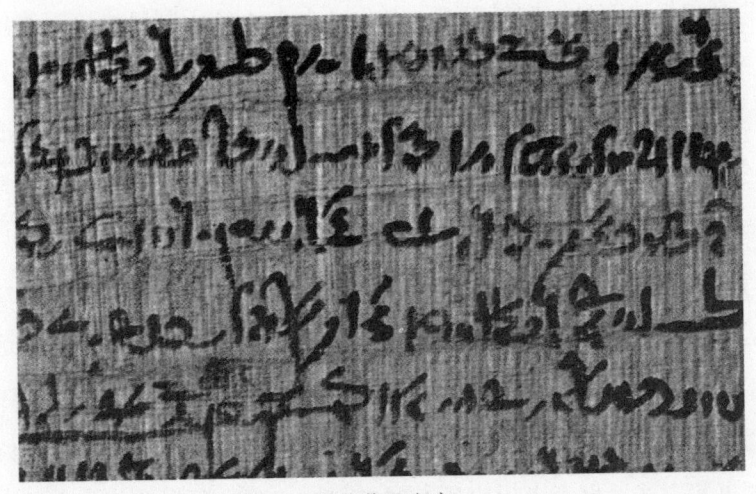

纸莎草及文字

罗塞塔石碑

长矛和皮子做成的盾牌。他们的衣服是羊毛的，头发是被剃光的。

苏美尔人的每一座城市看起来都是一个独立的国家，有自己的神，自己的祭司。但是有的时候，某个城市也试图支配其他的城市，通过人口优势索取贡品。尼普尔的一块非常古老的碑文记录了"帝国"的词汇，这是第一个帝国的记录，出现在苏美尔的埃雷克城市。它的上帝和祭司王都声称拥有从波斯湾到红海的控制权。

最初，书写仅仅是绘画记录的缩写方法。甚至早在新石器时代之前，人们已经开始进行书写。我们提到过的中石器时代的岩石绘画，就已经开始了这一进程。许多记录的内容是狩猎和探险，其中很多人物的表现形式是非常简单的。他们没能表现出人的头和四肢，仅仅用一个竖向的和两个横向的笔画来表现一个人。从这样的描绘到传统的压缩型表现模式，是一个非常简单的过渡。在苏美尔，书写将是芦苇秆按在黏土上完成的，由于风雨的冲刷，很快就会变得面目全非。但是在埃及，人物画在墙上，或者画在纸莎草（号称第一种纸张）上，对人物的模仿非常相像，而且更容易保存。依据苏美尔人的木制风格，制造出了楔形的标记，苏美尔人的书写方式也因此被称为楔形文字。

当图画不仅表示自身，而且也指代一些类似的东西时，它就演变成为书写的前身。对于适龄儿童来说，图画至今仍然具有谜一样的魅力。我们画了一个带有帐篷和铃铛的营地，孩子们非常高兴地猜测这是苏格兰的名字坎贝尔。苏美尔的语言就像累计起来的音节，类似于当今的印第安人语言。它使自己很容易适应运用音节的书写方式来表达思想，但是无法通过图片直接传情达意。埃及的文字经历了平行的发展历程。后来，那些很少使用音节方法的外国人，也试图使用这些图片文字，他们对其进行了大幅度的改良和简化，并最终发展成为字母的书写方式。世界上后来所有的字母文字都来源于苏美尔楔形文字和埃及象形文字（祭司书写的）的混合。后来，中国发展出一种约定俗成的图画文字，但是没有进入字母排序阶段。

在人类社会的发展历程中，书写的发明至关重要。它把协议、法律和戒令都记录下来，使得国家的发展能够超过旧的城邦，使历史意识的延续成为可能。祭司或者国王的命令和封印，其影响范围可以超越他的视线，超越他的声音，甚至在他去世之后还能够延续下去。需要值得注意的一件非常有趣的事，就是苏美尔的印章被广泛运用。国王、贵族或者商人的印章被雕刻得非常具有艺术性，然后加盖在他授权的黏土文件上。

巫师岩画，来自于意大利

随后，黏土变得非常干硬，永久保留下去。对于读者而言，需要牢记的是在美索不达米亚的土地上，即使过了很多年，信件、记录和账目仍然是写在相对坚不可摧的瓦片上面。基于那样的事实，我们其实拥有还原知识的宝库。

在苏美尔和埃及非常早期的阶段，人们已经开始了解铜、金、银这些珍贵的稀有金属，也了解到了铁陨石的存在。

在旧世界的第一批城市，人们的日常生活一定是非常相似的，无论在埃及还是在苏美尔都是如此。除了街上的驴和牛，它和三四千年之后美洲的玛雅城市生活没有什么不同。和平时期，除了宗教节日，大部分人忙着灌溉和耕种，他们没有钱，也不需要钱。他们用易货的方式进行偶尔的交易。王公和统治者们拥有一些金银宝石等的财产，用以进行偶尔的贸易行为。寺庙支配着人们的生活。在苏美尔，寺庙是很巨大的，塔顶高耸，在顶部可以观察星星。在埃及，寺庙是只有一层的高大建筑。在苏美尔，祭司是最高统治者，也是最辉煌的人。在埃及，祭司之上还有一个人，他是大地主神的化身，即法老王。

那些日子几乎是一成不变的。男人们在烈日下耕作，非常辛苦。很少有陌生人走进这片土地，如果那样，会让人非常不安。祭司们依据古老的规则指导人们的日常生活，观察星象定位适合的播种时间，寻找献祭的征兆，解释梦境。人们劳作、相爱、死亡，没有感觉到不幸福，忘记了他们种族野蛮的过去，也丝毫不关注未来。有的统治者是非常仁慈的，例如佩比二世，他统治埃及的时间长达90年。有的则表现得雄心勃勃，强迫百姓的儿子服兵役，把他们送到邻近的城邦去打仗、去抢劫，或者让他们长期辛苦地劳作建造巨大的建筑物。诸如卡夫拉、哈夫拉和门卡乌拉，他们建立起这些巨大的、阴森森的土堆，这些都是在吉萨的金字塔。其中最大的450英尺高，石头的重量是488.3万吨。这些都是通过人力、通过船只运到尼罗河并且倾倒在那里的。它的建立对于埃及的消耗，就如同一场大战带来的损失。

第十六章 | 原始的游牧民族

公元前8000年到6000年，除了美索不达米亚和尼罗河流域，只要能够进行灌溉，并且全年具有稳定食物供应的地方，人们都在改变狩猎的方式，放弃不确定的、漂泊的迁徙生活，开始定居下来，发展农业。在底格里斯河的上游，亚述人建立了城市，在小亚细亚的山谷和地中海海岸与岛屿上，也有逐步奔向文明的小团体。在印度和中国，人类文明在适当的地区也已经平行发展起来。欧洲的许多地区，因为湖泊众多，富含鱼类，一些小的团体已经在水上落户，并且通过渔业和狩猎生活，在旧世界的很多地区，定居是不太可能的。这些地区土地过于粗糙，森林太茂密，或者过于干旱，或者季节不确定。只依赖那个年代的工具和科学知识，人类是无法在那里生根的。

在原始条件下，人们的定居需要充足的水源、温暖的气候和充沛的阳光。当这些条件无法满足的时候，人们在这一地区的居住就会非常短暂，就像猎人具有自己的生存规律，牧马人逐水草而居一样，他是无法定居的。从狩猎生活转向放牧生活是一个逐渐发展的缓慢进程。在对野生的牛群和马群的放牧过程中，人们开始产生把它们变成财产的想法，开始学会把它们赶入河谷，帮助它们对付野狼、野狗和其他非常凶猛的肉食性野兽。

贝杜因游牧民

这些婆罗洲的定居者，实际上对应的是公元前 6000 年欧洲的新石器时代。所以，当这些大河流域的原始耕种文明成长起来的时候，一种不同的生活方式，即游牧生活，也在发展。他们总是在移动，从冬季牧场转移到夏季牧场。游牧民族的生活总体上要比农业民众的生活艰苦，他们的产量要少得多。他们没有固定的寺庙，没有高度组织化的祭祀；他们的工具很少。但是读者们一定不要想当然地断定，他们的生活方式是不发达的。在很多方面，这种自由的生活比耕者生活要丰富多彩。他们的个体更加独立，群体中的单位更小。领袖更为重要，巫师较少。

公元前 1895 年，埃及的闪米特游牧民族到来。该游牧民族在这个国家的大片土地上移动，展现出其生活的方方面面。他们触及了这片定居土地的边界，他们习惯于看到陌生的面孔。他们不得不策划与其他部落关于牧场的竞争。关于矿物，他们知道的比那些耕地的民众要多，因为他们要穿越山脉，进入岩石区域。他们可能是更好的冶金学家。青铜，甚至是更多的铁矿冶炼都是游牧民族的发现，在远离早期文明的中欧地区，发现了一些早期铁质工具，看起来是从矿石冶炼而来的。

另一方面，这些定居的人们已经有了纺织品、陶器和其他许多令人满意的东西。不可避免的是，农业和游牧的方式开始分化，两者之间有抢掠，也有贸易。在苏美尔，特别是有沙漠和季节分明的国家，游牧民族必然把其游牧的营地靠近耕种的区域，他们之间有交易，有盗窃，有时也进行关系上的修修补补，就像今天的吉普赛人所做的那样。（但是他们不会偷母鸡，因为印第安人对鸡的驯养开始于公元前 1000 年）。他们会携带宝石、金属和皮革。如果他们是猎人，他们会携带皮毛。他们想要交换陶器、珠子、玻璃、服

游牧民族塞人的壁画

装等手工制造的物品。

根据大英博物馆古老的、奇怪的绘画模型，在第一个早期文明时期，在那些遥远的时光里，苏美尔和早期的埃及存在三个主要的地区，三个不同类型的、游牧的、非完全定居的种族。在欧洲的森林地区，金发碧眼的北欧人、猎人和牧民，是地位非常低的种族。这种原始文明在公元前1500年很少能够看到。在东亚的干草原地区，各种各样的部落、黄色人种，都在驯养马匹，并且形成了一种在夏季牧场

巴勒莫石碑片段，埃及第四王朝
藏伦敦比德尔博物馆

和冬季牧场之间不断迁移的习惯。当时的北欧人和匈奴人，可能还被俄罗斯的湖泊和当时的大里海分离，各自独立发展。俄罗斯的大部分区域都是沼泽和湖泊。在叙利亚和阿拉伯的沙漠地带，这一地区现在已经变得更为干旱，存在着白色和棕色人种的部落，即闪米特部落，他们驱动着成群的山羊、绵羊和驴群，在牧场之间不断运动。这些闪米特的牧羊人，以及来自南部波斯的黑人，即埃兰人，是第一批与早期文明开始亲密接触的游牧民族。他们是交易者，也是侵略者。最后，因为出现了非常有胆识、有魄力的人，他们成为领导者，并且成为征服者。

大约在公元前2750年，一位伟大的闪米特领袖萨尔贡，征服了整个苏美尔的土地，成为从波斯湾到地中海世界的掌权者。他和他的民众阿卡德人都是无知的野蛮人，他们开始学习苏美尔文字，把苏美尔语言作为官方和学术语言。他建立的帝国在两个世纪之后衰败了，并且被一个新崛起的闪米特民族亚摩利人的部落追赶，后者建立起在苏美尔地区的统治，首都是现在河流上游的一个小城镇，巴比伦。他们建立的帝国被称为"第一巴比伦帝国"，因为一位名为汉谟拉比的国王（大约公元前2100年），该帝国名称更为稳固。汉谟拉比制定了历史上第一部最为著名的法典。

埃及游牧民生活

相比美索不达米亚,狭窄的尼罗河河谷,在抵御侵略方面是相对容易的。但是在汉谟拉比时期,闪米特人成功入侵了埃及,建立了法老统治的"牧羊人王朝",其统治持续了几个世纪。这些闪米特征服者从未融入埃及,他们总是被敌视为外国人和野蛮人。最后,到了公元前1600年,埃及人发动了起义,他们被驱逐出去。

但是闪米特人已经永久地融入了苏美尔,这两个种族最终同化在一起,在语言和特性上,闪米特人已经被苏美尔化了。

第十七章 | 最早走向海洋的人们

在 2.5 万年到 3 万年之前，船只开始投入使用。起初，人们要穿越水面，依靠的大概是一根圆木，或者膨胀的皮革，这种方式开始于新石器时代早期。从我们具备该领域的知识开始，一种用皮子覆盖防止漏水的篮子形船只就已经在埃及和苏美尔使用。目前，这两个地区仍然还在使用这样的船只。在爱尔兰、威尔士和阿拉斯加，这些船只也一直运用到今天，海豹皮的船只仍然被用来穿越白令海峡。随着工具的改良，空心的原木也开始使用。船只建造成为一个自然延续的过程。

也许诺亚方舟的传说保留了早期船只建造的传说。正如世界各地广泛流传的洪水传说，可能是源于地中海盆地洪水的传说。在金字塔建造之前很久，红海上就出现了船只。在公元前 7000 年的波斯湾和地中海区域，也有船只的存在。这些船只主要是渔民的船只，但是也有一些贸易船和海盗船。基于我们对于人类的了解，我们可以确定无疑地推测到，水手们能够抢劫的时候，就会抢劫；无法进行抢劫的时候，他们才会选择贸易。

第一批船只航行的海域都是内海，风吹得时断时续，很长一段时间都会是风平浪静的状态，所以航行的发展是非常有限的。只有在过去的 400 年中，具有良好操纵能力的，适合远洋航行的帆船才发展起来。古代世界的船只是划桨的，主要沿着海岸边行驶，一旦出现恶劣的天气，它就会马上驶进港口。

迈锡尼战车

克诺索斯跳牛图壁画

随着船只发展成为战舰,开始引发战俘和奴隶的运载需求。

我们已经注意到,闪米特人作为流浪者和游牧民族在叙利亚和阿拉伯的出现,以及他们如何征服苏美尔地区建立了世界上第一个阿卡德和第一个巴比伦帝国。在西方,这些闪米特人被带到了海边。他们沿着地中海的东部海岸,建立起一系列的海港城镇,其中最主要的是提尔和西顿。到了巴比伦的汉谟拉比时期,他们作为贸易商、流浪者和殖民者已经扩展到整个地中海盆地。这些海边的闪米特人被称为腓尼基人,主要居住于西班牙,他们把古老的伊比利亚的巴斯克人赶走,并且远征渡过了直布罗陀海峡,在非洲北海岸建立了殖民地,其中迦太基就是他们建立起来的城市,我们随后将对其进行详细讲述。

公元前13世纪迈锡尼女战士

然而,在地中海区域,腓尼基人并不是第一个拥有船只的民族。在那里的岛屿和海岸上,当时已经有一系列的城镇和城市,它们属于爱琴人,而爱琴人与西部的巴斯克人、南部的柏柏尔人和埃及人存在着血缘和语言的联系。这些人也是随后要讲述的希腊人的前身，他们在希腊和小亚细亚都有城市。例如，迈锡尼和特洛伊，就是他们在克里特岛的克诺索斯建立起来的繁荣象征。只是到了最近的半个世纪，挖掘的考古学产业才把爱琴海文明带到了我们的知识领域。克诺索斯被完全彻底地开发出来。值得庆幸的是，在它上面没有再建立起大型的城市，因此它的遗迹能够保存下来，是我们关于这个几乎被遗忘的文明的主要信息来源。

克诺索斯的历史，几乎与埃及的历史同样漫长。在公元前 4000 年，这两个国家的贸易非常频繁。到了公元前 2500 年，也就是萨拉贡一世和汉谟拉比之间的时期，克里特文明发展到了自身的顶峰。

克诺索斯仅仅是为克里特国王及其民众建立的大宫殿，它甚至都没有设防。后来只是因为腓尼基人变得强大，它才开始设防。另外一个原因还在于，一个新的更可怕的非常贪婪的海盗，即希腊人从北部跨海来到了这一地区。国王被称为米诺斯，正如埃及的国王被称为法老一样。他的宫殿带有自来水、沐浴间以及其他的便利设施，这是在其他古代的遗迹中都没有发现的。在那里，他举行盛大的节日演出。那里，有公牛之间的斗殴，就像是今天仍然在西班牙存在的斗牛一样。甚至斗牛士的服装也很相似，同时还有体育表演。女士们的衣服

城市和舰队，米诺斯壁画

都非常富有现代精神，她们穿着胸衣与荷叶边的连衣裙。陶器、纺织制造、雕塑、绘画、珠宝、象牙，这些克里特人的金属和镶嵌制品，美丽得让人叹为观止。他们的文字也非常系统，但是仍然有待破解。

这种幸福的、温暖的和文明的生活持续了几个世纪。大约在公元前2000年，克诺索斯和巴比伦存在数量众多的这样一群人，他们的生活非常惬意。他们有节目表演，有宗教节日，有家庭奴隶照顾他们的生活，有工业奴隶为他们赚取利润。对于这些人而言，生活在克诺索斯是非常舒适而安全的。蓝色的大海环绕周边，整日沐浴着阳光。那一时期处于半野蛮王朝统治下的埃及国家处于衰落下降的状态。某人如果对政治感兴趣，他就会注意到闪米特人已经无处不在，他们统治了埃及，统治了遥远的巴比伦，在底格里斯河上游建立了尼尼微城镇，向西航行到大力士柱（直布罗陀海峡），在这些遥远的海岸建立了自己的殖民地。

克诺索斯存在一些具有好奇心和思维非常活跃的人。因为后来的希腊人开始讲述一个非常技艺高超的工匠——代达罗斯的传说，他试图制造出一个飞行的机器，有点类似于滑翔机，但是在飞行过程中坠入了大海。

注意到克诺索斯人和现代人的差异与相似之处，是非常有趣的事情。对于公元前2500年的克里特岛绅士来说，铁是一种稀有金属，就像从天上掉下来的一样。当时的人们，对于铁产生的更多是好奇心，而非把其付诸使用。那时，只有铁陨石是已知的，铁并非来自铁矿。相比于那时，现代的国家到处都是钢铁。在克里特岛，马也是一种非常传奇的动物，其实马是一种生存于黑海以北荒凉的北方土地的超级驴。对于克诺索斯而言，文明仅仅限于爱琴海的希腊和小亚细亚地区，因为吕底亚人、卡里亚人和牧马人的生活和语言，与他自己非常类似。

也有腓尼基和爱琴海的人居住在西班牙和北非，但是对于他的想象力而言，这些都是比较遥远的地区。意大利还是比较荒凉的土地，覆盖着非常茂密的森林，棕色的伊特鲁里亚人还没有从小亚细亚到达这里。某一天，一位克里特岛的绅士来到了海港，有一个俘虏吸引了他的眼光，因为他是白皮肤，长着一双蓝眼睛，也许我们的克里特人试图和他说话，但得到的回答似乎是在胡言乱语。这一生物来自比黑海更远的地方，看起来非常无知野蛮。事实上，这个俘虏是雅利安部落的人，我们随后将会讲述这一种族和文化，他奇怪的胡言乱语，最终在某一天变成了梵文、波斯语、希腊语、拉丁语、德语、英语和世界上大多数人的主要语言。

那是克诺索斯的顶峰,他们聪明、进取、阳光、幸福。但是到了公元前1400年,灾难突然降临到这片繁荣的土地上。米诺斯的宫殿被摧毁了,从那时候起,该地区从来没有被重建过,也不再有人居住。我们无法了解,灾难究竟是如何发生的。目前,挖掘的成果发现了一些零星的抢劫和火灾的痕迹。但是,也确实发现了非常具有破坏性的地震的痕迹。也许是自然界本身就摧毁了克诺索斯,也有可能在地震开始之前,希腊人已经完成了摧毁工作。

克诺索斯宫殿

第十八章｜埃及、巴比伦和亚述

埃及人从来没有心甘情愿地接受闪米特"牧羊人王朝"的统治。公元前1600年，爆发了驱逐这些外国统治者的爱国政治运动。紧接着，进入了一个埃及复兴的新阶段，这段时期被埃及学专家称为新帝国时期。在希克索斯王朝入侵之前，埃及从来没有被紧密地统一在一起，现在则变成一个统一的国家。而征服和反抗的经历使其充满了黩武精神。法老们开始变成了野心勃勃的征服者。他们开始拥有战马和战车，而这是希克索斯人带给他们的。在图特摩斯三世和阿梅诺菲斯三世统治期间，埃及的统治一直延伸到亚洲的幼发拉底河区域。

我们现在正要涉及一场千年之战，这是在美索不达米亚文明和尼罗河文明之间展开的。伟大的第十七王朝的统治者，包括图特摩斯三世、阿梅诺菲斯三世和五世，著名的女王哈塔苏，以及第十九王朝的拉美西斯二世，有人认为他就是摩西法老，他的统治长达67年，他们把埃及发展到一个高度繁荣的时期。在此期间，埃及也有过衰退期，曾经被叙利亚人征服，后来又被来自南方的埃塞俄比亚人征服。美索不达米亚地区，先是巴比伦人的统治，随后是赫梯人和大马士革的叙利亚人的短暂统治。曾经有一段时期，叙利亚人征服了埃及。尼尼微的亚述人命运也是起起伏伏。有时，城市被占领；有时，亚述人统治巴比伦，进犯埃及。我们的篇幅非常有限，所以不能介绍埃及军队在这

阿布辛贝神庙

阿布辛贝的纳夫蒂尔神庙

里的进进出出，也不能介绍小亚细亚、叙利亚和美索不达米亚地区形形色色的闪米特政权。他们有大批配备战车的军队，战马主要是用于战争，是荣耀的象征，所有这些都从中亚蔓延到这些古老的文明区域。

在那遥远的昏暗的时光里面，出现的是征服者拉美西斯二世的雕像，随后是图什拉塔，米坦尼的国王，他占领过尼尼微；亚述的缇格拉·拉萨一世，曾经占领巴比伦。最终，亚述成为当时最强大的军事力量。缇格拉·拉萨一世在公元前745年，征服了巴比伦，建立了历史学家宣称的新亚述帝国。铁器也开始从北部进入了文明的区域，赫梯人，也就是亚美尼亚人的祖先，把铁器的用法传输给了亚述人。而亚述的篡位者，萨尔贡二世，开始用铁器武装军队。亚述成为第一股展示铁与血定律的力量。萨尔贡的儿子赛纳克里布带领军队来到了埃及边境，最终击败他的并非军队，而是瘟疫。赛纳克里布的孙子亚述巴尼拔（历史上他的希腊名字是萨尔达纳布鲁斯），曾经于公元前670年征服埃及。随后，埃及作为一个被征服的国家，开始处于埃塞俄比亚王朝的统治之下。萨尔达纳布鲁斯取代了一个征服者，随后很快又被新的征服者取代。

如果有人持有关于这段历史的一系列政治地图，那么对于这一长达10世纪的时光，我们就能像在显微镜下观察变形虫那样，观察埃及的扩张与收缩。我们应该能够看到，这些闪米特的迦勒底人、亚述人、赫梯人、叙利亚人来来去去，彼此吞并，被迫交出占据的土地，如此反复。在小亚细亚的西部，存在小型的爱琴海国家，如丽迪雅，它的首都是萨迪斯，还有小国卡里亚。但是，在公元前1200年之后，也可能还要晚一些，将有一系列新的名字从西北和东北进入古代世界的地图。它们是一些野蛮的部落，这些人使用铁器，运用战马和战车，逐渐成为爱琴海和闪米特文明北部边境的巨大困扰。他们使用的语言都是印欧语系语言的变体。

米底人和波斯人来到了黑海和里海的东北部区域。在时间的记录里，与他们处于同时段的是斯泰基人和萨马特人。从东北部和西北部来的是亚美尼亚人，从西北的海上屏障穿过巴尔干半岛来到的是辛梅里安人、弗里吉亚人和希腊人的部落。现在，这些人都被称为希腊人。他们是城市的入侵者，是强盗，是掠夺者。这些雅利安人，无论来自西方，还是来自东方，他们是同族的，是相似的民族，都是强壮的曾经从事过掠夺的牧民。在东方，他们处于边缘，经常抢劫，但是在西方，他们侵占城市，驱逐文明的爱琴海居民。于是，这些爱琴海的人被压迫，他们在印欧语系之外的岛屿寻求建立新的家园。一些人在尼罗河三角洲安顿下来，但是很快又遭到埃及人的驱逐。于是，他们又离开了小亚细亚，

埃及卢克索神庙外景

在意大利的茂密森林建立国家。还有一些人在地中海的东南海岸建立了城市,成为历史上的非利士人。

雅利安人就这样非常粗鲁地进入了古代文明的区域,我们将在后面的章节之中进行详细的论述。这里我们仅仅简单介绍这些古代文明区域中发生的移动和迁徙。这都是由于来自北部森林和荒原的雅利安野蛮人逐渐推进的结果,具体时间段是公元前1600年到公元前600年。

在接下来的部分,我们必须谈及一点闪米特人,即希伯来人,他们居

埃及法老坟墓中展现的农耕生活

住在腓尼基和腓力斯海岸后面的小山上,一直到这一阶段结束,他们逐渐变得越来越重要。他们创造出希伯来《圣经》,这是一本对后来的世界历史产生深远影响的著作,汇集了众多的书籍、历史、诗歌,也体现了先知们的智慧。

在美索不达米亚和埃及,雅利安人的到来并没有导致发生什么根本性的变化,这种状况一直持续到公元前600年。在希腊人之前,甚至在克诺索斯被毁坏之前发生的爱琴海战争,对于埃及人和巴比伦人的破坏是比较微小的。在这些文明的发源地,不断改朝换代,随着时间的推移,王朝的精细程度和复杂程度也在不断增加。在埃及,远古时代累计的纪念碑——金字塔,已经进入到了第三个千年,而且如同今天一样,它们已经成为展示品,并且不断地被新的、更雄伟的建筑补充进来,尤其是在第十七王朝和第十九王朝时期。卡纳克和卢克索的伟大寺庙也开始于这一时期。尼尼微的所有主要古迹,巨大的寺庙,狮身人面像,国王的战车和狩猎的浮雕,都发生在公元前1600年到公元前600年。这一时期也使得巴比伦大部分的绚丽时期相形见绌。

关于美索不达米亚和埃及,我们有非常丰富的公共记录,包括商业账户、故事、诗歌和私人信件。我们了解到,在当时的巴比伦和埃及的底比斯这样的

一个苏美尔祈祷者雕像，公元前24世纪，发现于叙利亚

城市，富裕的、有影响力的人们的生活，非常精致和奢华，就像今天那些生活非常舒适和富裕的人那样。他们住在精心装修过的房子里面，过着非常有秩序和注重礼仪的生活。他们身穿华丽的美服，佩戴美丽的珠宝；他们举办宴会，庆祝节日，用音乐和舞蹈作为娱乐，有训练有素的仆人伺候，还有医生和牙医照料他们的生活。他们并不经常旅行，也不会走得很远，但是在尼罗河与幼发拉底河上划船游览是一种常见的夏季娱乐活动。负荷的动物主要是驴，马主要是用于战车或者国事场合。骡子仍然是非常新奇的动物，美索不达米亚的人们对于骆驼有一定的了解，但是骆驼还没有被带到埃及。

铁制的器皿非常少，铜和青铜仍然是主要的金属。细麻布和毛织品与羊毛都已经被人们熟知。但还没有出现丝绸。玻璃已经出现了，而且被装饰得非常美丽，但是玻璃制品往往都非常小。当时没有透明的玻璃，玻璃也没有被应用到光学上去。人们在牙齿上装饰黄金，但是鼻子上没有佩戴眼镜。

古代的底比斯和巴比伦，与现代生活之间一个非常奇妙的对比，就是它们没有铸造的钱币。大多数贸易仍然是易货贸易。巴比伦在经济上遥遥领先于埃及。金银被铸成锭，用来进行交换。在货币制度实行之前，也有所谓的银行家，他们把自己的名字和金属的重量刻在这些金属块的上面。商人或者旅行者会携带宝石，用以出售，或者换取相应的物品。大多数的用人或者雇工都是奴隶，支付给他们的不是货币，而是实物。随着货币的到来，奴隶制削弱了。如果现代的旅行者来到这些古代世界的大城市，他的菜单上将缺乏两个重要的物品：当时没有母鸡，也没有鸡蛋，因此法国厨师不会喜欢巴比伦。这些东西大概是在亚述帝国后期从东方传入的。

如同其他的事务一样，宗教也经历了巨大的转型。例如，人类的献祭已经消失了很长时间，动物或者面粉制作的假人成为人类的替代品。（但是，腓尼基人和迦太基人，他们最大的定居点位于非洲，后来仍然被指控以活人作为祭品。）在古代，如果一个伟大的酋长去世，他的妻子们、奴隶们、断矛断弓都应该陪葬在坟墓里面，这是一个惯例习俗，其目的是确保他在精神的世界里不会无人陪伴，不会无人防卫。在埃及，这一无知的传统仍然在延续，人们仍然保留这种非常有趣的习俗，即把一些房子、商店、仆人和牲畜等小的模型，与死者安葬在一起。正是这些模型，向我们生动地展示了3000年或者更久之前的古代，人们安逸的耕作生活。

这是雅利安人到来之前的北部森林和平原上的古代世界。印度和中国则处于平行发展状态。在所有这些流域的河谷之中，棕色人种建立的农业城邦开始成长起来。然而，相比美索不达米亚和埃及，印度的农业城邦发展并没有那么先进，也没有那么迅速地合并在一起。他们更接近苏美尔人和美洲玛雅人的文明水准。中国的历史仍然需要中国学者把其现代化，并且剔除一些神话的色彩。在这一时期，中国也许要领先于印度。在埃及第十七王朝的同时期，中国处于商朝，它是一个司祭的皇帝领导下的松散王国，下面一级是诸侯。这些早期皇帝的主要职责，是履行季节性的献祭。来自商朝的精美青铜制品仍然存在，它们的精致和工艺迫使我们意识到，这一持续了几个世纪的文明发展程度，领先于他们的生产方式。

伊斯塔尔门上的尼布甲尼撒记功石刻

第十九章｜原始的雅利安人

4000 年前，也就是公元前 2000 年，中欧、东南欧和中亚地区，或许比现在更为温暖、潮湿，森林覆盖率也更高。从莱茵河到里海地区，一群主要是白皮肤、蓝眼睛的北欧人种构成的部落到来了。这些部落之间彼此充分接触，使用的是一种语言的不同变体。当时他们的人口数量并不多，因此没有引起制定过汉谟拉比法典的巴比伦人的恐慌，也没有引起古老的埃及土地上人们的注意，当时埃及人正在首次品尝被征服的痛苦滋味。

这些北欧人注定要在世界历史上扮演非常重要的角色。他们来自森林的空地，最初没有马，但是会使用牛，当漂泊的时候，他们会把帐篷和其他工具放在非常粗糙的牛车上；定居下来的时候，则使用枝条和泥巴建造房屋。对于重要的死者，他们采取焚烧的方式，没有像暗白人那样进行隆重的安葬。他们把重要领袖的骨灰放在骨灰瓮里面，然后围绕它做成一个圆形的土堆。这些土堆

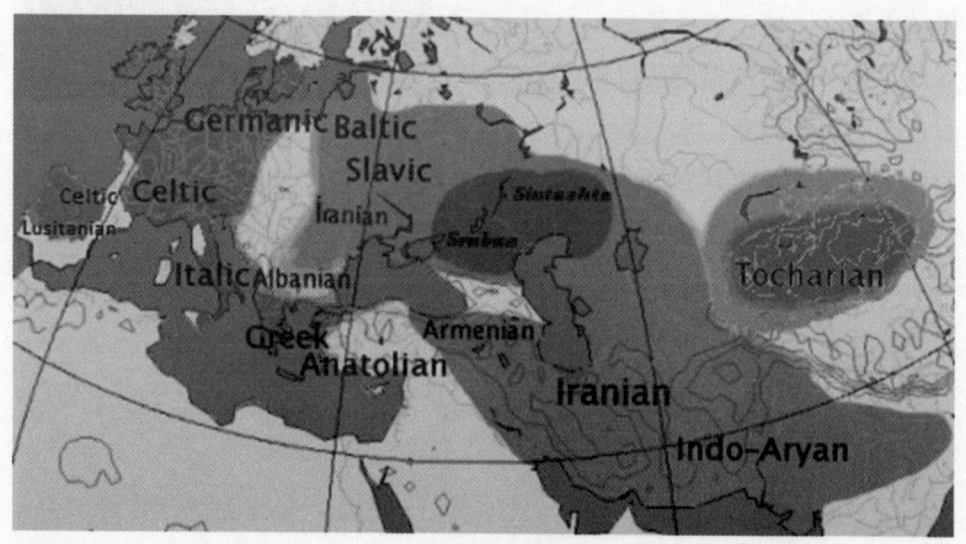

印欧人分布图

就是遍布整个北欧的"圆冢"。他们的祖先，那些暗白人，对死者采取的不是焚烧的形式，而是以坐着的姿势把死者埋葬在加长的土堆里面，这就是"长冢"。

雅利安人提高了小麦的产量，使用牛进行耕种，但是他们并没有定居在麦田附近，他们收割小麦之后，继续行进。他们使用青铜，而且大概是在公元前1500年，他们获得了铁。他们可能是最早发现如何提炼铁的人。也正是在那个时期的某个时段，他们得到了马，最初马只是用于军事用途。他们的社会生活并非像地中海周边的定居点那样以某座寺庙为中心，他们的首领是领袖，而非祭司。他们存在贵族的社会秩序，而非宗教和皇室的秩序。从很早的时期开始，他们就界定出一些高贵的、富有领导力的家族。

他们是一群能够畅所欲言的人。他们的流浪生活因为举行盛大的宴会而非常愉快，在宴会上，他们大肆酗酒，还有一种非常特殊的游吟诗人，他们在宴会上唱歌、朗诵。在接触到文明之前，他们没有书写的形式，这些游吟诗人的记忆就是活生生的文学作品。这种娱乐性的传诵语言，成为一种美好的表达工具。无疑，随后来自雅利安人的语言占主导地位，也可以部分归结为这一原因。每一位雅利安人都有自己传奇的历史，这些故事被浓缩在游吟诗人的朗诵、史诗、故事和经文中，只不过称谓有所不同。

这些人的社会生活，以领袖的家庭为核心。在安营扎寨的定居时期，领袖的住所，通常是大厅非常宽敞的木制建筑。当然，也有牧羊人住的小木屋和偏远的农场建筑。但是，通常只有这个大厅才是大多数雅利安人的活动中心，他们在这里举行盛会，听游吟诗人讲故事，参加活动，进行讨论。大厅的周围是马厩和牛棚，首领和他的妻子等人就睡在台子上面或者走廊里面，就像印第安人的家族那样。除了武器、饰品、工具等个人财产，部落中也可以说存在家长式的共产主义。酋长拥有牛群和牧场等共同的利益，森林和河流则是野生的。

在伟大的美索不达米亚和埃及文明大发展的时期，这就是欧洲中部、中亚西部人们的生活方式，他们的人口数量在不断增长，也正是这些人，在基督纪元之前的第二个千年，赶超挤压了拥有日石文化的其他民族。他们进入法兰西和不列颠，还进入了西班牙。他们向西推进有两个浪潮，第一批到达英国和爱尔兰的人配备了青铜武器，消灭了在布列塔尼的卡纳克修建巨石纪念碑的那些

凯尔特人的生活

人，征服了在英格兰的埃夫伯里和建巨石阵的那些人。他们抵达了爱尔兰，被称为爱尔兰的凯尔特人。与他们同宗的人掀起了第二波浪潮，这批人也许和其他种族有所混合，带着铁器来到了大不列颠，被称为布里托尼凯尔特人。正是由于这些人的影响，威尔士人有了自己的语言。

凯尔特民族向南推进到西班牙，他们不仅接触到拥有日石文化的、当时仍然占领着西班牙的巴斯克人，而且还接触到了海岸边闪米特的腓尼基人殖民地。密切结盟的一系列意大利部落，沿着人烟稀少、森林茂密的意大利半岛不断推进。他们并不总是征服。公元前8世纪，罗马出现在历史舞台上，当时的罗马仅仅是台伯河上的一个贸易城镇，居住着雅利安拉丁人，处于伊特鲁里亚贵族和国王的统治下。

在雅利安人居住范围的另一端，也有类似的部落向南进行相似的推进。早在公元前1000年，讲梵语的雅利安人，就通过西部通道进入了印度北部。在那里，他们接触到了原始的暗白人种的文明，即达罗毗荼文明，并从它那里学到了很多知识。其他的雅利安部落，穿过了中亚山区，抵达了目前这些人居住范围的东段。在中亚地区，仍然有白皮肤、蓝眼睛的北欧部落，但他们现在讲的是蒙古语方言。

在黑海和里海之间，古代的赫梯人在公元前1000年，已经被亚美尼亚人"雅利安化"。亚述人和巴比伦人开始意识到，在他们的西北边疆地区，出现了新的、可怕的、非常具有战斗力的野蛮部落，包括斯基泰人、米堤亚人和波斯人等这些至今仍然非常响亮的名字。

正是通过巴尔干半岛，大量的雅利安人首次推进到旧文明的中心区域。公元前1000年之前，他们已经向南推进，进入到小亚细亚地区好几个世纪了。率先抵达的是弗吉尼亚人的部落，也是最引人注目的。紧随其后的是伊欧里斯人，即爱奥尼亚和多利安的希腊人。到公元前1000年，他们已经消灭了希腊本土和大多数希腊岛屿上的古代爱琴海文明。迈锡尼和梯林斯的城市被彻底毁灭，克诺索斯几乎被遗忘了。公元1000年之前，希腊人被带到了海边，他们在克里特岛和罗得岛定居，在西西里岛和意大利南部建立了殖民地，遵循的模式是沿着地中海沿岸呈点状分布的腓尼基人的贸易城市。

缇格拉·帕拉沙尔三世、萨尔贡二世和萨丹纳帕勒斯统治亚述时期，他们与巴比伦尼亚、叙利亚和埃及作战，通过这样的方式，雅利安人学习到了文明的方式，并在意大利、希腊和北部波斯出于自己的目的使用这些方式。从公元前9世纪算起的长达6个世纪的时间里，历史的主题体现为这些雅利安人如何成长为强大的力量，如何充满进取精神，并且最终征服了整个古代世界，包括闪米特人、爱琴海人和埃及人等。在形式上，雅利安人取得了完全的胜利，然而即使在雅利安人掌握了权力之后，雅利安人对闪米特人和埃及人的思想和方法的斗争仍然延续了很长时间。在随后的历史中，这种斗争仍然在持续进行，在某种程度上，这种方式今天仍然存在。

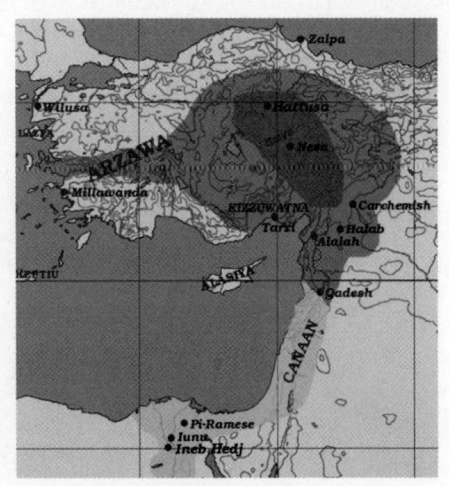

赫梯与埃及地图

第二十章 | 最后的巴比伦帝国和大流士一世的帝国

我们已经提到过，在缇格拉·帕拉沙尔三世和篡位者萨尔贡二世的统治下，亚述如何发展成为伟大的军事强国。萨尔贡并非他本来的名字，他使用这个名字主要是为了讨好被征服的巴比伦人，提醒他们铭记古代阿卡德帝国的建立者，也就是2000年前的萨尔贡一世。尽管巴比伦是一个被占领的城市，但无论是人口规模还是重要性都要超过尼尼微。因此，它的伟大神灵贝尔·马杜克、贸易者和所有的祭司都被礼貌以待。在美索不达米亚地区，在公元前8世纪已经远远超越了野蛮时代，对于城市的占领不再是掠夺和屠杀，而是试图安抚被征服的民众，赢得民心。萨尔贡之后，新的亚述帝国统治持续了一个半世纪。而且，正如我们已经指出的那样，亚述巴尼拔（萨尔达纳布鲁斯）至少包含了下埃及。

但是亚述帝国的权力、坚固性很快迅速衰落了。在法老普萨美提克一世的领导下，埃及人极力反抗外国占领者的统治。在尼科二世的统治下，他们还试图发动征服叙利亚的战争。那时，亚述正在应付近在咫尺的敌人，因而抵抗力极其薄弱。来自美索不达米亚东南部的闪米特人的一支，迦勒底人，与来自东北部的雅利安米底人和波斯人一起，对抗尼尼微。公元前606年（现在开始我们有了准确的年表），尼尼微被占领。

占领亚述的战利品随后被瓜分。西拉克拉里斯在北部建立了米提亚帝国，它包括尼尼微，首都是埃克巴坦

乌尔通天塔复原图

那。向东，抵达印度边界。米提亚帝国的南部是新月形地带，建立了新的迦勒底帝国，第二巴比伦帝国，在尼布甲尼撒二世（这也是《圣经》中的尼布甲尼撒）的统治下，帝国达到了权力和财富的巅峰。对于巴比伦而言，最后的伟大时光，也是所有时间中最伟大的时光，开始了。有一段时期，两国能够和平相处，尼布甲尼撒二世的女儿嫁给了西拉克拉里斯。

同时，尼科二世也在追求征服叙利亚。公元前608年，他在美厉吉多战役中，击败并且杀死了犹太的约西亚国王，这是一个小国，但是现在有很多值得讲述的东西。随后，他推进到幼发拉底河，遭遇到的不是颓废衰落的亚述，而是新兴的巴比伦尼亚。迦勒底人对付埃及人的时候，精力充沛。尼科大败，被赶回埃及。而巴比伦的前沿则推进到了古埃及边界。

从公元前606年到公元前539年，第二巴比伦帝国兴旺发达起来，它的繁荣时期，也就是与更为强大和勇敢的北部米提亚帝国处于和平状态的时期。在这67年的时间里，这些古代城市的生活和学识都得到了空前发展。

在亚述君主的统治时期，特别是萨丹纳帕勒斯统治时期，巴比伦的知识活跃度就非常高。萨丹纳帕勒斯，虽然是亚述人，但是已经被巴比伦化了。他建造了一所图书馆，没有纸张，而是用黏土进行写作，这种方式在苏美尔早期就开始于美索不达米亚地区。他的收藏品已被挖掘出土，可能是世界上最珍贵的资料宝库。巴比伦君主的最后一位，那波尼德，有着更良好的图书品位。他特别喜欢古文物的研究者，每当他的研究者们解读出一个关于萨尔贡一世的日期，他就进行铭刻以纪念这个事实。但是，他统治下的帝国存在诸多的分裂迹象，他采取的集权方式就是把形色各异的诸地方神集中到巴比伦，给它们

亚述国王阿舒尔猎狮图

建造寺庙。后来，罗马人对这一策略运用得更为娴熟。但是，在巴比伦，它激起了强势的柏尔·马杜克的祭司的嫉妒，当时是巴比伦尼亚至高无上的神灵。开始寻找一位可能替代那波尼德的人，并且最终如愿以偿。这就是波斯人居鲁士，临近的米提亚帝国的统治者。因为征服了克里萨斯这位小亚细亚东部吕底亚的富有国王，居鲁士已经声名大噪。他又开始反对巴比伦，那是壁垒之外的战斗，他面对的是敞开的城门（公元前538年）。没有经过战斗，他的士兵们就进入了这座城市，那波尼德的儿子伯沙撒，正在举办宴会，突然出现了一只神秘的手，在墙上写出了这些神秘的文字，"弥尼，弥尼，提客勒，乌法珥新"。这段文字最终被召集而来的预言家丹尼尔解读出来，"上帝已经计算出你的王国寿命，它该结束了。在天平里已经称出了你的亏欠，你的王国即将分裂，归于米底人和波斯人"。也许，柏尔·马杜克的祭司们了解了墙上的书写含义。据《圣经》所说，当晚，伯沙撒就被杀死了。那波尼德被抓进监狱，城市被和平占领，柏尔·马杜克的服务仍然在持续不断地进行。

于是，巴比伦尼亚和米提亚帝国统一在一起了。居鲁士的儿子，冈比西斯，征服了埃及。后来，冈比西斯疯了，并且意外地被杀死。不久，他的地位就被米提亚人大流士继承，即大流士一世。他是居鲁士的首席议员希斯塔斯普的儿子。大流士一世的波斯帝国，是在旧文明区域的第一个雅利安帝国，也是迄今该区域的最大帝国。它包括小亚细亚和叙利亚的所有地区、所有的旧亚述和巴比伦帝国，埃及，高加索山脉和里海地区、米底、波斯，甚至抵达印度西北部的印度河。大规模的帝国之所以成为可能，是因为当时世界上出现了马匹、骑士、敞篷双轮马车和修筑的道路。在此之前，驴、牛和用于沙漠的骆驼，是最迅捷的运输工具。波斯的统治者为了掌控新建立起来的帝国，修筑

乌尔第三王朝的印鉴

巴比伦战争图，尼尼微王宫壁画

了大动脉式的道路。驿马则随时待命，以备帝国使者或者官方许可的旅行者使用。这一时期，帝国还开始制造硬币，这极其有利于贸易和交往。但是，这一庞大帝国的首都，不再是巴比伦。从长远来看，柏尔·马杜克的祭司们除了叛逆，一无所得。巴比伦虽然很重要，但是已经在衰落，新帝国的重大城市是波斯波利斯、苏萨和埃克巴坦那。首都是苏萨，尼尼微已经被遗弃，变成废墟。

第二十一章 | 早期的犹太人历史

现在，我们可以谈谈希伯来人，它也属于闪米特人，在当时他们影响不大，但是在后来的世界历史中却变得越来越重要。在公元前1000年之前很久，他们就定居于朱迪亚。在那之后，他们的首都是耶路撒冷。他们的故事与位于两侧的大帝国交织在一起，即南方的埃及和叙利亚地区不断更换的帝国统治，北部的亚述和巴比伦。他们的国家一直是这些后起的强国与埃及之间的通道，这个地理位置上实际是不可避免被侵略的命运。

他们在世界上的重要性，主要归因于他们创造了一部非常重要的文学作品，也可以说是一部世界历史著作，内容涉及法律文集、历代志、诗篇、箴言、诗歌、小说和政治话语，这就是基督徒所称的《旧约》，即希伯来《圣经》。这些文献出现在公元前4世纪或公元前5世纪。

也许正是在巴比伦，这些文献首次被编撰到一起，我们已经讲述过法老尼科二世是如何入侵亚述帝国的，当时亚述帝国正在为了生存与米底人、波斯人和迦勒底人作战。犹太的约西亚国王反对尼科二世，在美吉多被击败并被杀死（公元前608年），犹太成为埃及的附庸国。当尼布甲尼撒二世成为巴比伦地区新的迦勒底国王之际，他把尼科赶回了埃及，并且试图在耶路撒冷扶植傀儡国王以管理犹太人。试验失败了，民众屠杀了来自巴比伦的官员们，于是他决

希伯来先知形象

定一举摧毁这个小国。耶路撒冷被洗劫一空，被烧毁，残余的民众被俘虏到了巴比伦。

直到居鲁士占领了巴比伦，他们才得以被集体送回到自己的国家安居，并且重建了耶路撒冷的城墙和神庙。

在那之前，犹太人似乎不是一个非常文明、紧密团结一致的民族。他们之中，只有极少数的人能够读书写字。在他们自身的历史中，从来没有听说任何一个人阅读过早期的《圣经》，这本书第一次被提及是在约西亚时期。巴比伦的被俘

图坦卡蒙法老的木乃伊面罩

经历使他们受到文明的洗礼，并且逐渐团结起来。他们被送回来的时候，意识到自己的文学重要性，成为完全自觉并且具有政治敏锐性的民众。

那时的《圣经》似乎只有摩西五书，也就是我们知道的《旧约》的前五卷。此外，他们也有很多单独的书籍，例如历代记、诗篇和箴言，现在已经被合并到五书和希伯来《圣经》里面。

《圣经》的开篇，涉及创世纪、亚当和夏娃、大洪水，这些都逐渐与巴比伦的传说趋于平行，似乎已经是所有闪米特民族共同信仰的一部分。同样，关于摩西和参孙的故事，在苏美尔和巴比伦都是相似的。但是自从亚伯拉罕的故事出现以来，犹太人的故事越来越具备自身的民族特色。

亚伯拉罕生存的年代，可能与汉谟拉比大致相同。在创世纪篇，读者们会接触到他的流浪生涯、他的儿子和孙子们的故事，以及他们在埃及的被俘生涯。《圣经》的故事这样写道，他走遍了迦南地区，亚伯拉罕上帝许诺，把这块城市密布、风景明媚的土地，赐给他以及他的子孙后代。

摩西出埃及

经过在埃及长期的逗留,以及在摩西率领下的50年流浪生涯,亚伯拉罕的孩子,已经成长为12个部落的首领。他们从阿拉伯沙漠向东入侵了迦南地区,时间是在公元前1600年到1300年之间。埃及没有关于摩西和迦南的记录,无法对这个故事提供佐证。但是,无论如何,结果是他们并没有征服这块丘陵众多的许诺之地。海岸线没有被迦南人掌控,而是落入了新来的爱琴海的非利士人手中。他们的城市,加沙、迦特、阿什杜德、阿斯卡隆和雅法,成功地抵抗了希伯来人的进攻。亚伯拉罕的许多后世子孙,仍然是默默无闻的,并且卷入了与非力士人以及亲属部落摩亚人、米甸人等持续不断的争吵和斗争之中。在《法官之书》这一部分中,读者们会发现此时关于灾难和斗争的记录。在很大程度上,这些记录是非常坦率完整的。

在希伯来人被统治的大部分时期,他们有自己的规则,由民众中的长者选择僧侣士师。最后,在接近公元前1000年的某个时间,他们选出了自己的国王扫罗,带领他们进行战斗。然而,扫罗的领导力并不比士师们高明,在基利波山战役中,他死于非力士人的箭雨之下,他的盔甲被送进非力士人的金星庙,尸身被钉在伯珊的城墙上。

他的继任者大卫,更为成功,更有政治谋略。大卫统治带来的是希伯来历史上唯一的繁荣时期。这建立在与提尔的腓尼基密切联盟的基础上,他们的国王希拉姆是颇具智慧和进取心的人。他希望通过希伯来人的山脉之国,构建一条通往红海的安全贸易路线。通常,腓尼基到红海的贸易经过埃及,然而埃及当时处于严重的无序状态。这条贸易线上还存在其他的障碍。无论出于什么原因,希拉姆与大卫、大卫的儿子及其继任者所罗门都建立起非常密切的关系。在希拉姆的支持和赞助下,耶路撒冷建立起城墙、宫殿和庙宇,作为回报,希拉姆的船只在红海地区建造并且启航。通过耶路撒冷,

纳芙蒂蒂女法老的头部彩塑

南北之间的贸易发展到非常可观的程度。所罗门也带领他的民众进入到了财富和辉煌的时期。他甚至还娶了一个法老的女儿为妻。

但是对于这一切，我们应该选择性地记忆。即使在辉煌的顶峰时期，所罗门也仅仅是一个小城邦的国王。他的权力转瞬即逝，在他去世之后仅仅几年的时间，第二十一王朝的法老示撒，就占领了耶路撒冷，并且掠夺了大部分的华丽物品。《列王纪》和《历代志》中对所罗门的辉煌记录，遭遇过很多批评家的质疑，认为这是后来的作者出于民族自豪感故意添加和蓄意夸大的。但是《圣经》的描述并没有像第一次阅读时候那样惊骇。如果进行工程测量，所罗门的宫殿，可以被置于郊区的一个小教堂里面。我们从亚述的纪念碑得知，他的继任者亚哈向亚述派出了2000辆战车，他的1400辆战车也不再能够打动我们。《圣经》对于所罗门迫使其民众超负荷地工作、收取高额的税收，也只是进行了简单的介绍。他去世之后，王国的北部脱离了耶路撒冷，成立了独立的以色列王国，耶路撒冷仍然是犹太王国的都城。

希伯来人的繁荣如昙花一现。希拉姆去世了，提尔停止了对耶路撒冷的赞助。埃及再度强大起来。以色列和犹太两个王国的历史演化成为两个小国向北先是与叙利亚，随后是亚述和巴比伦的关系，向南则是与埃及的关系。这是一个灾

《圣经》

难性的故事，只不过灾难延缓释放而已。这是野蛮的国王统治同样野蛮的民众的故事。公元前 721 年，以色列王国被一扫而空，全部被亚述人俘虏，在历史上销声匿迹。犹太王国则一直挣扎到公元前 504 年。正如我们说过的，它和以色列命运相同。自《士师记》以来，关于希伯来历史的《圣经》故事，某些细节仍然有待考证。但是，总体而言，这还是一个比较真实的故事，与过去一个世纪在埃及、亚述和巴比伦的发掘中所发现的一切相吻合。

正是在巴比伦，希伯来人把自身的历史整合在一起，发展起自己的传统。依据居鲁士的命令返回耶路撒冷的人，在精神层面和知识层面上，与那些被俘的人相比，是比较特殊的群体。他们学会了文明。在他们性格的发展过程中，先知这种新型的人群，扮演了非常重要的角色。现在，我们必须把注意力集中到他们身上。这些先知标志着人类社会稳定发展中新的、非凡的力量的出现。

第二十二章 | 犹太的祭司与先知

亚述和巴比伦的崩溃，只是闪米特人遭遇的一系列灾难的第一步。公元前7世纪，看起来闪米特人控制了整个文明世界。他们统治了伟大的亚述帝国。曾经征服埃及、亚述和巴比伦的都是闪米特人，他们虽然语言不同，但是能够相互理解。世界贸易也掌控在闪米特人手中。提尔、西顿，都是腓尼基海岸的宗主城市，最后其殖民地解体，成为西班牙、西西里岛和北非的很大一部分。建立于公元前800年的迦太基，人口已经超过了100万，成为当时地球上最大的城市。它的船只抵达英国，进入大西洋，也可能到达了马德拉群岛。我们已经注意到，希拉姆如何与所罗门合作在红海上打造船只，这可能出于同印度之间的贸易需求。在法老尼科时期，腓尼基的船只围绕非洲进行了远航。

那时，雅利安人还是野蛮人。只有希腊人在重建他们曾经破坏掉的文明遗址。正如亚述的碑文所说，在中亚地区，米底正在变得非常"强大"。公元前800年，没有人能够预测到，到公元前3世纪，闪米特人的统治痕迹会被雅利安人完全抹去，闪米特人或者服从，或者变成附属，或者逃散开来。除了阿拉伯的北部沙漠，当时贝都因人一直坚持在那里过着游牧生活，这是萨尔贡一世和阿卡德征服苏美尔之前的闪米特人古老的生活方式，其他地区都被雅利安人占领了。但是阿拉伯的贝都因从未被雅利安主人征服。

在这五个多事之秋的世纪之中，闪米特人惨遭蹂躏，只有一个民族在坚守自己的传统，也就是被波斯的居留士送回并且重建耶路撒冷的犹太人。他们能够做到这一点，主要是因为在巴比伦编撰的《圣经》把他们紧密连接在一起。很难说，到底是《圣经》造就了犹太人，还是犹太人造就了《圣经》。贯穿于这部《圣经》的某些思想，是一种与其他民族不同的精神，具有持续性的特征，在长达25个世纪的艰苦、冒险和压迫的历史中，这促使他们能够坚持下来。

所罗门的判决

这些犹太人思想中最为重要的是,他们的上帝是无形而遥远的,是遍布整个地球的正义化身。所有其他民族的神灵都体现在寺庙里面,如果寺庙被夷为平地,神灵就不复存在。但是犹太人的神,是一个新观念,它居于天堂之上,远高于祭司和祭品。犹太人一直坚信,他们是神灵亚伯拉罕选择的特殊子民,赋予他们重建耶路撒冷的使命,使其成为世界上的正义之都。他们是以共同的命运感为最高荣誉的民族。在他们从巴比伦的被俘生涯回到耶路撒冷之后,这种信念是他们的重要支撑。

这本身是否可以算作奇迹呢?在那些镇压和征服的时期,许许多多的巴比伦人、叙利亚人等,还有后来的腓尼基人,他们说着相同的语言,共同享有无数的惯例、习俗、品位和传统,他们竟然能够被这种鼓舞人心的崇拜吸引,分享其价值观和承诺?在提尔、西顿、迦太基和西班牙的腓尼基城市衰落之后,腓尼基人突然从历史上消失了。这的确非常突然,不仅仅是在耶路撒冷,而且还在西班牙、非洲、埃及、阿拉伯、东方,只要是腓尼基人定居的地方,都变成了犹太人的社区。他们因为《圣经》和阅读《圣经》而紧密地联系在一起。

《圣经》抄本，现存科隆大教堂

耶路撒冷首次成为他们名义上的首都，真正的城市就是这本书。这是历史上的一种新事物，种子发芽于很久之前，也就是苏美尔人和埃及人开始象形文字书写的时候。犹太人也是一个新事物，他们没有国王，目前也没有寺庙（我们将要讲述，在公元70年，在耶路撒冷，寺庙自己被打破）把他们连接在一起，把他们凝聚在一起的是书写的力量，而非任何其他因素。

犹太人心理上的焊接，并非是由任何牧师或者政治家规划、预言或者实践的。随着犹太人的发展，新型的社区、新型的人群开始走进历史。在所罗门时期，希伯来人就如同其他的小民族一样，聚集在宫殿和庙宇周围，受祭司的智慧和国王的野心所影响。但是，我们所说的这种新型的人，也就是所谓的"先知"，开始出现了。

当分裂的希伯来人被麻烦缠绕之际，这些先知的重要性在不断增加。亚述国王曾经用楔形文字写道，"耶户，是暗利的儿子"。这些各种各样的先知，究竟从何而来？先知以西结属于僧侣阶级，先知阿摩斯则穿着牧羊人的羊皮坎肩，但是他们的共同点在于，他们只忠于正义之神，而非其他的任何人。他们的到来没有许可，也不需要献祭。"现在，耶和华的话语来到了我的身边"，这就是他们的准则。他们极度政治化，敦促人们反对埃及，认为那是"折断的芦苇"，或者敦促

沉船上的陶器

第二十二章｜犹太的祭司与先知

民众反对亚述或巴比伦；他们谴责祭司阶层的好逸恶劳，指责国王的恶行。其中一部分人把他们的注意力转向了我们今天所说的"社会改革"。"富人们在践踏穷人"；奢侈的人在消费孩子们的食粮；有钱的人与华丽而邪恶的异族人交朋友，并且模仿异族人的言行举止；这是亚伯拉罕的神耶和华所厌恶的，他一定会惩罚这片土地。

俘虏的王公们向萨尔玛那萨尔二世表示敬意，这些都被记录下来，得以保留并进行研究。他们到达犹太人所去的地方，无论他们抵达哪里，他们都会传播宗教精神。他们绕过祭司和神殿，绕过宫廷和国王，直接接触普通的民众，使民众与正义的规则直接面对面。这是人类历史上最为重要的。以赛亚的声音在上空飘荡，整个地球最终将在神的旨意下统一并处于和平状态。在这里，犹太人的预言能力抵达顶峰。

所有的先知都没有以这种方式说话，先知书的读者们会发现他们之中存有仇恨，有偏见，更会让他们联想到当时宣传的小册子。但正是这一时期的希伯来先知们，还有巴比伦的俘虏生涯，在世界上造就了一种新的力量，这是个人道德诉求的力量，反映了人类在追求一种免于恋物癖的牺牲和盲目忠诚的自由，而这些，在那之前曾经阻碍了我们种族的发展。

第二十三章 | 希腊人

所罗门的统治结束之后（他的统治大约持续到公元前960年），以色列和犹太王国都遭到了破坏，民众被驱逐。当犹太人被囚禁在巴比伦发展起自己的传统时，人类思想中另外一支伟大的力量，即希腊传统，也在崛起。当希伯来的先知们努力尝试在普通民众与万能的、无所不在的上帝之间，建立起一种直接道义联系的时候，希腊哲学家则用一种新的方法和智力冒险的精神训练人们的思维。

我们已经说过，希腊人是雅利安语系的一个分支。早在公元前1000年之前，他们就已经来到了爱琴海的城市和岛屿。当法老特多麦斯在被征服的幼发拉底河追逐大象的时候，他们可能已经开始向南迁移。因为在那段日子里，美索不达米亚有大象，希腊有狮子。

很有可能是希腊人的突袭烧毁了克诺索斯，但是希腊一直没有关于这一胜利的传说，他们的神话是关于迈诺斯及其宫殿（魔幻迷宫），还有克里特岛工匠们的技能。

就像大多数的雅利安人一样，希腊人有自己的歌手和传诵者，他们是非常重要的社会纽带，主要传诵的是自野蛮时期开始的两大史诗。其一，关于《伊利亚特》，讲述的是希腊部落联盟如何围困、占领和洗劫小亚细亚的城市特洛伊；其二，关于《奥德赛》，讲述的是这位神圣的船长从特洛伊返回自己居住岛屿

12个赫梯神祇

阿喀琉斯之悼，俄罗斯现实主义画家尼古拉绘

的漫长冒险故事。这两部史诗写于公元前8世纪到7世纪之间，当时希腊人从比他们文明程度更高的邻国学会了使用字母，史诗应该已经存在于更早的时期。

以前，人们认为是盲诗人荷马创作了这两部史诗，就如同弥尔顿创作的《失乐园》。究竟是否存在这样一位诗人，他究竟只是写下这些史诗，还是进行了艺术加工，这是博学之士最喜欢争论的问题。我们不需要去关心这些争议。这件事，从我们的角度来看，重要的是希腊人在公元前8世纪已经有了他们的史诗，这是他们的共同财产，也是各部落之间联系的纽带，在对付外面的野蛮人之际，这给了他们一种同伴的感觉。他们是由口头的和后来的文字联系在一起的一群志趣相投的人，他们具备关于勇气和行为的共同价值观。

史诗显示出的希腊人，非常野蛮，没有铁，没有文字，甚至没有居住在城市里面。最初，他们似乎生活在他们毁坏了的爱琴海城市周边，居住在开放乡村里面的小棚屋，这些小棚屋围绕着族长的大厅而建。随后，他们开始建造有围墙的城市，并且从被他们征服的人们那里学会了关于寺庙的理念。有人说，原始文明的城市是在某个部落神的祭坛上成长壮大起来的，城墙是后加起来的。

阿波罗神庙遗址

然而，在希腊是先有城墙，后有寺庙。他们开始进行贸易，并且输出殖民地。到了公元前7世纪，一系列新的城市在希腊的河谷和岛屿上成长起来，并且与以前的爱琴海城市和文明彻底失去了联系。当时，最主要的城市有雅典、斯巴达、科林斯、底比斯、萨摩斯岛、米利都。黑海沿岸、意大利和西西里岛已经有希腊定居点。意大利半岛的脚后跟和脚趾部分被称为大希腊。马赛是建立在早期腓尼基人殖民地旧址上的城市。

此时，位于大平原、位于幼发拉底河和尼罗河流域的拥有方便交通手段的国家，在共同的规则下趋于统一。例如，意大利和苏美尔的城市，一起归于同一个政府系统之下。但是希腊人则被岛屿和山脉河谷而分割，希腊和大希腊都是多山的地区，因此趋于另一种不同的方式。当这些希腊人走进历史的时候，他们被分割成一个个小的国家，没有统一的迹象。甚至在种族上，

赫菲斯塔斯神庙

奥林匹克运动会上的胜利青年
古希腊雕塑

他们也并不相同。有些主要由爱奥尼亚、伊奥利亚或者多利安的这个或者那个部落构成，有些人口则是由希腊或者前希腊的地中海人口混合而成。也有纯粹的自由希腊公民，他们奴役斯巴达被征服的人口"希洛"人。有一些古老的领导家族发展成为关系非常密切的贵族，也有一些城邦，所有雅利安公民享有共同的民主。一些城邦具有选举的或者世袭的君主，还有篡权者和暴君统治下的城邦。

地理条件的状况，导致希腊国家处于分割状态，这也决定了这些国家的规模不会太大。他们最大的城邦，都要小于英国的很多郡县，其最大城市的人口有没有超过100万的三分之一，是非常值得怀疑的。甚至超过5万人口的城邦都很少。它们有基于利益和同情的联合，但是却没有合并。随着贸易的增长，城市之间结盟的现象开始增加，小城邦把自己置于大城邦的保护之下。然而，有两件事情使希腊人形成了情感上的共同体，一是史诗，另一个就是每四年在奥林匹克举行的体育竞赛。这虽然没有阻止它们之间的战争和仇恨，但是却降低了它们之间战争中的野蛮成分，签署停战协定以保护所有参与游戏的人。随着时间的推移，他们享有共同遗产的这一情绪开始增长，越来越多的国家开始参加奥运会，后来与他们同宗的但是有竞争关系的国家也参与进来，包括北部的伊庇鲁斯和马其顿地区的国家。

公元前7世纪和前6世纪，希腊城邦的贸易和重要性，以及它们文明的素质都在迅速提高。希腊人的生活，与爱琴海以及河谷流域文明的生活方式是不同的，非常有趣。他们有金碧辉煌的寺庙，但是祭司并不同于那些旧世界城市的光辉传统，这些祭司并不独享所有的知识和思想宝库。他们有领袖，有贵族，但是没有被精心建构的宫廷支撑起来的准神圣君主。相反，他们的组织是贵族式的，有领导的家族维持秩序。甚至他们所谓的"民主国家"都是贵族式的，每个市民都可以参与公共事务,参与民主集会,但并非所有的人都是市民。希腊的民主政治,不是每个人都有投票权,这一点和我们现代的"民主国家"不同。在许多希腊城邦,享有民主的只有几百或几千人,而成千上万的奴隶、自由民等,都无权参与公共事务。一般来说,希腊的事务掌握在大量的有财产的男子手里。国王和暴君都是一样的,都是领先于其他人而盗用权力的,他们并不是像法老、米诺斯或者美索不达米亚那样的半神圣的仲裁者。

青铜波塞冬像,前5世纪
现藏雅典博物馆

我们发现,在野蛮的战争条件下,一种新生的事务开始出现于他们的生活之中。我们发现,那些并非祭司的普通人也在探究、记录知识,试图追寻生命的奥秘。而在那之前,这些基本是祭司阶层的特权,或者是国王们至高无上的权力。我们发现,在公元前6世纪,也许正是以赛亚在巴比伦进行预言的时候,米利都的泰利斯和阿拉克西曼德、以弗所的赫拉克利特,开始出现了。也许我们今天应该把这样的人称为独立的绅士。他们的注意力集中于我们居住的世界,对其进行了非常敏锐的质疑,追寻宇宙真正的本质,它从哪里来,最终又将走向何方,并且拒绝任何现成的或者含糊其辞的答案。关于希腊人对宇宙的质疑,我们在后来的历史中会稍微提及。这些在公元前6世纪非常著名的希腊质询者,就是世界上第一批哲学家,也是第一批"热爱智慧的人"。

值得注意的是,公元前6世纪在人类历史上是非常重要的一个世纪。这不仅仅是因为希腊哲学家开始研究宇宙及人类在宇宙中的位置,也不仅仅是因为犹太人的语言能力达到了一个很高的水准,而且也是因为我们随后将要讲述的,释迦牟尼在印度、孔子和老子在中国的讲学活动。从雅典到太平洋,人类的思维处于极其活跃的状态。

第二十四章 ｜ 希波战争

当希腊人在希腊、意大利南部和小亚细亚进行自由的知识探寻的时候，在巴比伦和耶路撒冷，希伯来人最后的先知们正在为人类创造自由的意识，两个冒险的雅利安人群，米底人和波斯人，还在共享古代世界的文明，正在缔造出一个伟大的帝国：波斯帝国，比那时出现的任何一个帝国都要大很多。居鲁士统治时期，巴比伦和吕底亚丰富的古代文明已经被添加到波斯统治里面。地中海东岸的腓尼基城市，以及小亚细亚所有的希腊城市都已经成为附属国，冈比西斯已经使埃及臣服，大流士一世，米提亚人，是波斯帝国的第三位统治者（公元前521年），发现自己似乎已经成为全世界的君主。他的信使携带法令的奔波足迹，从达达尼尔海峡到印度河，从上埃及到中亚，遍及各个区域。

真实的情况是，在欧洲的希腊人，意大利、迦太基、西西里岛和西班牙的腓尼基定居点，并没有处于波斯和平之下。但是他们对它非常尊重，真正给帝国带来麻烦的是那些北欧人的父辈，即居住在俄罗斯南部和中亚的斯泰基人，他们经常侵略北部和东北部边境。

当然，伟大的波斯帝国的人口，并不仅仅是波斯人，波斯人仅仅是征服庞大帝国的少数人。其余

居鲁士大帝的战斗，现存凡尔赛宫

的则是波斯人到来之前很久就居住在这里的人，只是波斯语是官方语言。贸易和金融仍然是闪米特式的，古老的提尔和西顿仍然是重要的地中海区域港口，闪米特的运输仍然活跃在海上。闪米特的商人们在各地来回往返，发现他们在希伯来的传统和希伯来《圣经》中找到了同理心和共同的历史。帝国之内，一种新的希腊因素在迅速崛起。在海上，希腊人成为闪米特人的对手，他们独立的、充满活力的智慧使得他们成为令人满意的、公正的官员。

正是由于斯泰基人，大流士一世入侵了欧洲，他还想抵达俄罗斯南部，斯泰基骑士的故乡。他带领大军穿过博斯普鲁斯海峡，穿过了保加利亚，抵达了多瑙河，用船只架桥渡过河流，向北推进。他的军队吃尽苦头。这在很大程度上是一支步兵的部队，而斯泰基人是骑兵环绕周围，切断它的供给，摧毁其掉队的人，从来没有发生一场激战，大流士最后被迫撤退，极其狼狈。

他独自抵达了苏萨，把军队留在了色雷斯和马其顿，马其顿则顺从了大流士。亚洲的希腊城邦起义失败，欧洲的希腊人投入了这场竞争。大流士决定镇压欧洲的希腊人。随着对腓尼基人舰队的控制，他能够逐个征服岛屿，最终于公元前490年，发动了对雅典的进攻。一支相当庞大的无敌舰队从小亚细亚和地中海东岸出发，登陆了马拉松到雅典北部的地区。在那里，他们遭遇了雅典人，

波斯波利斯遗址，右面较高的部分是大流士的宫殿

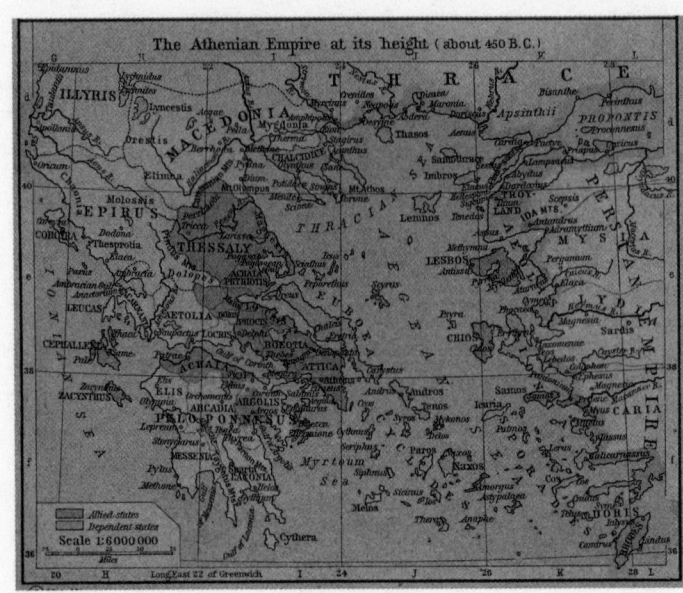

雅典帝国地图

并被彻底击败。

这时,发生了一件不同寻常的事情。在希腊,雅典最大的对手是斯巴达。但是,现在雅典向斯巴达发出呼吁,他们派出一位速度极快的跑步健将作为使者,恳求斯巴达不要让希腊人成为野蛮人的奴隶。这一位赛跑者（也是马拉松赛跑者的原型），在支离破碎的城邦里用了不到两天的时间,完成了100英里的旅程。斯巴达人的反应迅速而慷慨,3天后,斯巴达的军队抵达了雅典。但是,除了看到战场,以及被击败的波斯士兵尸体,并不需要他们做什么。波斯军队已经返回亚洲,波斯对希腊的第一次攻击结束了。

下一次征战则更令人印象深刻。在败于马拉松的消息传来之后,大流士很快去世了。他的儿子及继承人薛西斯,用了4年的时间卧薪尝胆,准备一举击溃希腊人。一时间,恐怖使得所有的希腊人团结在一起。薛西斯的军队无疑是迄今为止聚集在世界上最大的军队。也正因如此,它是存在很多不和谐因素的乌合之众。公元前480年,借助船只组成的浮桥,大军穿越了达达尼尔海峡。沿着海岸线,它与携带补给的混合舰队以同样的速度行进。在温泉关的狭隘关口,斯巴达人列奥尼达斯领导的1400人组成的小型武装力量以寡敌众,经过无与伦比的殊死搏斗之后,被彻底击溃,所有的人都战死沙场。但是,他们给波斯人造成的损失也非常巨大,薛西斯的军队带着强烈的复仇心,推进到底比斯和雅典。底比斯投降,达成了协议,雅典人放弃了自己的城市,城市被烧毁。

希腊看起来已经被控制在征服者手中,但是随即形势发生了逆转,希腊迎来了两次胜利。希腊的军队，虽然规模不及波斯军队的三分之一，但在萨拉米斯湾摧毁了波斯的军队。薛西斯发现自己和他庞大军队的供应被切断，他失败了，退居亚洲，军队只剩下一半，其余的都于公元前479年在普拉太亚战役中被击败。波斯舰队的余部被希腊舰队追赶，并在小亚细亚的迈锡尼被摧毁。

斯巴达国王列奥尼达斯雕像

波斯人带来的危险即将结束，在亚洲的希腊城邦，大多数都获得了自由。所有这一切都在第一部书写的历史，即希罗多德的《历史》中被详细地配图介绍。大约在公元前484年，希罗多德出生于小亚细亚哈利卡纳苏斯的爱奥尼亚市，为了寻找确切的细节，他访问了巴比伦和埃及。迈锡尼战役之后，波斯全境都陷入一片混乱之中。公元前465年，薛西斯被谋杀，发生在埃及、叙利亚和米底的叛乱最终摧毁了这一庞大的王国。希罗多德的《历史》强调了波斯的弱点。实际上，我们今天应该把这段历史称之为宣传，这是为了希腊统一和征服波斯而进行的宣传。希罗多德塑造了一个人物，阿里斯塔戈拉，拿着一幅已知世界的地图，来到了斯巴达，对他们说道："这些野蛮人并不勇敢，只有你们才掌握了真正的战斗技能……世界上没有哪个民族，像他们一样拥有金、银、铜、绣花的服装、牲畜和奴隶，如果你们愿意，这些都可以属于你们自己。"

第二十五章 | 希腊的辉煌

波斯被击败之后的一个半世纪，是希腊文明极为辉煌的时期。的确，由于雅典、斯巴达和其他城邦争夺优势地位的战争（公元前431年到公元前404年的伯罗奔尼撒战争），希腊四分五裂了。公元前338年，马其顿人成为希腊实际的掌控者。但也正是在此期间，希腊人的思想、创意和艺术都发展到一个很高的水平，他们的成就是人类历史上其余时期的一盏明灯。

这一时期精神活动的大脑和中心就是雅典。在将近30年的时间里，雅典的统治者是一位精力充沛并且大方慷慨的人，伯里克利，他重建了这座城市，使其浴火重生，这些美丽的遗迹时至今日仍然在美化着雅典，而这主要是他努力的结果。而且，他重建的不仅仅是一个物质上的雅典，也重新构建了一个精神上的雅典。他身边不仅聚集了建筑师、雕塑家，而且还有诗人、剧作家、哲学家和教师。公元前438年，希罗多德来到了雅典，讲述这段历史。阿那克萨哥拉开始对太阳和星星进行科学的描述。埃斯库罗斯、索福克勒斯和欧里庇得斯先后把希腊的戏剧推向了美丽和高贵的最高水平。

柏拉图与亚里士多德
《雅典学派》局部

希腊各城邦之间为了争霸而进行的持久的、耗资巨大的伯罗奔尼撒战争，确实极大地破坏了希腊的和平局面。但是，伯里克利对雅典人的文明生活起到了巨大的推动作用，其影响

宽袍女人雕像

雅典卫城和帕特农神庙

在他死后还一直延续。这一时期,虽然是政治上的黑暗时期,但是并没有使人类精神倒退,它反而处于加速前进的状态。

早在伯里克利的统治之前,雅典的组织制度所特有的自由精神,已经极大地推动了辩论技巧的发展。当时,事务的决定权不是掌握在国王手里,也没有掌握在祭司那里,而是由市民或领导阶层在公共集会上经过讨论而决定的。于是,演讲能力和辩论技巧成为一种非常重要的技能。一种新的职业诞生了,主要是对年轻人进行辩论技巧的训练,这就是"哲人学派"。但是,一切推理又必须建立在实际知识的基础之上,于是对知识的探求成为一种时尚。"哲人学派"的论战,对于风度、思维方式和辩论效果等方面都有很高的要求。伯里克利死后,出现了一位非常出色的人物苏格拉底,他非常机智地批判了以往的诡辩家们所传授的错误推论,并因此吸引了一大批才华出众的青年。然而,在公元前399年,他却被法庭处以死刑,罪名是蛊惑人心。他选择一种在雅典非常流行的"高尚"的死亡方式,即在众人的注视下,喝了毒芹酒而死。虽然他被宣告有罪,但是他对人们的思想的冲击仍然在延续,那些年轻的追随者继承了他的遗训。

这些年轻人的首领就是柏拉图(公元前427年到347年),他开始在学院

第二十五章 | 希腊的辉煌

的小树林里教授哲学。他的教学分为两个主要部分,一个是人类思考的基础和方法的检验,另一个是政治机构的审视。他是第一个写作乌托邦的人。他所构建的乌托邦,与现存的所有社会组织都不同,要明显优于这些社会组织。以往的人类思想中毫无疑问地接受已有的传统和惯例,而这里则显示出前所未有的大胆构想。柏拉图非常坦白地对人类声明:"你所遭受的社会和政治弊病大部分都在你的控制之下,只有你们的意志和勇气才能去改变它们。如果你能够构思一种新的方式,并且把它付诸实践,那么你可以用另一种方式生活。你并没有意识到自己的力量。"这是高风险的教学,他仍然渗透于我们人类的最高智慧之中。他最早的著作之一是《理想国》,写的是关于共和主义的贵族梦想;他最后没有完成的作品是《法律》,事关乌托邦国家的调节计划。

柏拉图去世之后,对于思维模式和政府模式的批评,由亚里士多德继续开展下去,他是柏拉图在学院教过的学生。亚里士多德来自马其顿的斯塔吉拉市,父亲是马其顿国王的御医。担任过国王的儿子亚历山大的导师。亚历山大是一位注定造就丰功伟业的人,我们随后很快就会讲述。亚里士多德进行的关于思维方式的工作,把逻辑学提高到一个较高的水平,这一水平保持了1500年甚至更久,直到经院派的学者再度重新开始研究古代问题。他没有乌托邦的思想。在柏拉图指出的人类真正能够控制自己的命运之前,亚里士多德认为,人类需要更多的知识,而且是更多的、更准确的知识。于是,亚里士多德开始对知识进行系统化收集,这也就是我们今天所称的科学。他派出探险家去搜集事实。他是自然历史之父。他是政治学的奠基人。他在吕克昂学院的学生研究和比较了158种不同状态的国家制度……

公元前4世纪,我们发现了那些实际上可以称为"现代思想家"的人。原始思想中孩童般的、梦一样的想法,已经让位给对于生活问题的严格和批判的攻击。奇怪而可怕的象征,所有曾经束缚人们思想的禁忌、敬畏和限制现在都被抛掷一边。自由的、准确的和系统的思考开始了。这些来自北部森林的新来者,他们新鲜和不受任何妨碍的思想,已经刺穿了寺庙的神秘面纱,黎明开启了。

第二十六章 | 亚历山大大帝的帝国

公元前 431 年持续到公元前 404 年的伯罗奔尼撒战争对希腊是一个巨大的消耗。同时，在希腊北部，与其同源的马其顿王国缓慢地进化成强大和文明的国家。马其顿的语言和希腊人非常接近，在某些场合，他们也参加了奥林匹克运动。公元前 359 年，一位能力超常、野心勃勃的人成为这个小国的国王，他就是菲利普。菲利普曾经在希腊做过人质，受过完整的希腊教育，充分了解希罗多德的思想，该思想被哲学家伊索克拉底发展起来，只有希腊的强大和统一才能达到征服亚洲的目标。

他首先采取的措施是扩展王国，改编军队。此前的 1000 年来，冲锋的马战车一直是战斗过程中的决定性因素，伴随着步兵短兵相接的作战模式，骑着战马的士兵开始加入战斗，但纯属散兵游勇，毫无阵法而言。菲利普则把步兵的战斗进行了组织，形成了著名的马其顿方阵，他还训练骑兵，成为真正的骑士，有组织地进行战斗，从而发明了真正的骑兵。在菲利普和儿子亚历山大指挥的大部分战役中，都是骑兵冲锋。方阵在敌人的前面布兵，而骑兵则在两翼横扫敌人的战马，并且对敌人的后面和两翼的步兵发动进攻。弓箭手射击敌人的马匹，使其战车陷于瘫痪，无法行进。

通过对这种新型战术的运用，菲利普把其边界穿过

亚历山大大帝

塞萨利扩展到了希腊；在喀罗尼亚战役（公元前33年）击败了雅典及其盟国，希腊全部被其踩在脚下。最终，希罗多德的梦想结出了果实。由所有希腊国家组成的议会任命菲利普为反对波斯的希腊—马其顿联盟的最高统帅。公元前336年，他的先头部队进入了亚洲，开始了蓄谋已久的冒险征程。但是，他未能把该事业进行下去，他被暗杀了，据推测凶手是他的妻子，也是亚历山大的母亲奥林匹亚。原因在于，菲利普娶了第二位妻子，让她产生了嫉妒之心。

但是菲利普在对儿子的教育上付出了不同寻常的心血。他不仅请来了世界上最伟大的哲学家亚里士多德担任孩子的导师，而且还把自己的军事经验不遗余力地教给儿子。在喀罗尼亚战役期间，当时亚历山大只有18周岁，已经是骑兵部队的指挥官了。这位年轻人继位的时候只有20岁，受益于父亲的培养，他能够接管父亲的事业，得以成功开启对波斯人的冒险征程。

因为亚历山大需要两年的时间建立和巩固在马其顿和希腊的地位，所以公元前334年，他才进入亚洲，在格拉尼卡斯战役中击溃了一支规模不大的波斯军队，夺得了小亚细亚的一些城市。他沿着海岸线推进，对于他而言，军队在减少，因为在前进的时候需要派出军队驻防城市。当时，波斯人仍然控制着提尔和西顿的舰队，拥有制海权。如果他在后方留下处于敌对状态的港口，那么波斯人有可能部署军队，进犯交通运输线，切断他的军队。在伊苏斯（公元前

亚历山大大帝的行程与他的帝国

亚历山大在海德斯战役胜利后

333 年），他遭遇并且击溃了大流士三世的一个巨大联盟。就像薛西斯在一个半世纪之前穿越达达尼尔海峡一样，这也是一支各色人等聚集的乌合之众，包括大流士的家眷还有许多后宫的追随者。西顿向亚历山大投降了，但是提尔进行了顽强抵抗。最终，这座伟大的城市遭遇暴风雨似的打击，被占领并毁灭了。加沙也遭到了毁坏，到了公元前 332 年末期，征服者进入了埃及，从波斯手里接管了埃及。

在亚历山大勒塔和埃及的亚历山大港，他建立了大型城市，并通过道路把这些城市连接起来，以避免发生叛乱。这样，腓尼基人的贸易城市发生了转移，转移到了这些新建的城市之中。西地中海沿岸的腓尼基人突然从历史上消失了，很快，亚历山大港等贸易城市出现了犹太人，这都是亚历山大的创造。

公元前 331 年，亚历山大离开埃及，向巴比伦进发，就像托多梅斯、拉美西斯和尼科在他之前所做的那样。但他走的是提尔的路线。在靠近尼尼微遗址的埃尔比勒，一座几乎被遗忘的城市，他遇到了大流士，与其发生了一场决定性的战役。波斯人的战车战术失败了，马其顿人的骑兵战术最终摧毁了混合的主场部队，方阵战术取得了胜利。大流士仓皇撤退。他再也没有试图抵抗侵略，而是向北逃到米底人的国家。亚历山大继续行进到巴比伦，当时该地仍然非常富裕、非常重要，然后他又到了苏萨和波斯波利斯。在一次酗酒狂欢之后，他烧毁了王中之王大流士的宫殿。

随后，亚历山大在中亚进行了阅兵，达到了波斯帝国顶峰时期的边界。最初，他转向北方。大流士处于被追逐的状态，在黎明时分被发现死于他的战车之上。他是被自己人谋杀的。当第一批希腊人追上他的时候，他还活着。但是亚历山大到达的时候，发现他已经死了。亚历山大绕过了里海，进入到中亚地区西部的山区，随后经过赫利特（他创建的）城、喀布尔和开伯尔山口进入印度。在印度河，他与一位印度国王婆拉斯展开了激烈的战斗，马其顿的军队首次遭遇并且击败了大象。最终，他自己建造了船只，航行到印度河口，再返回到俾路支省的海岸，并于公元前324年再度抵达苏萨。在缺席6年之后，他准备巩固和组织他赢得的庞大帝国。他试图开拓新的领域。他设计了长袍和君主的头饰，这激起了那些马其顿指挥官的嫉妒。他与他们的关系存在很多麻烦。他安排了马其顿官员与波斯和巴比伦女人之间的联姻，这是"东方和西方之间的联姻"。他没有活到帝国巩固的那一天，那是他一直梦寐以求的。在一次饮酒之后，他发了高烧，死于公元前323年。

贝壳中的阿弗洛狄忒，前4世纪
现藏圣彼得堡冬宫博物馆

很快，这个庞大的帝国就分崩离析了。他手下的一位将军塞琉古，统治了古老波斯帝国的大部分地区，即从印度河到以弗所的区域。另外一位，托勒密，占领了埃及；最后一位，安提柯，获得了马其顿王国。帝国的其余部分非常不稳定，落入一系列当地冒险家的控制之中。来自北方的野蛮袭击，强度和范围都在不断加大。我们将要讲述的是，最终，新兴的罗马共和国从西方世界脱颖而出，征服了一块又一块的地盘，并且把它们焊接成为一个新的、更为持久的帝国。

第二十七章 | 亚历山大市的博物馆和图书馆

在亚历山大的统治之前,希腊人已经把工匠、艺术家、官员和雇佣兵分布于波斯统治的大部分区域。在薛西斯去世之后的王朝纷争中,色诺芬领导下的1万希腊雇佣兵,他们组成的队伍扮演了重要的角色。他们从巴比伦返回了亚洲的希腊,这一进程被仔细地描述出来,第一个关于战争的故事是指挥的将军亲自写的。但是亚历山大的征服和他下属对于帝国的分割,极大地刺激了这种渗透于古代世界的希腊语言、模式和文化。在亚洲中部和西北部的遥远的地方,都可以发现这种希腊传播的痕迹。他们对印度艺术的发展产生了深远的影响。

多个世纪以来,雅典人一直保持着他们作为艺术中心的声誉。其学院一直持续到公元529年,也就是说持续了将近1000年的时间。但是知识活动的领导权现在穿过了地中海,到达了亚历山大港,这是亚历山大大帝新建的城市。在这里,马其顿的将军托勒密成为法老,建立了说希腊语的宫廷。在成为国王之前,他一直是亚历山大的密友,并且非常尊崇亚里士多德的思想。他以充沛的精力和能力,组织了自己的知识体系和调查研究,他还写了一部关于亚历山大活动的历史书,不幸的是,这本书已经失传了。

亚历山大对于亚里士多德的调查提供了很多的经济支持,但是托勒密一世是第一位给科学设立长期基金的人。他在亚历山大港成立了一项基金,以前主要是

亚历山大里亚

投资于亚历山大港的博物馆，意思是要献给女神缪斯。经过了两三代人之后，亚历山大港的科研工作已经取得了丰硕的成果。欧几里得，埃拉托色尼开始丈量地球的直径，其结果与真实的误差只有50英里。阿波罗尼奥斯画出了圆锥曲线，希帕克做出了第一个星星的地图和目录，发明了第一台蒸汽机的英雄就在这些科学非凡的先驱人物之中。阿基米德从锡拉丘兹来到亚历山大市学习，而且之后一直与博物馆保持着非常密切的练习。希罗菲卢斯是一位伟大的希腊解剖学家，据说实行活体解剖。

巴比伦暗夜王女

大约有一代人的时间，在托勒密一世和二世统治期间，即亚历山大港进入了一个知识极其繁荣昌盛的时期，直到公元16世纪，世界一直没有见到如此壮观的景象。但是它没有持续下来。衰落的原因可能不止一个。其中最主要的原因，可能就像马哈菲教授所说的那样，博物馆实际上是一个"皇家学院"，其人员都由法老任命，并且支付薪酬。当亚里士多德的学生托勒密一世担任法老的时候，这一切都运转良好。但是随着托勒密王朝的延续，开始日趋埃及化，逐渐落入了埃及祭司和宗教发展的影响之下，他们控制了探索的精神源泉不再进行学术探求。在经历最初一个世纪的活动之后，博物馆再也没有贡献出好的作品。

托勒密一世不仅追求用最现代的精神去指导新知识的发现，他还努力在亚历山大港构建一个百科全书式的存储库。它不仅仅是一个存储库，而且也是图书复制和图书销售的组织。一支抄写大军在不间断地进行图书复制工作。在这里，我们开始有了我们所在的知识进程的第一次开放，有了知识的系统收集和传播。博物馆和图书馆的建立标志着人类历史上一个伟大时代的来临，这是现代历史的真正开端。

无论是研究工作，还是传播工作，都是在面临巨大障碍的情况下进行的。这些巨大社会的鸿沟之一就是作为绅士的哲学家与贸易商和工匠们的分离。那段时期，有大量的玻璃制造和金属制造行业的工人，但是他们与思想家没有精神上的交流。玻璃制造工人在制造世界上最美丽的彩色的珠子、小玻璃瓶等制品，但是他从来没有制造出佛罗伦萨的花瓶或者透镜。他对清澈的玻璃没有什么兴趣。金属制造工人制造武器和珠宝，但是从来没有想过化学平衡的问题。哲学家高雅地推测关于原子和事物的本质，但他毫无搪瓷、颜料和灵丹妙药等的实际经验。他对物质不感兴趣。所以亚历山大在其短暂的一生中没有制造出显微镜，没有产生化学。尽管他发明了蒸汽机，但是从来没有被用于抽水、驾驶船只和做任何实用的事情。除了医学领域，很少有实际运用的科学。科学的发展进程也不是受到实际运用的刺激取得的。因此，当托勒密一世和二世的知识好奇心撤回之后，就没有继续工作的动力了。博物馆的发现仅仅是记录模糊的手稿，从来没有抵达普通大众手中，这种情况一直持续到文艺复兴，人类的科学好奇心才得以再度复活。

大流士一世

在书籍制作方面，图书馆也没有任何的改进措施。古代的世界没有纸浆制成的大小固定的纸张。纸张是中国人发明的，直到公元9世纪才得以传入西方世界。唯一的书籍材料是纸莎草的字条，它们边对边连在一起形成了书籍。这些字条成卷保存，不方便于前后阅读，而且作为参考书也非常不方便使用。正是由于这些阻碍了书籍分页和印刷的发展。印刷本身被世界所了解可能最早开始于旧石器时代；古代的苏美尔存在密封。但是纸张并不丰富，所以没有书籍印刷的优势。印刷术的改进遭到了雇佣的抄写员的联合抵制。亚历山大时期虽然制造了丰富的书籍，但是它们并不便宜，知识的传播也仅限于富有的和有影响力的阶层，没有普及到平民大众

索伦，古希腊改革家

那里。

因此，这场知识的盛宴从来没有超越一个小圈子，那个由两位托勒密聚集的哲学家们的小圈子。它就像一只黑暗世界里的明灯，但却是与世界的大部分隔绝。盛宴的光彩极为耀眼，但是很多人没有看到。世界的其余部分仍然一切照旧，丝毫没有意识到必将给世界带来革命性变化的科学知识的种子已经发芽。当时，偏执黑暗甚至已经笼罩了亚历山大港。因此，在之后的千年黑暗时光里，亚里士多德播撒的种子被掩藏起来。然后被搅拌，开始发芽。在几个世纪里面，知识和思想的广泛发展已经改变了整个的人类生活。

公元前3世纪，亚历山大港并不是希腊唯一的智力活动中心。在亚历山大短暂的帝国时期，在那些碎片化的构成中，还有其他许多城市展现出了光辉璀璨的知识生活。例如，西西里岛的锡拉库扎，思想和科学繁荣了两个世纪；小亚细亚的帕加马，也有一个规模巨大的图书馆。但是辉煌的希腊世界遭受到了来自北方的侵略。北欧的野蛮人，高卢人，沿着希腊人、弗里尼亚人、马其顿人祖先的足迹攻打下来，他们所到之处，一直在进行侵略、破坏和毁灭。紧随高卢人而来的征服力量来自意大利，是罗马人，他们逐渐征服了大流士和亚历山大庞大帝国的西部半壁江山。他们非常能干，然而缺乏想象力，考虑更多的是法律和利益，而非科学和艺术。新的征服者同样来自中亚，对塞琉古帝国发动进攻，并且再度把西方世界和印度割裂开来。这些就是帕提亚人，是骑马的弓箭手，他们在公元前3世纪对待波斯波利斯和苏萨的希腊—波斯帝国的方式，很大程度上类似于米底人和波斯人在公元前7世纪和6世纪对待它的方式。当时，还有其他来自东北部的北欧人，他们不是白皮肤，不是北欧人，也不讲雅利安语言，而是黄皮肤、黑头发，讲蒙古语。对于这些后来的人，我们将在稍后的章节中加以讲述。

第二十八章 | 释迦牟尼的一生

现在,我们必须回溯到 3 个世纪以前,讲述一位给亚洲的宗教思想和感情带来革命的伟大人物,他就是释迦牟尼,曾在印度的贝拿勒斯传教。与此同时,以赛亚在巴比伦的犹太人中间进行预言,赫拉克利特在以弗所追寻事物的本质。所有这些人在世界上同时并存,都是公元前 6 世纪,但是他们并不知道彼此的存在。

公元前 6 世纪的确是历史上最为特别的世纪之一。到处都是如此,我们将要讲到的中国也是一个案例,中国人的思想也显示出一种新的勇气,他们从王权、祭司和血祭的传统中开始觉醒,提出了最尖锐的问题。好像整个民族在经历 2 万年的孩童时期之后,已经进入了青春期的阶段。

印度的早期历史仍然很模糊。在某个时期,也许是公元前 2000 年,一支讲述雅利安语言的人群从西北部进入印度,这可能是一次入侵,也可能是一系列的入侵,并且得以在印度北部的大部分地区传播其语言和传统。其特有的雅利安语变体是梵文。在占领印度河与恒河领域之后,他们发现了一种暗白皮肤的人种,文明程度更高,但不是非常有活力。他们与希腊人和波斯人不同,不随意通婚,彼此之间的关系非常冷淡。当历史学家能够依稀看见印度的过去之际,印度的社会已经分为几层,他们不能一起吃饭,也

悉达多的苦行生活,左边为他最早的五个弟子

菩提树下的说法

不自由地通婚。纵观整个历史，这种分层就是后来的种姓制度。这使得印度人口不同于简单的，自由繁殖的欧洲或蒙古社会。这是一个非常独特的社会。

释迦牟尼是统治喜马拉雅山麓一小块区域的某个贵族家庭的儿子，19岁时迎娶了一个漂亮的表妹。在阳光密布的花园和森林里，他打猎、玩耍、灌溉稻田。在这种生活中，一种强烈的不满降临在他身上。这是聪慧的大脑寻求有益的活动而产生的不幸福感。他感觉到他过的并非真正的生活，而是一个假期，一个过于漫长的假期。

关于疾病和死亡的感觉，关于幸福的不安全感和不满意，这些都降临在释迦牟尼的心中。当他正被这些情绪困扰的时候，他碰到了一个流浪修行的苦行僧，当时在印度这种人大量存在。这些人生活在严格的规则下，其生活的主要旋律就是冥想和宗教讨论。他们也在生活中寻求一些更深层次的意义，释迦牟尼也产生了这种强烈的愿望。

故事说到这，他很快陷于对这个问题的冥想。这时，突然有消息传来，他的妻子生了他的第一个儿子，释迦牟尼说："这是另一个需要切断的纽带"。

他返回到村子里面，参与了族人举办的宗族祭祀。这是一场盛宴，有专业的舞蹈表演来庆祝这一新纽带的诞生。晚上，释迦牟尼醒来之后，精神极其痛苦，"就像某个人被告知，房子着火了一样"。他决心毫不拖延地离开，摆脱这种幸福然而毫无目标的生活。他轻轻地走到妻子的卧室门前，看见她在一盏油灯下，甜甜地睡着了，身边围满了鲜花，怀里抱着他的儿子。他想在离开之前，第一次也是最后一次拥抱他的儿子，但是害怕吵醒妻子，于是他放弃了，最终他转身出门，走进明亮的月光里面，骑上马，奔向大千世界。

那天夜里，他骑行了很久，最终在其族地之外——一条多沙的河边停留下来。在那里，他用随身携带的剑切断了自己的长发，摘下了所有的首饰，连同剑放在马上，让马独自返回家园。他继续前行，遇到了一个衣衫褴褛的人，与他交换了衣服。这样，他脱离了一切的世俗纠葛，开始自由地去追逐智慧。他径直向南，来到了温迪亚山脉的丘陵地区，那里居住着隐士和教师。在一堆洞穴里，住着许多聪明的人，他们进城只是为了简单的生活物品，并且把知识口口相传地教给他们。精通他那个时代的一切形而上学，他极其聪明敏锐，因此这些人解答不了他提出的问题。

印度的思想观念，总是倾向于相信权力和知识可以通过极端的禁欲主义而获得，通过禁食、失眠和自我折磨而实现，释迦牟尼对这些想法进行了实践。他带领自己的五个徒弟一起进入丛林，开始绝食和苦行。他的名声传开了，"像一个巨大的铃铛挂在天空的天幕上的声音"，但是这种苦行僧式的生活却没有给他带来真理的感觉。有一天，他走来走去，完全没有顾及他虚弱的身体状态。突然，他变得不省人事。当他恢复后，他开始清楚地意识到这种半神奇的方式是非常荒谬的。

悉达多王子云游四方

第二十八章｜释迦牟尼的一生

他开始要求进食普通的食物，拒绝继续禁欲式的生活，这吓坏了他的同伴。他开始意识到，一个人无论想要追寻什么样的真理，必须有健康的身体，营养充足的大脑。这一理念对于这片土地和这个时代而言，绝对是个异类。他的门徒们离开了他，到达贝拿勒斯，进入了忧郁状态，而释迦牟尼则独自四处游历。

当人的思想陷入巨大而复杂问题的时候，它步步推进，丝毫没有意识到自己思考的成果。直到某一时刻，就获得了突然顿悟，并实现了它的胜利。发生在释迦牟尼身上的事情也是如此。他坐在河边的一棵大树下吃东西，这时他突然有了一种清晰的感觉。他似乎看到了生活的平淡。据说他整日整夜地坐在那里，进行深入的思考，然后起身向世界展示他的顿悟。

他来到了贝拿勒斯，寻找到并且赢回了自己丢失的门徒，进入新的讲学之中。在国王的鹿园里面，他们给自己建造了棚屋，为那些前来追寻智慧的众人建立了学校。

他教义的起点是他自己的问题，他作为一个幸运的年轻人的问题，"我为什么不快乐呢？"这是一个自我反省的问题。这个问题，非常不同于泰利斯与赫拉克利特对宇宙的追问，那是非常直接的、忘我的外在好奇心驱使的问题；它也不同于同样忘我的那些终极的预言家强加给希伯来人思想上的重担。印度的教师没有忘记自己，他专注于自我，试图摧毁它。他教导说，所有的苦难都是由于个人贪婪的欲望。直到人们战胜自己的渴望，他的生活麻烦和他的悲伤才能得以终结。对生活的渴望有三种主要形式，都是非常邪恶的。第一，是欲望，贪婪和各种形式的感知欲望；第二，则是一个人的不朽的欲望；第三，是对个人成功的渴望，非常世俗、非常贪婪等。克服这些欲望都需要逃避痛苦和烦恼的生活。当他们被克服，当自我完全消失，那么灵魂的宁静就会到来，达到涅槃的最高境界。

这就是他教义的依据，非常微妙的和形而上学的教义，确实不是那么容易理解，不像希腊人那样去看、大胆地去了解，也不向希伯来人那样恐惧上帝、达到正义。这是一种甚至超越释迦牟尼嫡系弟子理解能力的教学。毫不奇怪，一旦他的个人影响被撤回，就会变得非常扭曲。当时，存在一种广泛的信仰，每隔一段很长的时间，智慧就会抵达地球，并化身在选定的人身上，例如著名的如来佛祖。释迦牟尼的门徒宣称他就是佛，是现在佛，虽然并没有证据表明他本人接受了这个称号。在他去世之前，关于他的神奇传说被循环往复地编织出来。人类的思想总是愿意选择一个神奇的故事来匹配精神上的努力，释迦牟尼变得非常完美。

诚然，释迦牟尼的确给世人留下了某些实质性的遗产。如果涅槃的境界太高、太微妙超出了大多数人的想象力，如果在进化的过程中，人们把释迦牟尼的简单生活加以神话。至少他们能够掌握释迦牟尼所说的生活的雅利安化是走向高贵的路径。具体的方式就是"八大正道"，即精神上的公正，正确的目标，正确的表述，正确的行为，诚实的生活，上进的意识和慷慨忘我的境界。

第二十九章 | 阿育王

释迦牟尼死后,经历过几代人,这些高贵的佛教教义,这一朴素的教学,即认为对人类最好的东西就是自我的征服,在世界上的进展非常小。随后,他们征服了一个世界上最伟大的君主的灵魂。

我们已经提到过,亚历山大大帝如何进入印度,与波鲁斯在印度河流域发生了战斗。按照希腊历史学家的说法,旃陀罗笈多来到了亚历山大的营地,试图说服他继续前往恒河,征服整个印度。亚历山大无法做到这一点,因为他手下的马其顿人拒绝深入一个陌生的未知世界。后来(公元前303年),旃陀罗笈多得到了各个山地部落的支持,没有希腊人的支持,他也实现了自己的梦想。

阿育王柱,上面有四只狮子

他在北部印度建立了一个帝国,公元前303年,在旁遮普发动了对塞琉古一世的攻击,把希腊最后的残余部分赶出了印度。他的儿子进一步扩大了自己的帝国。他的孙子,阿育王,就是我们现在即将讲述的君主,在公元前264年,建立了从阿富汗到马德拉斯的统治。

最初,阿育王倾向于遵循父亲和祖父的道路,完成对整个印度半岛的征服。公元前255年,他入侵了马德拉斯东部海岸的国家卡林加。他的军事行动非常成功,但是有一点令他在征服者中显得非常孤独,

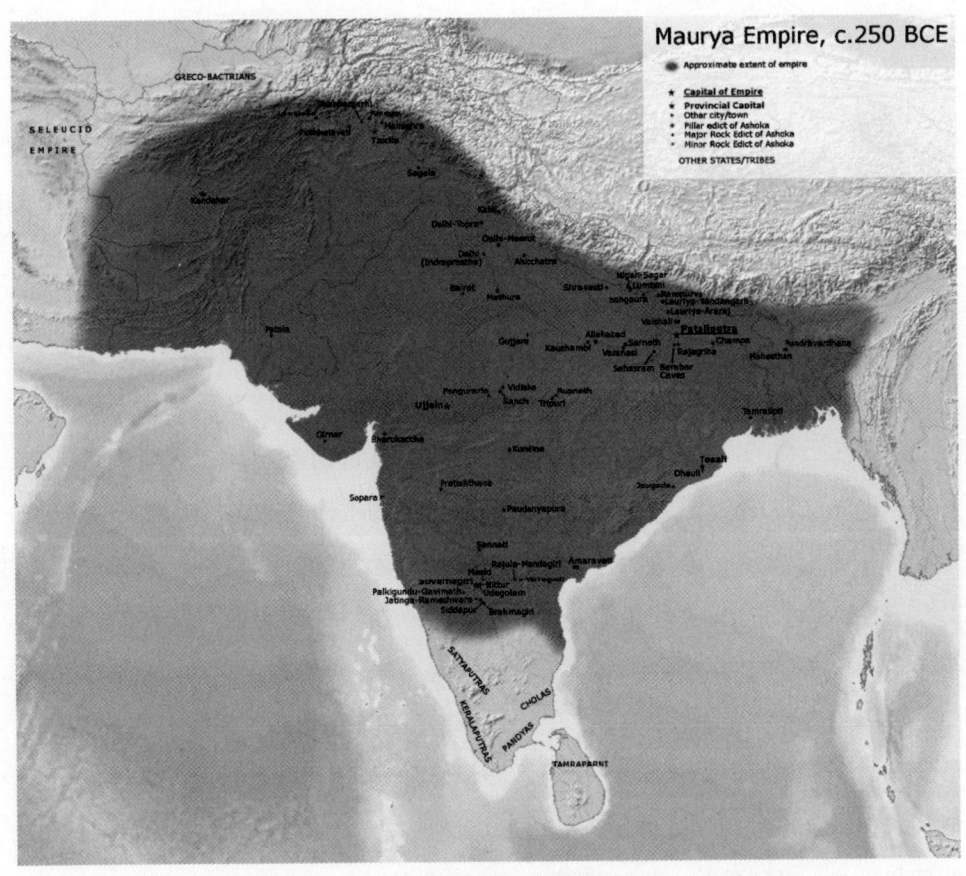

阿育王统治下的疆土

他宣称极其厌恶战争的残酷与恐怖。他不会再进行战争了。他采用佛教的和平教义，宣称从今以后他的征服应该是宗教的征服。

他在位的28年是人类多灾多难的历史上最为闪亮的插曲。他组织了大规模的挖掘泉水的行动，种树以求树荫的遮挡，他建立医院、公共花园，并建立了专门种植草药的花园。他建立了照顾印度土著和主体民族的医院。他制定了妇女教育的法例。他对佛教的教义秩序做了大量的捐赠，并试图激励他们更好和更积极地发展自己的文学批评，因为当时的佛教中，腐败和迷信的增长非常迅速。佛教传教士接受阿育王的派遣，来到了克什米尔，再到波斯，然后是锡兰和亚历山大市。

阿育王柱，上面有四只狮子

这就是阿育王，最伟大的国王之一。他远远领先于他的时代。然而遗憾的是，

第二十九章｜阿育王　　115

公元1世纪印度浮雕,中间站立者为阿育王

没有任何的王子和组织能够继承他的工作,在他死后一个世纪的时间里,他统治的辉煌日子成为支离破碎和不断衰退的印度历史中最为灿烂的回忆。婆罗门的祭祀阶级,也是印度社会里面地位最高、最有特权的阶级,一直反对佛教的开放直白的教学模式。他们逐渐削弱了佛教在这片土地上的影响。老怪物一般的神,无数的印度教崇拜的东西,又开始摇摆起来。种姓变得更为严格和复杂。在很漫长的一段时期,佛教和婆罗门教长期共存,共同繁荣。随后,佛教逐渐衰落,被形形色色的婆罗门教取代。但是在印度疆域之外,佛教得以广泛传播,影响扩大到了中国、暹罗、缅甸和日本。直到今天,在这些国家,佛教也占据主导地位。

第三十章｜孔子和老子

我们将继续讲述另外两个伟大的人物，孔子和老子，他们也生活在人类青春期的那个伟大世纪，即公元前6世纪。迄今为止我们的讲述内容，很少涉及中国的早期历史。现在，这段历史仍然非常模糊，我们期盼中国的探索者和考古学家能够挖掘出他们的过去，就像欧洲的过去已经在20世纪被完全解读出来一样。很久很久以前，原始的中华文明就兴起于大河流域，也是日石文化。他们与埃及和苏美尔具备某些共性的文化特征，以寺庙为中心，祭司们和祭司国王举行季节性的血祭。城市的生活也和六七千年之前的埃及人和苏美尔的生活非常相像，类似于1000年前中美洲玛雅人的生活。

如果中国曾经存在过人类的血祭，那么在有史之前，一定已经让位给动物的祭祀。公元前1000年，一种象形的写作也开始发展起来。

正如欧洲和西亚的原始文明经常与来自沙漠和北方的游牧民族发生冲突一

孔子像

老子像

样，中国的原始文明也面临北部边界游牧民族的不断困扰。这些部落在语言和生活方式上非常接近，在历史上依次是匈奴人、鲜卑人、突厥人和鞑靼人。他们不断变化、分离、合并、再合并，就像欧洲北部和中亚地区的游牧民族一样，虽然名称不同，但本质上没有太大的差异。这些蒙古的游牧民族拥有马匹比北欧人要早一些，在阿尔泰山区，大约在公元前1000年，他们发现了铁。就像西方的情况一样，这些东方的游牧民族很快就达到了一种政治上的统一，成为这块定居文明区域的征服者、掌管者和复兴者。

很有可能的情况是，中国最早的文明并非完全的蒙古文明，这与欧洲早期文明的北欧式和西亚文明的闪米特式是非常相近的。早期的中国文明是暗白人种的文明，还有一点早期埃及人、苏美尔人和达罗毗荼人的文明，当中国最早的记载历史开始之际，已经存在了征服和混合的现象。无论如何，我们发现，在公元前1750年，中国已经是小型王国和城邦组成的巨大体系，他们都承认彼此之间松散的联盟，定期或多或少的进贡，多多少少地明确效忠于伟大的祭司皇帝"天子"。公元前1125年，商朝灭亡，周朝取代了商朝，这仍然是一个比较松散的联盟，直到印度的阿育王和埃及的托勒密统治时期。在漫长的周王朝统治时期，中国逐渐碎片化，匈奴人南下并且建立了诸侯国。地方统治者停止了进贡，各自为政。公元前6世纪，一位中国的权威认定，当时存在五六千个实际独立的王国，中国人称这段时期为"混乱的时代"，也就是"春秋时期"。

这一时期，涌现出更多的知识活动，诸多的地方性艺术中心，以及更多的文化生活。当我们对中国历史了解更多的时候，我们就会发现，中国有自己的米利都，有自己的雅典，有自己的帕拉玛，有自己的马其顿。现在，我们必须对中国的这段时期进行模糊的、简短的介绍，因为我们

大禹像，现藏于北京故宫

的知识还没有充分到足以构建一个完整而连贯的故事。

如同在分裂的希腊产生了大量的哲学家，被征服和俘虏的犹太人产生了先知一样，在秩序混乱的中国，这一时期也产生了许多的哲人。在所有的这些思想之中，不安全感和不确定性的秩序似乎使得人类的思维更为活跃。孔子出身于贵族，在小国鲁国中有一定的官方地位。和希腊类似，他的情绪促使他产生了建立学院的冲动，以发现和传播智慧。中国没有法制和无序的状况令他颇为痛心，他构想的是更好的政府和更好的生活。他从一个国家游历到另一个国家，一直在寻找一个能够实践其计划的王公。但是没有成功，他曾经找到过一位，

宋应星《天工开物》中的冶铁图和铸钟图

但是因为宫廷的阴谋，削弱了他的影响，他的改革计划最终流产。值得注意的是一件非常有趣的事情，一个半世纪之后，希腊哲学家柏拉图也在寻找一位王公，他一度成为统治西西里岛锡拉丘兹的暴君狄奥尼修斯的顾问。

孔子去世的时候非常失意。他说道："夫明王不兴，而天下其孰能宗予，予殆将死也"。但是他的学说在那个不断堕落和毫无希望的年代里，比他想象的更有活力，对于中国人民产生了巨大影响。它成为中国人所称的三大信仰之一，另外两个是佛教和老子的道教。

孔子教学的宗旨是贵族和贵族式教学。他关注个人的行为，就像释迦牟尼关注忘我的世界和平，希腊人关注外部的知识，犹太人关注正义一样。他是所有哲人中最具有公共意识的人。他最为关注的是世界的混乱和痛苦，他想让人变得高贵，于是世界也会变得高贵起来。他试图以一种非同寻常的方式来规范

行为,为生活中的每一个场合提供健全的规则。一个有礼貌的,公共精神的,并且严格自律的绅士,是他想在中国北方的世界发展起来的理想,他试图把它变成永久的形式。

老子曾经长时期掌管周王朝的国家图书馆,他的学说比孔子的学说更加神秘、更加模糊,更加难以捉摸。在这个充满享乐和权力的世界里,他在宣扬一种完全不同的生活方式,主张回归到过去的简单生活方式。他的写作文体非常简单,但是却晦涩难懂,读起来就像是在猜谜语一样。老子去世之后,他的学说,如同释迦牟尼的教学一样,开始腐化,被覆盖上了传说的色彩,如同有最复杂、最非凡的仪式和迷信思想嫁接在他们身上。在这一点上,中国和印度面临同样的问题,新产生的思想需要与人类在孩童时期产生的原始魔法和怪异的传说进行斗争,斗争的结果却是新思想被赋予了奇怪的、古老的、非理性的形式。在当今的中国,我们会观察到这样的现象,佛教和道教都是和尚的宗教、寺庙的宗教、祭司们的宗教,在形式上非常古老,虽然在思想上并非如此,就像古代的苏美尔和埃及的牺牲性宗教一样。但是孔子的学说因为非常简单和直白,所以没有被后世扭曲。

中国北部,即中国的黄河流域,主要受到孔子思想和精神的影响;中国南部,即中国的长江流域,主要受到道教的影响。从那之后,关于中国的事务一直存在两种有迹可循的冲突,也就是北部精神和南部精神之间的冲突,(近代)则体现为北京和南京的冲突。这种冲突体在官僚思维中的表现,北方保守而正直,南方是充满怀疑的、浪漫的、宽松的和冒险的精神。

孔子时期的中国,也就是公元前6世纪的中国,分裂达到了顶点。周王朝非常虚弱,声名狼藉,于是老子脱离了不快乐的宫廷生活,开始享受悠然的退休生活。三个次一级的国家主导了这一时期的形势,秦国、晋国,

秦始皇

都是北方的力量，楚国则是长江流域富有侵略性的军事力量。最终，秦国和晋国结成了同盟，制服了楚国，迫使楚国签署解除武装的和平条约。秦国成为主导性的国家。最终，大约是在印度的阿育王时期，秦国的君主接管了周朝皇帝的礼器周鼎，接管了他祭祀的职能。他的儿子，秦始皇（公元前246年成为秦王，公元前220年，当上皇帝），在中国的大事年表上被称为"第一个一统天下的皇帝"。比亚历山大幸运的是，秦始皇作为国王和皇帝的统治长达36年，他精力充沛的统治，标志着中国人民统一和繁荣生活的新开端。他与来自北部沙漠的匈奴入侵者展开了激烈的战斗，并且开始了那项极其巨大的工程，中国的长城，以抵抗和限制匈奴人的行动。

第三十一章 | 走入历史舞台的罗马

读者们会注意到，尽管由于印度西北部边界的巨大障碍，由于中亚和印度远些地方的山脉地区的阻隔，但是这些历史上的文明仍然具有很大的共性。首先，数千年来的日石文化蔓延于整个旧世界温暖和肥沃的河谷地区，并且发展起一套关于祭拜传统的寺庙体系和祭司制度。很明显，它的最早的制造者是我们曾经说到过的暗白人种。随后，来自季节性草地、进行季节性移民的游牧民族来到了，他们把自己的传统和语言强加到原始文明之上。他们征服它，刺激它，反过来又被刺激，进行更新型的发展，从而变成多种多样的原始文明。在美索不达米亚地区，埃兰人、闪米特人、游牧的米底人和波斯人，还有希腊人都发挥了重要的影响。在爱琴海地区，是希腊人；在印度，是讲雅利安语言的人；在埃及，则是把入侵者融入了祭司文明；在中国，匈奴征服，被吸收，随后又被新的游牧民人追随。中国被蒙古化，正如希腊和北印度被雅利安化，美索不达米亚被闪米特化和雅利安化。在世界各地，游牧民族都在进行破坏，但是他们也带来新的自由质询和创新的精神。他们质疑远古时代的信仰。他们让寺庙得以开放。他们设置了既非祭司也非上

罗马的守护母狼以及罗马城的建立者罗穆卢斯和勒姆斯

帝的国王,国王仅仅是他们的首领和同伴。

在公元前6世纪之后的几个世纪里面,我们发现各地都在打破旧的传统,开始出现质疑的精神,人类永远不会再完全停留在已经取得的巨大进步之上。我们发现,在统治阶层和富裕阶层,知识开始变得较为普及,比较容易获得,不再是祭司们要捍卫的秘密。由于马匹和道路的原因,旅游和运输都变得更为容易。由于铸造货币的出现,贸易变得更为简单。

现在,我们把注意力从中国拉回来,回归到地中海西半部的世界。在这里,我们注意到一个城市的出现,它注定在人类的生活中扮演极为重要的角色,这座城市就是罗马。

罗马王政时期的城墙

迄今为止,本书很少谈到意大利。公元前1000年,那里还是一片山地和森林,人口稀少。讲雅利安语言的部落来到这个半岛,形成小型的村镇和城市。南部的末端则缀满了希腊的殖民地。帕埃斯图姆的光辉遗迹为今天的人们提供早期希腊场所的灿烂场景。非雅利安的人们,也可能是和爱琴海的人们同宗的伊特鲁里亚人,确立了自己在半岛中部的地位。他们颠倒了雅利安部落通常的征服进程。罗马,当它进入历史舞台之际,是台伯河边一个很小的贸易城市,属于拉丁语系,由伊特鲁里亚国王统治。古老的大事年表中,把公元前753年确立为罗马建立的日期,晚于腓尼基人建立的迦太基市半个世纪,发生在第一届奥林匹克运动会23年之后。伊特鲁里亚国王的坟墓更早一些,早在公元前753年就在罗马遗址中被挖掘出来。

在光辉灿烂的公元前6世纪,伊特鲁里亚国王被驱逐(公元前510年),罗马成为贵族共和国,国内存在傲慢的"显贵阶层",统治着"平民"大众。

除了讲述拉丁语，它和其他贵族式的希腊共和国并不相像。

几个世纪以来，罗马的内部历史就是平民们为了自由、为了分享政府的权力而进行的漫长斗争。不难发现，希腊的斗争与这场冲突有类似之处，希腊人称其为平民与贵族的冲突。最终，平民打破了旧家族的大部分排他性的特权，在工作上享有了与他们平等的机会。他们破坏了贵族的排他性特征，使罗马能够扩展其市民范围，容纳越来越多的"外来者"。在它内部仍然存有斗争的时候，也在向外扩展自己的力量。

罗马人势力的扩张开始于公元前5世纪。那时，他们发动战争，但是通常都以失败告终。有一个伊特鲁里亚人的堡垒维爱，距离罗马城只有几英里，但是罗马人从来没有占领过它。然而，在公元前474年，伊特鲁里亚人突然遭遇到巨大的不幸。他们的舰队被西西里岛锡拉丘兹的希腊人毁灭。同时，一波北欧的入侵者降临到他们的北方，这就是高卢人。高卢人占据了罗马和高卢之间的地方，伊特鲁里亚人失败了，从历史的长河中消失。罗马人占领了维爱。高卢人来到罗马，洗劫了这座城市（公元前390年），但是未能控制国会。非常令人惊奇的是，由于一群鹅的背叛，最终侵略者被驱逐出去，再度退回到了意大利北部。

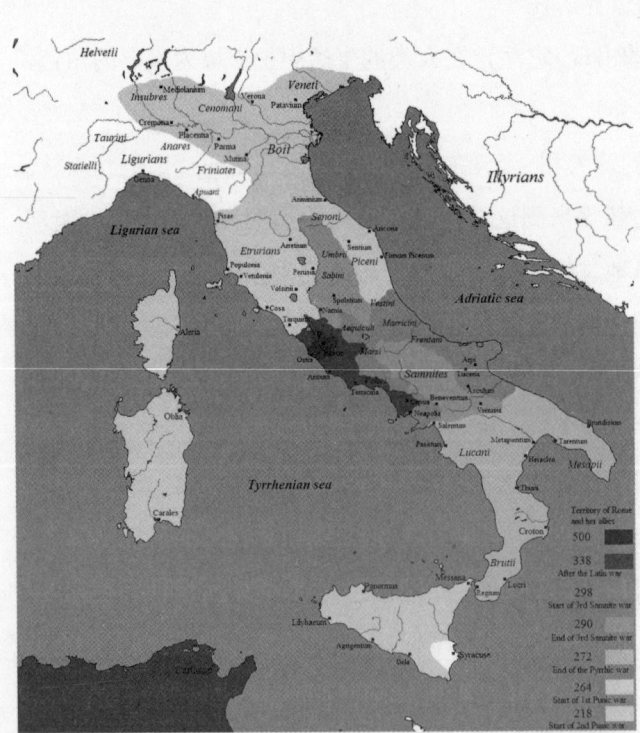

罗马的扩张

高卢人的入侵似乎没有削弱罗马，反而进一步调动起它的巨大活力。罗马人征服、同化了伊特鲁里亚人，势力扩展到整个意大利中部地区，包括从亚诺河到那普勒斯的广大区域。公元前 300 年的时候，罗马就达到了这一目标。他们在意大利的政府与菲利普在马其顿和希腊力量的增长、亚历山大对埃及和印度河流域的进攻几乎是同时发生的。在亚历山大帝国解体的时候，罗马人已经在文明世界里威名远扬。

罗马势力范围的北部是高卢人，南部是大希腊的殖民地，也就是西西里岛和意大利脚趾和脚后跟的地方。高卢人顽强而好战，为此罗马人在边境设立了一系列的堡垒，强化定居点的建设。南部的城市为首的是他林敦（今塔兰托）和锡拉丘兹的西西里岛，他们并非太大的威胁，也没有让罗马人感到恐惧。反而，罗马人让他们感到害怕，他们一直在寻找外援来对付这些新来的入侵者。

我们已经介绍了亚历山大帝国如何碎片化，以及他的将军和同事如何把这个帝国分割。在这些冒险者之中，有一位亚历山大的亲戚名叫皮洛士，他穿过了亚德里亚海进攻意大利的脚后跟。他的雄心是扮演菲利普在马其顿和大希腊的角色，成为他林敦、锡拉丘兹和世界其余地区的保护者和掌控者。他具有当时极为现代的军队，有步兵方阵，来自塞萨利的骑兵部队，与最初的马其顿骑兵一样优秀，还有 20 头战斗的大象。他入侵了意大利，在赫拉克利亚（公元前 280 年）和阿斯库仑（公元前 279 年）两次战胜罗马军队，把他们赶到了北方，随后把注意力转向了对于西西里岛的征服。

但是这给他带来了更为强大的敌人，比罗马人还要强大的敌人，即迦太基——一个腓尼基人的贸易城市，可能也是当时世界上最大的城市。西西里岛非常靠近迦太基，如果出现新的亚历山大，那么迦太基的安全必将面临挑战。迦太基非常介意其母亲城提尔半个世纪之前的命运。所以它派出了一支舰队来鼓励和迫使罗马人继续斗争，并切断了皮洛士的海外交通。皮洛士发现自己被罗马人围困，在进攻那普勒斯和罗马之间的贝内文托时，遭遇到了重大失败。

这时，高卢人开始入侵南部，他被迫返回伊庇鲁斯。但是，这次他们没有侵入到意大利。罗马的前沿极其坚固，高卢人无法突破，于是穿过了伊利里亚（现在的塞尔维亚和阿尔巴尼亚）侵略了马其顿和伊庇鲁斯。皮洛士放弃了自己的征服梦想，返回了家乡（公元前 275 年），罗马的权力扩展到墨西拿海峡。在海峡的西西里岛那一侧，是希腊城市墨西拿，处于海盗的控制之下。迦太基人，几乎是西西里岛和锡拉丘兹的实际霸主，控制住了这些海盗（公元前270年），并在那里建立了自己的守卫部队。海盗们向罗马发出求助，罗马人答应帮助他们。于是，在海峡两岸，迦太基的庞大的贸易力量，还有其新的征服者罗马人，发现他们处于面对面的对峙状态。

第三十二章 | 罗马和迦太基

公元前264年,罗马和迦太基之间爆发了规模巨大的布匿战争。那一年,阿育王开始了在比哈尔的统治,而秦始皇还是一个小孩子,亚历山大博物馆仍然在进行科学调查工作,野蛮的高卢人当时还在小亚细亚欺压帕加玛的一个部落。对于置身事外的其他民族来说,他们对此只有非常模糊的了解。

这场战争留下的痕迹,至今仍然在影响世界。罗马战胜了迦太基,但雅利安人和闪米特人的竞争融入到后来的犹太人和非犹太人的冲突中。这场冲突的结果仍然对当今时代的冲突和斗争产生着非常复杂的影响。

第一次布匿战争开始于公元前264年,是围绕着墨西拿的海盗事件展开的。它逐渐扩展到整个西西里岛,只有希腊国王统治的锡拉丘兹除外。最初,迦太基占据海上优势。他们拥有巨型战舰,规模前所未有,是五桨作战船,带有五个桨,还有巨大的大撞角。在两个世纪前的萨拉米斯战役中,龙头战舰是三列桨战船。但是罗马人具有超强的能量,完全不顾自己没有海上作战经验的事实,开始建造超越迦太基人的战舰。他们创造了主要由希腊船员构成的海军,发明了拼杀和强行登船等弥补敌人海船优势的措施。当迦太基战舰撞到罗马的战舰,罗马人使用巨大的铁钩钩住战舰,罗马士兵利用吊桥密集地冲上去围住敌军。在梅莱(公元前260年)和埃克诺穆(公元前256年),迦太基人惨败。他们击退了罗马人在迦太基

西庇阿

迦太基城遗址

附近的登陆，但是在巴勒莫遭遇惨败，损失了104头大象，为了赞美那样的胜利，举办了罗马人从来没有见过的仪式。但是在那之后，罗马人遭遇了两次失败，随后又得以恢复。在埃加迪群岛（公元前241年），罗马人最后一搏，迦太基海军力量彻底溃败，迦太基人要求讲和，除了锡拉丘兹国王的统治区域，西西里岛的所有其他地区都被割让给了罗马人。

罗马和迦太基之间保持了22年的和平。他们各自的国内都面临着麻烦。在意大利，高卢人再次来到南方，威胁到罗马，为了祈祷自己的胜利，罗马人进行了血祭。最终，迦太基人在特拉蒙被打垮。罗马人推进到阿尔卑斯山，甚至把统治沿着亚得里亚海沿岸扩展到伊利里亚。迦太基腹背受敌，同时遭遇国内叛乱和科西嘉和撒丁岛的背叛，国力急剧衰退。最终，罗马人占领了这两个叛乱的岛屿。

当时，从西班牙岛北部到埃布罗河，都是迦太基人的地盘。罗马人把迦太基人的边界进行了严格限定。迦太基人任何越过埃布罗河的行为都被认为是反对罗马人的战争行为。公元前218年，迦太基人被罗马人新的侵略挑衅激怒，在一个名叫汉尼拔的年轻将军指挥下穿过这条河流,他是整个历史上最出色的指挥官。他率领军队从西班牙翻越阿尔卑斯山进入意大利,支持高卢人反对罗马,发动了第二次布匿战争。这场战争在意大利持续了 15 年。在特拉西梅诺湖和坎尼,罗马人遭遇到了巨大失败。汉尼拔在意大利所向披靡,没有意大利军队能够抵挡住他的进攻,或能够幸免于难。但是,一支罗马军队在马赛港登陆,切断了他与西班牙的交通联系。他没有攻城车,不可能占领罗马。最后,迦太基人在国内面临努米底亚人反抗的威胁,被迫回到非洲防御自己的城市,罗马军队越境进入非洲,汉尼拔在扎马的城墙之战之中经历了人生的第一次失败(公元前 202 年),成为大西庇阿的手下败将。扎马战役结束了第二次布匿战争。迦太基向西班牙和西班牙舰队投降,付出了巨大的赔偿,同意交出汉尼拔。但汉尼拔逃到亚洲,在那里,落入他的无情敌人之手,情形很危险,他服毒而死。

布匿战争期间汉尼拔和他的军队翻越阿尔卑斯山

在 56 年的时间里,罗马和迦太基的遗留城市处于和平状态。同时,罗马把帝国扩展到了混乱和分裂的希腊,侵略了小亚细亚,在吕底亚的马格尼西亚击败了塞琉古王朝的古王安提阿哥三世。罗马还把托勒密王朝统治下的埃及、小亚细亚的帕加马赫大多数的小国结合在一起,"结成了联盟",我们今天应该称之为"保护国"。

同时,迦太基人被征服,被削弱,但是也在缓慢复苏他们以前的繁荣。这再度引起了罗马人的仇恨和怀疑。罗马对其进行嘲笑和挑衅(公元前 149 年),

迦太基则顽强地抵抗，最终被彻底占领（公元前146年）。街头的巷战和大屠杀持续了整整6天，血流成河，当城堡投降的时候，25万的人口剩下5万人还活着。他们被卖为奴隶，城市被烧毁，并被蓄意地破坏。发黑的废墟被翻耕、播种，迦太基彻底消失。

　　第三次布匿战争结束了。在世界上曾经繁荣过5个世纪的所有闪米特国家和城市，现在只有一个处于自由状态，仍然是本土的统治者，这就是犹太国。它是从塞琉古王朝的统治下获得解放的，并且处于本土马加比王公的统治之下。到了这一时期，它的《圣经》已经比较完备，并且发展起我们今天所了解的犹太世界的明显传统。自然而然，迦太基人、腓尼基人和其他同宗的分布于世界各地的人们找到了共同的纽带，他们有几乎相同的语言、文学、希望和勇气。在很大程度上，他们仍然是世界上的贸易商和银行家。闪米特人的世界被扩散而不是被取代了。

　　耶路撒冷，不仅仅是犹太教的中心，而且也是一种象征，公元前65年，耶路撒冷被罗马人占领。经历过一系列的独立和叛乱的轮回之后，公元70年，再度被围攻，城市被摧毁。公元132年，耶路撒冷又发生了一场叛乱，它彻底被毁坏，我们今天知道的耶路撒冷是在罗马的主持下重修的。是一座供奉罗马神的寺庙，朱庇特·卡皮托利努斯立于宫殿中央，犹太人被禁止居住在这所城市。

第三十三章 | 罗马帝国的成长

公元前2世纪到公元前1世纪，新崛起的罗马力量统治了整个西方世界，它在很多方面都不同于文明世界迄今为止出现过的大型帝国。它不是任何一位伟大的君主的创造。它也不是第一个共和型帝国。在伯里克利时期，雅典统治了一组联盟和独立的国家，进入与罗马人殊死斗争时期的迦太基是撒丁岛、科西嘉、摩洛哥、阿尔及尔、突尼斯以及大部分西班牙和西西里岛的统治者。但罗马帝国是第一个逃离灭亡命运，并且存在新型发展的共和型帝国。

这个新体系的中心，存在于很多古老帝国中心的西部，那些古老的中心多位于美索不达米亚和埃及的河谷地区。这一中心地带的西移，使得罗马能够把新的地区和民众吸纳到自己的文明中来。罗马的权力延伸到了摩洛哥和西班牙，现在能够向西北发展，也就是扩展到现在的法国、比利时和英国，向东北延伸到匈牙利和南部俄罗斯。但是另一方面，它从来没有能够控制中亚和波斯，因为它们距离行政中心比较遥远。罗马包括了大量新的讲雅利安语言的人群，几乎囊括了世界上所有的希腊人，相比于之前的大帝国，它没有那么含米特化和闪米特化。

罗马军队战士浮雕

几个世纪以来，罗马帝国一直在发展壮大，没有重蹈波斯和希腊的覆辙。在一代人的时间里，米底和波斯的统治者变得完全巴比伦化，他们接受了巴比伦的王冠，接手了

第三十三章 | 罗马帝国的成长　131

高卢人在恺撒面前扔下武器，1899年罗伊尔绘

他们的神庙和祭司。亚力山大和他的继任者遵循相似的同化路径；塞琉古帝王的宫廷和行政机构如同尼布甲尼撒一样；托勒密成为法老，完全埃及化了。他们被同化了，就像他们之前的苏美尔人被闪米特征服者同化一样。但是几个世纪以来，他们一直遵守自己的自然法则。唯一能够对他们施加巨大精神影响的，是公元2世纪或3世纪与他们同类或者相类似的希腊人。所以，罗马帝国基本上是第一个努力按照雅利安人的路线统治庞大区域的帝国，这是迄今为止历史上的一个新模式，是一个扩展的雅利安共和国。旧的模式是，个体的征服者统治首都，首都以寺庙为中心发展，寺庙有一个也许并不很实用的收获之神。罗马人也

撒莫奈战争的军队

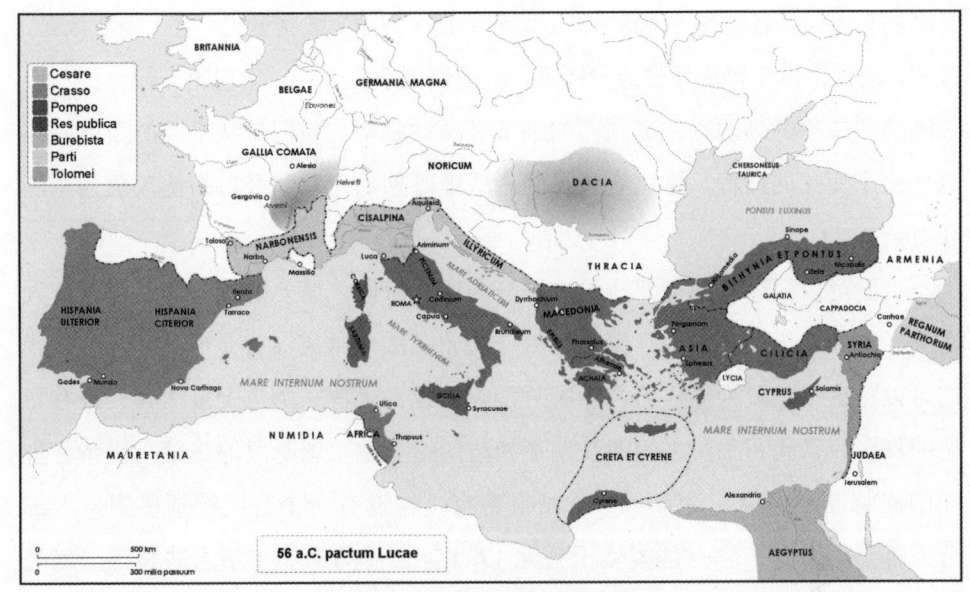

公元前58年内战前夕各势力情况图

有神和寺庙，但就像希腊的神一样，他们的神是半人半神的不朽人物，是神圣的贵族。罗马人也有血祭，在压力大的时候也使用人进行血祭，他们可能是从昏暗的伊特鲁里亚祭司那里学会这些的。但直到罗马之后很久，即使在其鼎盛时期，祭司和寺庙都没有扮演过非常重要的角色。

罗马帝国在不断成长，而且完全是计划外的创新性的增长。罗马人发现，自己不知不觉间在进行一场伟大的行政试验。它不能称为一个成功的试验。最后，他们的帝国彻底崩溃。几个世纪以来，它统治的形式和方法都发生了巨大的变化。在100年的时间里，它发生的变化比孟加拉、美索不达米亚和埃及等地1000年发生的变化还要大。它总是处于不断的变动之中，没有任何的固定性。

某种意义上说，试验失败了。但在另一个层面，试验仍然没有完成。今日的欧美人仍然在猜测罗马人面临的世界范围内的治国难题。

对于学历史的学生来说，应该铭记于心的是，在罗马帝国统治时期，这些巨大的变化不仅发生于政治领域，而且还发生在社会和精神领域。人们头脑中有一种强烈的倾向，认为罗马的规则是完成的、稳定的、严格的、全面的、高尚的和决定性的。麦考利关于古罗马帝国的著作《古罗马之歌》，涉及古罗马元老院与人民，老加图、西庇阿斯、尤利乌斯·恺撒、戴克里先、君士坦丁大帝，胜利，演说，角斗和基督教的殉道者，把他们混杂在一起，呈现出一幅高尚的、残酷的和庄严的画面。这幅画面的细节必须被解构。他们是从不同的角度收集这样一个变化的过程，这比区分征服者威廉时期的伦敦和今日的伦敦更为宽泛和复杂。

我们可以很容易地把罗马的扩张分为四个阶段。第一阶段，开始于哥特人在公元前390年洗劫罗马，持续到第一次布匿战争结束（公元前240年）。我们可以称这个阶段为同化的共和国阶段。它也许是罗马历史上最优秀、最有特色的舞台。贵族和平民之间的长期不和与纠纷导致了该阶段的终结。伊特鲁里亚的威胁已经结束，没有一个公民很富有，也没有一个公民特别贫穷，大部分人都热心公益。它有些类似于公元1900年之前的南非布尔人共和国，或是1800—1850之间美国北部各州的联邦，是一个自由的农民共和国。在这个阶段的开始，罗马是一个小国，面积只有20英里见方。它与周围的那些顽固但又相似的国家作战，其目标不是毁灭这些国家，而是团结这些国家。几个世纪的国内纷争已经使罗马的民众学会了妥协和让步。一些被罗马击败的城市成为罗马

凯撒之死，卡尔·赛奥多尔·冯·皮罗提绘

人,在罗马政府里占有投票份额,有的在贸易上享有自治权,和罗马人结婚;由市民组成的守备部队布防在战略要点,在新征服的地区建立享有特权的殖民地。修筑了很多雄伟的道路。这一政策的必然结果就是意大利的罗马化。公元前89年,意大利所有的自由居民都成为罗马市民。整个罗马帝国终于成为一个扩展的城市。公元212年,帝国范围内的每一个自由人都被给予了市民权;如果他能到达罗马参加会议投票,就会享有这一权利。

把市民权扩展到驯服的城市和整个国家的做法,是罗马人扩张的重要工具。它颠覆了征服和同化的旧进程。通过罗马的方式,征服者同化了被征服者。

在第一次布匿战争和西西里岛的兼并之后,虽然古老的同化过程还在继续,另一个过程也开始在罗马统治的边缘地区开始出现。例如,西西里岛被视为被征服的猎物。成为罗马人民的"财产"。罗马利用了西西里肥沃的土壤和勤劳的人口,变得更为富有。贵族和大部分有影响力的平民,占据了财富的主要份额。战争也带来了大量的奴隶供给。在第一次布匿战争之前,罗马共和国居民的大部分是享有市民权的农民。兵役是他们的特权,也是他们的责任。当他们在积极服役的时候,他们的农场陷入了债务危机,成长起来的是一种新型的大规模奴隶农业;当他们回来的时候,他们发现他们的产品与来自西西里岛的奴隶生产的产品和家乡的新庄园在进行竞争。时代变了。共和国的特征也发生了改变。不仅是西西里岛掌握在罗马手中,普通人也被富人债主和富人的竞争对手掌控。罗马进入了第二阶段,即极具冒险精神的富人共和国。

200年来,罗马农民出身的士兵们一直在为自由和政府中的席位而进行战斗。100年来,他们享受了特权。然而,第一次

恺撒宽大处理犯错者,1808年阿贝尔·蒲叶尔绘

一件罗马战利品头盔

布匿战争消耗了他们,他们赢得的一切都被洗劫一空。

同样,他们的选举权,也失去了存在价值。罗马共和国的管理机构有两个。第一个,也是更重要的一个,是元老院,主体是原来的贵族,后来又容纳进各种杰出的人才,他们最初是由执政官和检察官召集而来的。像英国上议院一样,它成了一个大地主、杰出政治家、大商人等人的聚会。它更像英国上议院,而不像美国的参议院。从布匿战争开始的3个世纪,它是罗马政治思想和目标的中心。第二个机构是公民大会。这应该是罗马全体市民的集会。当罗马是20英里见方的小国之际,这种集会是可能的。当罗马的市民身份已经超出了意大利的范围,这是完全不可能的。起初,会议召集的信号是在朱庇特神庙和城墙山吹号角,后来这种聚会逐渐成为一个政治掮客和城市乌合之众的聚会。公元前4世纪,公民大会能够对元老院形成制约,能够代表普通人的权利和呼声。布匿战争结束后,这种大众控制手段日益削弱,成为一种遗迹。对于大人物,已经不存在任何的法律牵制手段。

罗马共和国从来没有引进过代议制。没有人认为选举代表能够代表公民的意志。这对学生来说,是需要掌握的非常重要的一点。公民大会从未能够等同于美国众议院或英国下议院。从理论上讲,这是所有的市民的会议;在实践中,却不具备任何可行性。

第二次布匿战争之后,罗马帝国的普通市民,都非常贫困。这些贫穷的人,通常都失去了自己的农场,被逐出了奴隶从事的有利可图的生产领域,没有足够的政治权力给他来解决这些事情。对于一个没有任何政治表现形式的人来说,通常的表达方式只有罢工和反抗。公元前2世纪和公元前1世纪的故事,就内部政治而言,是一个毫无意义的革命动乱的故事。这段历史的规模将不允许我们讲述当时错综复杂的斗争,企图废除贵族地产、恢复土地的自由农民,建议取消全部或部分的债务。当时，有叛乱，有内战。公元前73年，一场斯巴达克斯领导下的奴隶大暴动增加了意大利的苦难。意大利奴隶起义产生了一些影响，因为其中有些是经过格斗训练的战士。两年来，斯巴达克斯控制住了维苏威火山的火山口，在当时它似乎是一个死火山。最后，这次起义被残酷镇压。6000个被俘获的斯巴达克斯的人沿着阿庇安大道被钉在十字架上，这是一条从罗马向南的大道（公元前71年）。

普通民众很少能够成功反对压迫和侮辱他们的力量。那些有钱人，不仅打败了他们，而且在罗马的世界里为自己准备新的力量，即军队的力量。

第二次布匿战争之前，罗马军队主要由被征税的自由农民构成，根据其自身的状态，他们骑马或步行作战。这是一支非常好的战争力量，唾手可得，但不适合出国长期作战。而且，随着奴隶数量和庄园的增加，自由奔放的战斗农民越来越少。有一位非常受欢迎的名叫马略的领导人，他引进了一个新因素。在迦太基文明推翻后，北非已经成为半野蛮的国度，即努米底亚王国。罗马政权与这个国家的国王朱古达之间发生了冲突，却屡战屡败。为此，马略被任命为执政官，他组建了雇佣军队，通过提高工资和艰苦的训练提高军队的战斗力，最终击败了朱古达的军队。朱古达被带到罗马（公元前106年）。在他的执政到期的时候，马略使用自己新创建的军团来坚守任期。罗马没有能够制约他的力量。

马略开始了罗马力量发展的第三阶段，即军人共和国时期。现在开始的一段时间里，雇佣军团的领导人为了掌控罗马而进行战斗。反对马略的是贵族苏拉，在非洲曾经是他的手下。每一次，马略都对他的政敌展开大屠杀，数以千计的男人被屠杀，他们的财产被出售。经历过这两个人之间的血腥竞争和斯巴达克斯反抗带来的恐怖之后，迎来了一个新的阶段，卢库勒斯和庞培大帝、克拉苏和尤利乌斯·恺撒成为军队的主人，主宰一切事务。克拉苏击败了斯巴达克斯。卢库勒斯征服小亚细亚，并且渗透到亚美尼亚，退休之后个人仍然拥有巨大财富。克拉苏进一步入侵波斯，被帕提亚人击败并杀死。经过长时间的对抗之后，庞培被尤利乌斯·恺撒打败（公元前48年），在埃及被杀害，留下尤利乌斯·恺撒独自掌握罗马世界。

尤利乌斯·恺撒是一位能够激发人们想象力的人物，他的价值和重要性超出人们的想象。他成为一种传奇和象征。对我们而言，他最重要的特征是，它标志着从军人共和向罗马扩张的第四阶段的转型，早期的帝国。如果不考虑最深刻的经济和政治动荡，不考虑内战和社会的退化，在这段时间里的罗马边界一直向外持续扩展，在公元 100 年达到了最大规模。在第二次布匿战争时期则像退潮一样，在马略的军队重建之前，活力一度丧失。斯巴达克斯起义则再度构成了重大打击。尤利乌斯·恺撒作为军事领袖的声誉是在高卢奠定的，也就是现在的法国和比利时。（居住于这个地区的主要部落是同属于凯尔特人的高卢人，曾经在一段时间占领了意大利北部，后来又入侵了小亚细亚，作为加拉太人定居。）凯撒把日耳曼人对高卢的入侵驱逐回去，并且把所有的国家都纳入帝国的范围。他两次越过多佛海峡，进入英格兰（公元前 55 年，公元前 54 年），然而他没有进行永久性的征服。同时庞培大帝巩固了罗马东到里海地区的征服。

公元前 1 世纪中叶，罗马元老院名义上还是罗马政府的中心，负责任命执政官和其他官员，授予他们权力等。在这些政界人士之中，西塞罗是一位杰出的的人物，他在努力维护罗马共和国的伟大传统和对法律的尊重。但是，由于自由农民的大量减少，公民的精神已经从意大利消失了。这片土地上的奴隶和贫穷的人，既不理解也不渴望自由。这些元老院的共和党领导人背后缺乏支撑，在他们身后的是他们担心和渴望控制的冒险军团。在元老院院的上层，克拉苏、庞培和恺撒三个人实行了三驾马车式的统治（前三头同盟）。后来，克拉苏在

苏拉

遥远的迦太基被帕提亚人杀死，庞培和恺撒发生了争吵。庞培接管了共和国，通过法律对恺撒进行了审判，罪名是违法和不服从元老院的法令。

对于一位将军而言，把军队带出指挥的边界是非法的，当时恺撒的辖区和意大利的边界是卢比孔河。公元前49年，他声称"木已成舟，别无选择"，于是破釜沉舟，越过卢比孔河，开始向庞培和罗马进军。

过去，在军事极端时期，罗马习惯于选出一个拥有无限权力的独裁者来处理危机。推翻庞培后，恺撒最初担任了10年的独裁者，随后（公元前45年）终生独裁。实际上，他是帝国终身的君主，这是伊特鲁里亚人5个世纪之前被驱逐之后，罗马人最厌恶的一个词汇。恺撒拒绝成为国王，但采用了王位和权杖。恺撒打败庞培后，进入埃及，爱上了美艳的克利奥帕特拉。这位托勒密王朝的最后一位埃及女王，似乎彻底扭转了恺撒的想法。他把埃及神王的想法带回罗马。在一座神庙里，竖立起一座自己的雕像，刻有的铭文是"不可战胜的神"。罗马即将消失的共和主义，进行了殊死一搏，恺撒被刺死在元老院，倒在被他谋杀的对手——庞培大帝的雕像脚下。

有野心的个体之间冲突随后又持续了13年。出现了第二个三雄执政时期，这三个人分别是马克·安东尼、雷比达和屋大维·恺撒，他是尤利乌斯·恺撒的侄子。同他的叔叔一样，屋大维得到的是贫穷的、环境困苦的西部省份，那里是最好的军团招募之地。公元前31年，在亚克兴海战中，他击败了自己唯一的真正对手马克·安东尼，成为罗马世界的唯一主人。但是屋大维与尤利乌斯·恺撒不同，他没有愚蠢地渴望成为上帝或国王。没有希望炫耀的女王情人。他恢复了元老院和罗马人民的自由。他拒绝当独裁者。感激的元老院回报了他，授予他很大的权力，但并非以前的权力形式。他确实没有被称为皇帝，而是被称为"元首"和"奥古斯都"。他成为奥古斯都·恺撒，也是第一位罗马皇帝（公元前27年到公元14年）。

他之后是台比留·恺撒（公元14年至公元37年）、加里古拉、克劳狄、尼禄，一直到图拉真（公元98年）、哈德良（公元117年）、安东尼厄斯·庇乌（公元138年）和马库斯·奥勒留（公元161至公元180年）。所有这些皇帝都来自于军团。士兵们能够造就他们，也能够推翻他们。渐渐地，元老院逐渐淡出了罗马历史，皇帝及其行政官员取代了它的职能。帝国的边界现在正向极限的方向发展。不列颠的大部分被添加到帝国里面，特兰西瓦尼亚被作为一个新的省带入，这就是达契亚；图拉真渡过了幼发拉底河。哈德良有一个想法，它立刻提醒我们，在旧世界的另一端发生了什么。就像秦始皇修筑城墙反对北方的野蛮人一样；一个穿越英国、还有莱茵河和多瑙河之间的栅栏发挥了作用。图拉真的合并被迫放弃。

罗马帝国的扩张走到了终点。

第三十四章 | 罗马与中国

公元前 2 世纪和 1 世纪是人类历史上的一个崭新阶段。美索不达米亚和地中海东部不再是利益中心。美索不达米亚和埃及仍然富饶，人口众多，相当富裕，但他们不再是世界的主导地区。权力已经漂流到西方和东方。两大帝国现在主宰世界，这就是新的罗马帝国和中华帝国的复兴。罗马的权力扩展到幼发拉底河，但它永远没能超越那个边界。在幼发拉底河，塞琉古对于前波斯和印度领土的统治现在落到了一批新主人的手中。中国，现在是汉代，秦始皇死后，汉朝取代了秦朝，其权力扩展到西藏、高高的帕米尔高原，并穿越山脉抵达中亚西部。在那里，它也达到了它的极端，无法进行更远的超越。

那时的中国拥有世界上最大、最有组织的和最文明的政治制度。它的面积和人口比罗马帝国的鼎盛时期还要更多。当时，它们彼此并不了解，但是却在同一个世界，几乎在同一时间处于繁荣状态。海上和陆地的通信手段还没有充分发展起来，他们不可能发生直接的冲突。

然而，他们以一种间接的方式相互反应，他们对位于亚洲中部和印度之间的地区命运产生了深远影响。他们之间有一定数量的贸易流通，例如，靠驼队穿越波斯，沿着印度和红海海岸的船只等。公元前 66 年，庞培手下的罗马军队跟随亚历山大大帝的脚步，沿着黑海的东部海岸进军。公元 102 年，班超率领的中国远征军到达了里海，并派使者了解罗马的力量。但是，在明确的知识和直接

1世纪的罗马女子阅读雕像

打虎亭汉墓壁画

的交往将欧洲和亚洲的两个伟大平行世界联系在一起之前,已经过去了很多个世纪。

这些伟大帝国的北方是野蛮的荒野。现在的德国主要是林地,森林一直延伸到俄罗斯,成为庞大野牛的家园,野牛的规模和大象几乎不相上下。亚洲大规模山区的北部,延伸出一段沙漠、草原、森林和冷冻的土地。在亚洲高原部分的东侧是满洲大三角。这些地区的大部分,向南延伸到满洲里,俄罗斯和突厥斯坦之间,是特殊的气候不安全地区。在几个世纪的时间里,他们的降雨量变化很大,它们对人类来说是不可侵犯的区域。多年来,这一地区有时适合作为牧场和持续的耕作,随后迎来的就是湿度下降和致命干旱的时期,如此反复循环。

这时期野蛮的北方区域,西部从德国森林到南俄罗斯和突厥斯坦,从哥特兰岛到阿尔卑斯山,是北欧民族起源的地区,讲雅利安语。蒙古东部草原和沙漠,是匈奴、蒙古、鞑靼人或突厥民族起源的地区,这些人的语言、人种和生活方式都极为相像。作为北欧人,他们似乎不断跨越自己的边界,向南对美索不达米亚和地中海沿岸的文明区域发展。同时,匈奴中的多余人口,作为流浪者,掠夺者和征服者定居中国。北方的人口增长很快,但是草地缺乏,牛群会生病,驱使饥饿的好战部落南下。

有一段时间,这两个相当强大的帝国,他们可以有效地阻止野蛮人,甚至能够和平扩展帝国的前沿。汉帝国向北到蒙古的推进是强势的,也是持续不断的。在长城的屏障附近,中国人口开始增加。在帝国边防军的后面,中国农民带着马和犁,犁起了草地,包围了冬天的牧场。匈奴人袭击和谋杀的定居者,但中国惩罚性的远征更多一些。游牧民族面临着定居下来的选择,成为中国纳税人,或者转移寻找新鲜的夏季牧场。有些人选择了前一种方式，被中国同化。还有一些人漂移到了东北，或者向东穿过山脉进入了中亚地区。

从公元前200年开始，蒙古骑兵一直

罗马帝国时期抵御北方民族的哈德良长城遗址

在向西推进，迫使雅利安人部落向西迁徙，而他们的行为又骚扰到罗马边界，准备寻找罗马直接的弱点进行突破。帕提亚人，显然是蒙古和斯基泰人的混合，在公元前1世纪来到了幼发拉底河，他们反对庞培向东部进行的袭击。他们击败并杀死了克拉苏，在波斯取代了塞琉古王朝，建立了帕提亚国王的王朝，即安息王朝。

在一段时间内，对饥饿的游牧民族阻力最小的路线既非西方，也非东方，而是通过中亚然后向南向东穿过开伯尔山口进入印度。正是印度接管了几个世纪以来受到罗马和中国驱赶的力量。一系列的征服者通过旁遮普到达大平原进行掠夺和破坏。阿育王的帝国被打破，随后的一段时期，印度历史进入黑暗状态。"印度斯基泰人"创立的贵霜王朝，在北印度统治了一段时间，并维持了相应的秩序。入侵持续了几个世纪。公元5世纪的大部分时期，印度遭受了哒人和白匈奴的折磨，他们向小王公们征税，印度陷入恐怖之中。每年夏天，这些人都在中亚地区放牧，秋天则从山口下来恐吓印度。

公元2世纪，巨大的不幸降临到罗马帝国，也削弱了中国抵抗蛮族压力的能力。这是史无前例的瘟疫造成的。它在中国肆虐了11年，导致社会结构陷入极度的混乱之中。汉王朝衰落了,中国进入分裂和混乱的新时代。中国一直没有恢复元气,直到公元第7世纪,迎来了伟大的唐王朝。

这场瘟疫从亚洲蔓延到欧洲。从公元164年到180年,它席卷了整个罗马帝国。这显然削弱了罗马帝国的结构。在这之后,我们听闻,罗马的人口在减少,政府的活力和效率显著恶化。无论如何,我们目前发现的边界不再无懈可击,各个地区纷纷沦陷。一种新型的北欧人,哥特人,他们最初来自瑞典的哥特兰岛,穿过俄罗斯来到了伏尔加河地区和黑海海岸,也来到了海盗滋生的区域。公元2世纪末,他们可能已经开始感受到匈奴人向西推进的压力。247年,他们渡过多瑙河,发动了一场较大的突袭,在一场现在被称为塞尔维亚的战役中,打败并杀死了皇帝狄西阿。236年,另一组日耳曼人,佛郎克,在下莱茵打破了界限,阿勒曼尼人已经涌入阿尔萨斯。高卢的军团击退入侵者,但在巴尔干半岛的哥特人发动了一次又一次的突袭。达契亚省从罗马的历史中消失了。罗马的骄傲和自信不得不让位于一种沮丧的情绪。公元270—275年,当时罗马的安全和开放已经持续了3个世纪,奥勒良皇帝不得不进行改变,开始修筑防御体系。

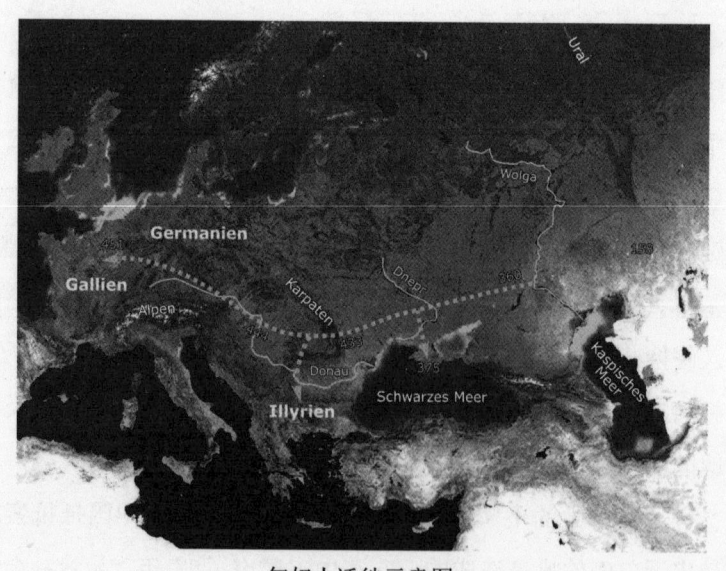

匈奴人迁徙示意图

第三十五章 | 早期罗马帝国统治下普通人的生活

罗马帝国在公元前 2 世纪建立,从奥古斯都到恺撒以来的两个世纪,它如何从繁荣、和平逐步陷入到混乱和破碎?在讲述这些之前,也许最好应该关注一些大帝国之内的普通人的生活。我们的历史已经到了距今 2000 年内的时光,文明人的生活,无论是在罗马的和平下,还是汉朝的和平下,都越来越接近于我们今天这些文明接班人的生活。

西方世界的铸币现在已经被普遍使用。在僧侣的世界之外,有很多既不是官员也不是祭司的独立个体;相比以往,人们可以更自由地四处旅行,他们有可以使用的大路和客栈。与过去相比,与公元前 500 年之前的时光相比,生活变得更加自由。以前,文明的人被束缚在某个地区或国家,被束缚在固定的传统中,生活在一个有限的地平线上,只有游牧民族才能进行贸易和旅行。

但是,无论罗马和平还是汉朝的和平,都不意味着他们控制的大范围之内文明是统一的。在一个地区和另一个地区之间,存在着巨大的地方差异、文化差异和不平等,就像英国和平之下的印度一样。在巨大的空间范围之内,罗马驻军和殖民地呈现点状分布,他们崇拜罗马神,说拉丁语。在罗马人到来之前的村镇和城市,虽然处于从属的地位,但却是自治状态,而且,至少在一段时间内,用自己的方式崇拜自己的神。在希腊、

柏拉图学院,庞贝马赛克画

罗马帝国时期富贵人家的花园（复原）

小亚细亚、埃及和希腊化的东方，总体而言，拉丁语从来没有盛行过。希腊的统治在那里是不可战胜的。塔尔苏斯的扫罗王，成为使徒保罗的那个人，是犹太人和罗马公民的双重身份。但他交谈和写作使用的是希腊语，而非希伯来语。即使在帕提亚王朝的宫廷，它在波斯推翻了希腊塞琉古王朝，希腊语仍然是时尚的语言。在西班牙和北非的一些地区，在迦太基毁灭之后，迦太基语言仍然持续了很长一段时间。诸如塞维利亚这样的城市，在听说罗马的名字之前，一直是一个繁荣的城市，信奉闪米特女神，并在几代人中保存着闪米特人的语言。虽然罗马老兵距离它只有几英里远。谢普提米乌斯·塞维鲁，是公元193年到211年的皇帝，讲和母亲一样的迦太基语。他学会了拉丁语却作为外语使用。据记载，他的姐姐从未学过拉丁语，而是用迦太基的语言指挥她的罗马佣人。

在高卢和英国等国家和地区，还有诸如达契亚（现在大致罗马尼亚）和潘诺尼亚（匈牙利南部的多瑙河）等地区，那里没有预先存在的大城市和寺庙文

正在运动的比基尼女孩

化,罗马帝国的确可以进行"拉丁化"。这首次推进了这些国家的文明进程。它创造了城市和城镇,拉丁语第一次成为占主导地位的语言,罗马神被供奉,罗马的习俗和时尚被遵循。罗马尼亚语、意大利语、法语和西班牙语的语言,都是拉丁语的变种和修订,它们也在提醒我们拉丁语言和风俗的扩展。西北非最终也成为讲拉丁语的地区。埃及、希腊和帝国向东的区域则没有被拉丁化。他们在文化和精神上仍然是埃及人和希腊人。即使在罗马,在受过教育的人中,希腊也被认为是绅士的语言,相比拉丁语言,希腊的文学和知识都是首选。

在这个繁杂的帝国里,做工作和做生意的方式自然也很复杂。主要产业仍然是农业。我们已经讲过,在意大利,强壮的自由农民是罗马共和国早期的骨干。在布匿战争结束后,他们最后被靠奴隶劳动的地产工作取代。希腊世界已经存在各种各样的耕作方法,有亚加狄亚人的耕种方式,即每一个自由市民用自己的双手辛苦劳作。而在斯巴达,工作成为耻辱的象征,农业工作是由特殊的奴隶阶级希洛人完成的。这些都已经成为历史,在希腊化世界里的大部分地区,领地制度和奴隶劳动都在蔓延。农业奴隶由那些讲不同语言的被俘虏的人构成，这样他们彼此就不能相互沟通。或者他们生而为奴，他们没有团结反抗压迫的传统，他们也没有知识，既不会读也不会写。尽管他们构成了这个国家人口的大多数，但是他们从未成功地暴乱过。斯巴达克斯在公元前1世纪的起义，是为角斗而进行训练的特殊的奴隶起义。共和国末期的意大利农业工人，以及帝国初期遭受了可怕侮辱的意大利农业工人，在晚上他们会被拴在一起，防止逃跑，或者把头剃光一半。他们没有自己的妻子，他们可能被主人弄残或者杀害。一个主人可以把他的奴隶卖到竞技场里去进行斗兽。如果一个奴隶杀死了他的主人，他家里所有的奴隶，而不仅仅是凶手将被钉在十字架上。在希腊的一些地区，特别是在高贵的雅典，大多数奴隶的命运并没有这么可怕，但它仍然是可憎的。对于这些人而言，野蛮入侵者不是敌人，而是作为解放者出现的。

奴隶制度已经蔓延到大多数行业，因为这种工作是需要团体来完成的。矿山和冶金操作、赛艇的划动、筑路、大建设运营都主要由奴隶来进行。几乎所有的国内服务行业都是由奴隶完成的。也有贫困的自由人和簧乐器乐师，他们为自己工作，甚至为工资工作。他们是工匠、监事等，是与奴隶进行竞争的支付工资的人；但我们不知道他们占总人口的比例。在不同的地方和不同的时期，

一张5世纪的拉丁语草纸文书

可能有很大的差别。奴隶制也在开始完善，有的奴隶在夜间被锁住，白天则被鞭子驱赶到农场或采石场。对奴隶的主人而言，如果他发现把奴隶培养出具备耕种能力，具备手艺而且像自由人那样有自己的妻子，这样的方式更有好处，那么主人可能会赦免他，给他支付工资。

也有武装的奴隶。在布匿战争开始的时候，即公元前264年，在罗马恢复了奴隶为生存而战的伊特鲁里亚运动。

制作棉布的工人们，庞贝城壁画

它发展非常迅速，而且很快流行开来；每一个罗马富人都会养一群角斗士，他们有时在舞台上打斗，但其真正的业务是作为主人的保镖。还有具备学问的奴隶。后来罗马共和国征服的是希腊、北非和小亚细亚高度文明的城市，从而产生了许多受过高等教育的奴隶。一个具备良好条件的罗马家庭，其家庭教师通常是奴隶。富人通常会有一个希腊奴隶做图书管理员，也有担任秘书的奴隶。他会保持他的诗人身份，就像持有一只表演犬。在这种奴役的氛围中，现代文学批评的传统开始发展起来。奴隶们就评论展开吹嘘和争吵。有头脑的人买了聪明的男孩作为奴隶，让他们接受教育并用以出售。奴隶们被训练成书籍的抄写者和珠宝匠，这是需要无尽技能的职业。

但是，在400年间，即富人的共和国开始征服的时候，一直到大瘟疫之后的解体时期，奴隶的地位发生了非常可观的变化。公元前2世纪，战争俘虏数量充足，对待他们的方式非常残酷，奴隶没有任何权利，而且读者们也想象不出来那些日子被强加在奴隶身上的各种暴行。但早在公元1世纪，罗马文明对奴隶制的态度有明显改善。俘虏的数量不再丰富而充足，奴隶变得更加昂贵。奴隶主开始盘算利益，安抚他们的奴隶，这些不幸的人自尊增加了。当然，社会的道德基调也在上升，正义感在逐渐增强。希腊精神的高贵逐渐缓和了古罗马的苛刻。对残酷的限制增加了，主人不能再把他的奴隶卖到斗兽场，奴隶有了财产权,有了自己的私产,作为一种鼓励和刺激,奴隶也能够挣工资。奴隶的婚姻被承认。许多农业不再适合团体工作,或只是在某些季节需要团体工作。在这样的条件下,奴隶逐渐成为农奴,只是在特定的季节给主人工作,而且是有薪酬的。

当我们开始意识到,这个讲拉丁语和希腊语的罗马帝国在公元后的两个世纪之中是一个奴隶制的国家,少数人才能享受尊严和自由,我们就掌握了它衰退和崩溃的线索。罗马帝国几乎没有我们所称的家庭生活,很少有活跃的思想和研究;学校和学院之间距离遥远。在这里,我们找不到自由的意志和自由的心灵。伟大的道路,辉煌建筑的废墟,法律和权力,留给后

在罗马帝国中生活的埃及人

世的惊人传统,不能掩盖这样的事实,罗马帝国所有外部的辉煌是建立于强迫意志之上,它扼杀了智慧,扭曲了人性的欲望。甚至统治着这个广阔领域的少数人,他们虽然是征服者,在他们的灵魂之中,强迫劳动也是令人不安和不满的。艺术、文学、科学和哲学,这是自由和快乐的思想成果,在那种氛围之中是不可能的。当时,有太多的复制和模仿,有很多的艺术工匠,但大多数都是这些屈从的人没有独创性的假学问,在400年里,整个罗马帝国没有产生什么能够与希腊大胆和高贵的智力活动相媲美的东西,那只是一个世纪的伟大成果。在罗马的权杖下,希腊腐烂了,亚历山大市的科学衰落了。看起来,在那一时期,人类的精神似乎也在衰退之中。

第三十六章 | 罗马帝国时期宗教的发展

公元之后的两个世纪，处于拉丁和希腊统治下的人类的灵魂是非常焦虑而沮丧的。他们受到残暴的压迫和统治。虽然他们有骄傲可炫耀，但很少有荣誉感、平静感和幸福感。不幸的人们遭受到鄙视，非常可怜；幸运的人也严重缺乏安全感，因此有狂热的渴望。在很多城市，生活的中心在于斗牛场上血腥带来的兴奋，那里的人和野兽在战斗，被折磨，甚至被杀害。露天剧场是最具特色的古罗马遗址。生命能否继续是很关键的事情。人类心中的不安表现为深刻的宗教动乱。

从雅利安部落首先打破古代文明的那一时刻开始，寺庙和僧侣所供奉的旧神或者改变名字，或者消失，这是不可避免的事情。一代又一代，暗白文明的农业民族塑造了他们以寺庙为中心的生活和思想方式。庆祝和破坏惯例的恐惧、牺牲和奥秘，主宰了他们的心灵。根据我们现代的思想去进行观察，他们的神看起来极其荒谬，并且不合逻辑，但对那些老年人来说，这些神有直接的说服力，在强烈的梦想中能够看到非常生动的东西。在苏美尔和埃及早期，对某个城邦的征服意味着改变或重新命名男神或女神，但崇拜的精神和形式是完整保留的。它的

奥西里斯像，埃及第22王朝制作

1836年的罗马万神殿

总体特征没有变化。梦中的数字改变了,但梦境仍在继续,那是同样的梦。早期的闪米特征服者在精神上十分类似于苏美尔人接管美索不达米亚文明的宗教,征服没有带来宗教信仰的改变。埃及的确从未达到宗教革命的程度。在托勒密和恺撒统治期间,它的庙宇、祭坛和祭司基本上保持了埃及化的特征。

只有征服是在具有相似的社会和宗教习惯的人群之中,才有可能克服寺庙和地区之间的冲突,也能避免分类和同化的过程。如果这两个神在特征上是相似的,那么祭司和百姓就会说,这真是同一个神,只不过换了一个称号而已。这种融合的神被称为泛神。公元前后伟大征服的年代,就是泛神崇拜的时代。在相当广阔的区域,当地的神被取代了,或者说他们被一个普遍的上帝吞没了。这样,最后,当巴比伦的希伯来人先知宣告地球上只有一位正义之神的时候,人类的思想就完全能够接纳这一观点了。

但是,通常的情况下,神往往是不一样的,无法同化在一起,于是他们在某种似是而非的关系中被组合在一起。在希腊人到来之前的雅利安世界主要是崇拜女神，他们的女神通常会与男神结婚，而动物神和星星神将被拟人化，动物与天文的太阳与星星，往往被制成装饰品，或者成为某种象征。或者，被击败人群信奉的神，就会被认为是会与光明神对抗的邪恶神。神学的历史上充满了这样的适应，妥协和把地方神合理化的过程。

当埃及从城邦发展到统一王国的时候，有很多这样的泛神崇拜。可以说，主要的神是奥西里斯，是祭祀丰收之神，法老被认为是其现世的化身。奥西里斯代表多次死亡和再次复活，所以他不仅意味着种子和收获，也是

伊西斯女神

人类不朽思想的自然延伸。他的符号是宽翼的圣甲虫，藏着卵，然后复活，这意味着灿烂的太阳即将上升。后来，他的身份被确定为与神牛，神圣的公牛合二为一。与他在一起的是伊西斯女神。伊西斯也是哈索尔，是母牛神，是月牙形的月亮，是海洋之星。奥西里斯死了，她怀了一个孩子，荷鲁斯，也是鹰神和黎明之神，长大成人后再度成为奥西里斯。伊西斯的肖像，她怀抱着婴儿荷鲁斯，站在月牙形的月亮里面。这些并不是逻辑关系，而是由人类思维在艰难的、系统的思维发展之前设计出来的，它们有着梦一样的连贯性。在这三组神的下面，还有其他黑暗的埃及神和魔鬼神，包括长着狗头的阿努比斯，象征着黑色的夜晚，吞食者，诱惑者，上帝和人类的敌人等。

随着时间的推移，每一个宗教系统都在适应人类的灵魂。可以毫无疑问地推论，从这些不合逻辑的甚至是粗鲁的象征中，埃及人民能够寻找到自己真心奉献和自我安慰的方式。在埃及人的心目中，对永生的渴望非常强烈，埃及的宗教生活于是为这种欲望服务。埃及宗教是一个不朽的宗教，这是其他宗教从来没有过的。在外国征服者的统治下，埃及在走下坡路，宗教不再有任何令人

满意的政治意义,在这之后,作为来世生活的一种补偿方式,它在这方面的意义得到加强。

在希腊征服后,新的亚历山大市成为埃及宗教生活的中心,乃至整个希腊世界宗教生活的中心。托勒密一世修建了伟大的寺庙塞拉比尤姆,三位一体的神被崇拜。即塞拉皮斯(欧西里斯和神牛的再次洗礼)、伊西斯和荷鲁斯的三位一体。它们没有被视为独立的神,而是作为一个神的三方面,塞拉皮斯被确定为希腊神宙斯,罗马朱庇特和波斯太阳神。这种崇拜遍及希腊影响能够延伸到的所有地方,甚至延伸到印度北部和中国西部。世界很快热情地接纳了这些不朽的理念,它的因果报应和来世补偿的观念,对于无可救药的悲惨生活,是一种安慰。塞拉皮斯被称为"灵魂的救星"。当时的赞美诗说道,"死后,我们仍然在他的眷顾照料之下"。伊西斯吸引了众多的信徒。她的形象树立在她的寺庙中,她是天堂中的女王,将婴儿荷鲁斯抱在怀里。蜡烛在她面前燃烧,还愿的祭品是给她的,光头的独身祭司们守候在她的祭坛旁边。

罗马帝国的崛起为这个日益增长的宗教崇拜打开了通往西欧世界的大门。

逃离特洛伊

塞拉皮斯—伊西斯的神庙，祭司们的吟诵和永生的希望，随着罗马扩展到苏格兰和荷兰。但塞拉皮斯—伊西斯也有许多的竞争对手。其中最突出的是密特拉教。这是一个起源于波斯的宗教，供奉太阳神，用牛作为祭品。在这里，相对于复杂老练的塞拉皮斯—伊西斯，它似乎更为原始。我们被重新带回到人类文化日石文化的流血牺牲中。在密特拉的遗迹中，公牛总是从侧面的伤口中流出大量的鲜血，从这鲜血中涌现出新的生命。密特拉教的信徒用献祭公牛的鲜血沐浴。在他出发的时候，他走到一个脚手架上，上面一只公牛被杀死，这样血就可以倒在他身上。

但是这些宗教，还有其他的许多平行的宗教崇拜，都在寻求前罗马皇帝统治之下奴隶和市民作为信徒，是个人的宗教。他们致力于个人的救赎和个人的不朽。而古老的宗教不是个人的，而是社会的。古代的神灵是把城市或者国家奉为第一，其次才是个人的。这些牺牲是公开进行的，而不是私人的行为。他们关心我们所在世界的集体实际需要。但是希腊人第一次把宗教逐出政治。罗马人也是这样做的。在埃及传统的指引下，宗教退到了另一个世界。

这些新兴的宗教，宣传永生，宣传灵魂永存，夺走了人们对于古代宗教的热情，但并没有真正取代它们。早期罗马皇帝的统治下，一个典型的城市会有许多寺庙，供奉各种各样的神。有可能是一个庙供奉的是古罗马神殿上的木星，它是伟大的罗马神，也有可能某个神庙供奉的是统治者恺撒。因为恺撒已经从法老那里学会了成为神的方式。在这样的神庙里面，严肃和庄严的政治崇拜在延续。人们会去寺庙，提供祭品、烧香以表示忠诚。但是在伊西斯神庙，那位天堂中亲爱的女王的寺庙里面，人们会带着自己的烦恼去寻求建议和解脱。可能有地方的和偏心的神，例如塞维利亚长期崇拜的是古迦太基的维纳斯女神。在某个洞穴或地下神殿一定会有密特拉神的祭坛，由军团和奴隶参加祭祀。也许，犹太人也会聚集在那里读《圣经》，并赞颂他们在地球上看不见的世界之主。

有时候，在涉及国家宗教的政治方面，犹太人会有一些麻烦。他们认为他们的神善于嫉妒，不能容忍偶像崇拜，他们拒绝参与对恺撒的公开祭祀。因为惧怕偶像崇拜，他们甚至不能向罗马旗帜敬礼。

在东方，如来佛祖之前的很长时间，曾经有过修道者，这些男男女女放弃

密特拉教，波斯4世纪浮雕

了大部分生活的乐趣，他们放弃了婚姻与财产，寻求精神的力量，用禁欲、痛苦和孤独的方式逃避世界的压力。如来佛祖本人坚决反对禁欲主义，但许多门徒过着禁欲式的生活。晦涩的希腊教派实践着同样的理念，甚至达到自残的程度。禁欲主义出现在朱迪雅和亚历山大市的犹太社区，发生在公元前1世纪。社区里的人们放弃了外部的世界，投身于自己的苦行和神秘的沉思之中，其中最为典型的就是爱色尼教派。在整个公元1世纪和2世纪，几乎全世界都是如此，都在寻找能够拯救痛苦时光的"救世主"。古老的秩序意识，对祭司、庙宇和法律习俗的古老信心，都已经消失了。在当时盛行的奴隶制，残忍、恐惧、焦虑、浪费、炫耀和忙碌的自我放纵，这种自我厌恶和心理上的不安全感很快蔓延开来，这种痛苦的寻找和平的努力，甚至是以克己和自愿的痛苦为代价。这些哭泣的忏悔者装满了塞拉皮斯神庙。很多人转变了信仰，进入到黑暗的密特拉洞穴进行忏悔。

第三十七章 | 耶稣的教学

正是在罗马的第一个皇帝奥古斯都·恺撒统治期间,基督教的耶稣诞生在朱迪雅。在他的名义下,一种宗教出现了,并注定要成为整个罗马帝国的官方宗教。

总体而言,现在把历史和神学分开更为方便。大部分信奉基督的人都坚信,耶稣就是犹太人首先认识到的上帝的化身。历史学家,如果他想成为历史学家,既不能接受也不能否定这一解释。肉身的耶稣出现,就像一个男人一样,而这是历史学家必须关注的男人。他出生于台比留·恺撒统治时期的朱迪雅,是一位先知。他以犹太先知的方式布道演讲。他是一位大约30岁的男人,在他的布道开始之前,我们对于他的生活方式一无所知。

关于耶稣的生活和教学,我们信息的唯一直接来源是《四福音书》。它们给我们提供了一幅非常有个性的场景。有人不得不说:"的确存在这样一个男人。这是不可能被编撰出来的。"但是,正如释迦牟尼的形象因为僵硬的蹲坐图而被扭曲和模糊化一样,耶稣的个性是简洁的、奋发的形象。这其实是现代的基督教艺术形象的虚幻性和规约性强加在他身上的。耶稣是一个穷教师,游荡在尘土飞扬的、日照稀少的国家朱迪雅,生活依赖于随意施舍的食物;然而他的形象一直非常洁净,头发经过仔细梳理,穿着一尘不染的衣裳,站得笔直,周围

耶稣30岁受洗

耶稣进入耶路撒冷

的一切一动不动,仿佛他在空中滑翔。这就使得他很虚幻,让人无法置信,对很多人来说,他们无法从经过粉饰的故事,寻找到真正的核心和真相。

假如我们能够剔除这些美化的语言,我们剩下的人物形象,就是一个非常认真、非常热情的人,他很容易愤怒,其教学形式新颖、简单,但是内容非常深刻。换句话说,他宣传的是上帝的万能慈爱,以及天国之父的到来。用一句俗语来说,他的确是人,是具备强烈磁性的人。他吸引了追随者,为他们注入爱和勇气。由于他的出现,他的鼓舞,体弱多病的人身体开始愈合。然而,他的体质可能比较弱,因为,他很快就死于十字架带给他的痛苦。按照惯例,他被要求自己携带十字架到执行场所。他在该国游历3年来传播他的教义,然后他来到耶路撒冷,但被指控试图在朱迪雅建立一个异端的国度;他试图反驳这一指控,但是却与其他两个小偷一起被钉在十字架上。早在这两人死之前,他的痛苦就结束了。

耶稣传授的天国的主要教义,肯定是激起和改变人类的思想的最具革命性的观念。如果当时的世界没有掌握它的全部意义是不足为奇的,甚至当时的人们能否理解其一半含义，这一点也是令人质疑的。正如耶稣所说的那样，天堂的教义，不是一种大胆的、不妥协的要求彻底净化我们生活的运动，而且是非常彻底的净化运动。对于福音书，读者们必须进行完全的学习。在这里，我们只涉及它对既定思想的影响。

犹太人被说服了，上帝是全世界唯一的神，上帝是正义之神，但他们同时还认为，上帝也会进行交易，因为上帝与他们的祖先亚伯拉罕进行了

耶稣在山上传道，卡尔·卜雷奇绘

关于犹太人的交易，这确实是一笔非常好的交易，使他们最后在地球上占主导地位。耶稣否认了这一交易的存在，他们非常沮丧和愤怒。耶稣教导他们说，上帝是不会做交易的，天国之中，没有选定的人，没有偏爱。上帝是所有生命的慈爱之父，就像太阳一样，不会给谁特别的恩惠。所有的人都是兄弟，在这位神圣的父亲面前，罪人的儿子和爱人的儿子，都是一样的。善良的撒马利亚人的格言之中，耶稣鄙视那些我们都服从的自然倾向，即美化自己的人，尽量减少其他信仰和其他种族的正当存在。在关于劳动者的比喻中，他推翻了犹太人对上帝有特殊要求的顽固主张。他教导说，上帝带到这个王国的所有人，他所赐予的都是一样的，在待遇上没有区别，因为他的恩赐是没有度量的。此外，作为被埋葬的天才见证者，以及寡妇螨实施的事件，他要求的是最大限度的行善。天国里没有特权，没有折扣，也没有借口。

让耶稣感到愤怒的不仅仅是犹太人的部落式爱国主义，还有特别强调家族忠诚的人也是如此。在上帝的爱的洪流中，他会扫除所有狭隘的家庭情感。整个天国都是他追随者的家庭。据说，"当他在与百姓说话的时候，他的母亲和弟兄站在那里，等着和他说话。有人对他说，看哪，你母亲和你弟兄站在那里，等着和你说话。耶稣回答告诉他的那个人说，谁是我的母亲？谁是我的弟兄？

耶稣向门徒伸出手来,说,看哪,我的母亲和我的弟兄们!凡遵行我天父的意志,就是我的弟兄、姐妹、母亲"①。

耶稣不仅以上帝是万能的父亲和全人类兄弟的名义打击所有的爱国主义和家族忠诚的制约,很明显,他的教学谴责经济体系的所有层次、所有的私人财富,和所有的个人特权。所有的人都属于天国;他们所有的财产都属于天国;对于所有的人,唯一的正义的生活,是我们所拥有的一切服务于上帝的意志。他一再谴责任何的私人财富和私人生活的保留。

"当他走入那条道路,有一个人跑来,跪在他面前,问道,仁慈的主人,我要做什么才可以承受永生?耶稣对他说,你为什么称我是仁慈的主人呢?除了上帝,没有人可以称为真正的仁慈。诫命你是晓得的,不可奸淫,不可杀人,不可偷盗,不可作假见证,不可欺诈,孝敬你的父亲和母亲。那个人回答说,主人啊,所有这些事情我从青年的时候就开始做了。耶稣看着他,充满爱意地对他说,你还缺少一件事情。去吧,变卖你的所有,分给穷人,然后你就在天堂中拥有了财产;然后,来,背着十字架,跟着我。他说这话的时候,那个人非常忧愁,然后就面带愁容地离开了,因为他有许多财物。"

"耶稣环视周围,对门徒说,有钱的人进上帝的王国,是何等地难啊!门徒都对他的话感到非常惊奇。耶稣又回答他们说,孩子们,倚靠财宝进入上帝的王国,有多难呢!骆驼穿过针眼,都比财主进入上帝的王国更为容易。"②

2 此外,耶稣为了使得所有人类信奉上帝的教义,他在讨论与上帝进行宗教契约的正义观时,几乎没有什么耐心。他讲话记录的一大组成部分,是攻击那些繁文缛节。那些自以为有道德的人和文士问他说,你的门徒为什么不照古人的传统,为什么不洗手就吃面包呢?他回答说,以赛亚已经预言了你的伪善,因为它写的是:

"这些人用言语来表示对我的尊敬"。

"但是他们的心远离我"。

"不过他们对我的崇拜是徒劳的"。

---

① 马太福音,十二,46-50。
② 马太福音,五,17-25。

"教义的教学,就是人们的戒条"。

"因为你们忘记了神的诫命,只知道持守人的传统,如同锅和杯的洗涤一样,你们所做的许多事,都是这样。耶稣对他们说,你们是完全拒绝神的诫命,而遵守自己的传统"。①

耶稣被示众,安东尼奥1871年绘

耶稣的宣讲不仅仅是道德和社会革命,也有明确的迹象表明,他的教学用最为简洁的方式表达出一种政治倾向。的确,他说他的王国不属于这个世界,它在人的心中而不在宝座之上。但同样清楚的是,无论在何处,在何种程度上,他的王国虽然建立在人类的心中,外面的世界都将在这一基础上发生革命性的变化,并创造出新的世界。

虽然听众的视而不见和听而不闻,可能错过了他的话语。但是,很显然,他们没有错过他。

彻底改变世界的决心。反对他的整个进程,

象征基督教的两条鱼

---

① 马太福音,七,1-9

第三十七章 | 耶稣的教学

以及他的审判和执行情况，都清楚地向他的同时代人表明，他的提议似乎非常简洁明了，所作所为也非常清晰可见，就是改变、融合和扩展人类的生活。

他的话语明确而简洁，难怪所有富有和富裕的人都会感到对陌生事物的恐慌，认为他像洪水猛兽一般可怕。他要求人们把从社会中获得的私人财产，纳入到普遍的宗教生活之中。他像一个可怕的道德猎人，把人类从迄今为止温暖的洞穴中挖掘出来。在他王国的白色光辉中，没有财产，没有特权，没有骄傲和优先权，没有动机，没有回报，只有爱。那些被蒙蔽和大声反对他的人，又有什么奇怪的呢？当他不能给门徒以特殊的恩惠时，甚至门徒们都会哭喊出来。祭司们意识到这个人和自己之间没有妥协性的中间选择，他们殊死反对，这又有什么奇怪的呢？罗马的士兵们，面对某些强加于他们理解力和纪律性的东西，感到震惊，又有什么奇怪的呢？他们只能用狂野的笑声掩饰自己，用荆棘来加冕他，给他穿上紫色的长袍，然后给他扮成一个虚假的"恺撒"？严肃地对待他，就是进入一种奇怪而令人震惊的生活，抛弃习惯，控制本能和冲动，去寻求一种难以置信的快乐……

第三十八章 | 基督教教义的发展

在《四福音书》中，我们发现了耶稣的人格和教义，但几乎没有涉及基督教教会。它是耶稣追随者在一系列作品中，才铺设出基督教信仰的广阔边界。

圣保罗是基督教教义的创始人之一。他从未见过耶稣，也没有听过他讲道。保罗的原名叫撒乌耳。最初，他是钉十字架事件那一小组信徒的积极迫害者。后来他突然皈依了基督教，改名叫保罗。他智商极高，对当时的宗教运动抱有极大的热情。他精通犹太教、密特拉教和当代的亚历山大宗教。他把自己的许多想法和表达方式带进了基督教。他很少扩大或发展耶稣关于天国的原始教学。但他教导说，耶稣不仅是被承认的基督，而且是犹太人承认的领袖，他的死是一种牺牲，就像古代原始文明牺牲的牺牲者一样，都是为了人类的救赎。

当宗教共同繁荣的时候，他们往往会关注彼此的礼仪和其他外在的特点。例如，中国现在几乎所有的佛教寺庙、僧侣都同道教相同，其依据就是老子的学说。然而，佛教和道教的最初教义几乎是完全对立的。同样毫无疑问的是，基督教不仅接纳了亚历山大及密特拉信仰中剃头的祭司、还愿的贡品、祭坛、蜡烛、唱诵和图像这些形式上的东西，甚至采用了虔诚的短语和他们的神学观念。与这些兴盛的宗教并排的还有许多次要的教派。每一个

圣保罗画像

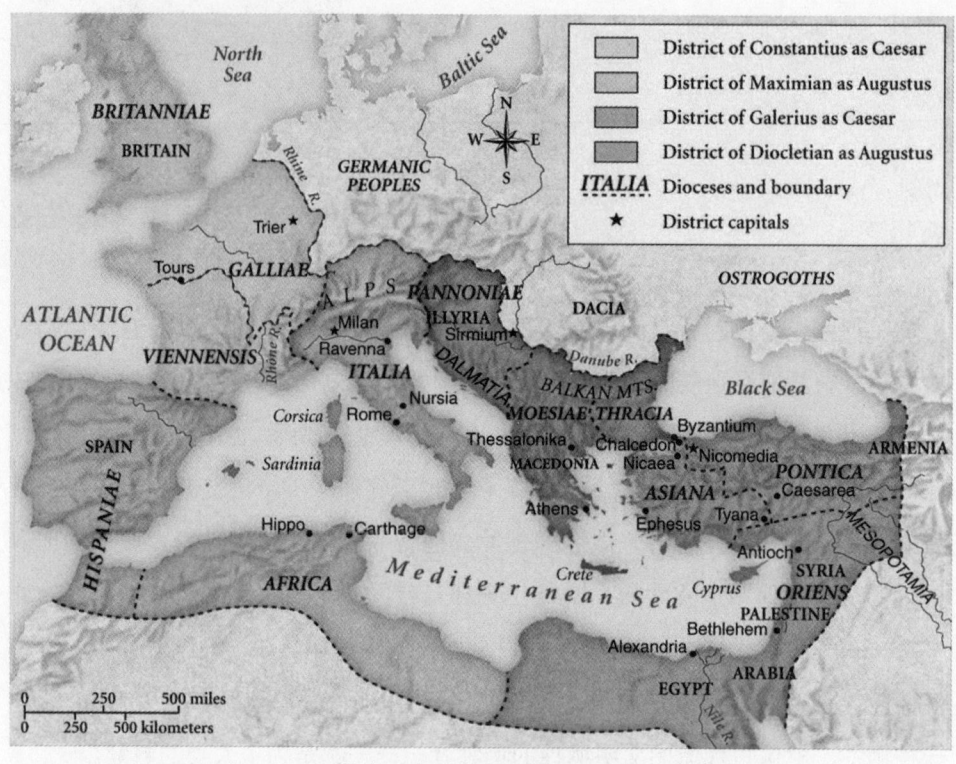

戴克里先时期罗马政治版图

都在寻求追随者,它们之间存在一个经常来来去去的转换器。有时一个或另一个宗教派别会赞成政府。但基督教被认为比其竞争对手更值得怀疑,因为,像犹太人一样,其信徒不会在行为上向凯撒神致敬。这使其除了耶稣教学中的革命精神之外,它成为煽动性的宗教。

圣保罗使他的信徒们熟悉耶稣的想法,像奥西里斯一样,是死而复活的神,能够使人永生。目前,不断扩展的基督教社会被这一上帝耶稣与人类之父的复杂关系的神学争论撕裂。阿里乌教,教导说耶稣是神圣的,但远不如天父。撒伯里乌派教导说,耶稣只是天父的一个形态,神同时是耶稣和父亲,就像一个人可能同时是父亲和技师一样。三位一体论者的学说更为微妙,上帝是一个,也是三个,圣父、圣子和圣灵,是三位一体的。一时间似乎阿里乌教派战胜了对手,然后经过争论、暴力和战争,三位一体公式成为所有基督徒公认的教义。

在这里,我们对这些争论不予以点评。就像耶稣的教学那样,他们不可能改变历史。耶稣的个人教学似乎标志着我们种族精神生活的一个新阶段。它坚持上帝是万能的父亲，所有人都是隐性的兄弟，它坚信每个人都是寺庙中活着的神，具有神圣不可侵犯性，这些主张对所有后来的人类社会和政治生活有非常深远的影响。随着基督教和耶稣教义的传播，对人的新的尊重出现了。基督教敌对的评论，认为圣保罗宣传奴隶般的顺从，但同样真实的是，《四福音书》记载的耶稣学说的基本精神，反对人对人的征服。更明显的是，基督教反对在竞技场的角斗，认为这是粗暴践踏人类尊严的行为。

在耶稣基督之后的两个世纪，基督教传遍整个罗马帝国，把越来越多的皈依者组合在一起，形成了具备成新的社会思想和意志的团体。皇帝的态度在敌视和容忍之间摇摆。在公元2世纪和3世纪，他们曾经试图禁止这一新的信仰；最后在公元303年之后，戴克里先皇帝进行了一场大型的迫害。教会积聚的大量财产被收缴，所有的《圣经》和宗教著作被没收和销毁，基督教徒不再受到法律的保护，许多人遭受迫害。书籍的破坏特别引人注目。它显示了在传播信念方面，书籍的力量是多么强大。基督教和犹太教，是"图书的宗教"，是受教育的宗教。他们继续生存在很大程度上取决于人们能够阅读并理解其教义思想。旧宗教对个人智力没有吸引力。在欧洲西部的野蛮混乱时代，基督教教堂主要是保存学习传统的工具。

戴克里先的迫害未能完全抑制正在成长的基督教社区。在许多省份，这一迫害无法生效，因为大部分人和许多官员都是基督徒。公元317年，皇帝加莱里乌斯发布了宽容法令，公元324年，伟大的康斯坦丁大帝，在临终前受洗皈依基督教，成为罗马世界唯一的统治者。他放弃了一切神圣的称号，把基督教的符号放在他军队的盾牌和旗帜之上。

几年后，基督教被确立为帝国的官方宗教。与其竞争的宗教要么消失，要么非常迅速地被吸收。公元390年，狄奥多西大帝摧毁了亚历山大市的朱庇特神像雕塑。从5世纪初起，罗马帝国唯一的祭司或庙宇都是基督教的牧师和庙宇。

第三十九章 | 野蛮人把帝国分裂成东西方

在整个3世纪，罗马帝国的情形是每况愈下，社会变得日益腐朽，精神上也日益走向分裂，并且面临野蛮人的威胁。这一时期的皇帝，都是非常好战的军事独裁者，帝国的首都为了适应军事政策的需要在不断转移。时而，帝国的总部在意大利北部的米兰，也可能在现今塞尔维亚的西米乌姆或尼什，还有可能在小亚细亚的尼科美底亚。罗马在意大利的中间，距离利益中心太远，不方便成为帝国中心，成为一座衰落的城市。在帝国的大部分地区，和平仍然居于主导地位，人们没有武器。军队仍然是权力的唯一场所。皇帝，依赖于他们的军团，对帝国其余部分的统治变得越来越专制，越来越像波斯等东方国家的君主。

狄奥多西时期的塞萨洛尼基大屠杀

戴克里先甚至戴上了王冠，穿上了东方式的长袍。

在帝国的边疆，大致沿着莱茵河和多瑙河，敌人正在向此推进。法兰克和其他日耳曼部落来到莱茵河。北方，是汪达尔人；在曾经是达契亚，现在是罗马尼亚的地区，是西哥特人。位于其后的是在南俄罗斯的东哥特人和东哥德人，随后又有伏尔加地区的阿兰人。现在蒙古民族被迫走向欧洲。匈奴人的部落迫使阿兰和东哥特人向西方推进。

在亚洲地区，罗马的边界在复兴的波斯的推动下，被迫撤退。这个新的波斯，处于萨珊王朝国王的统治下，充满

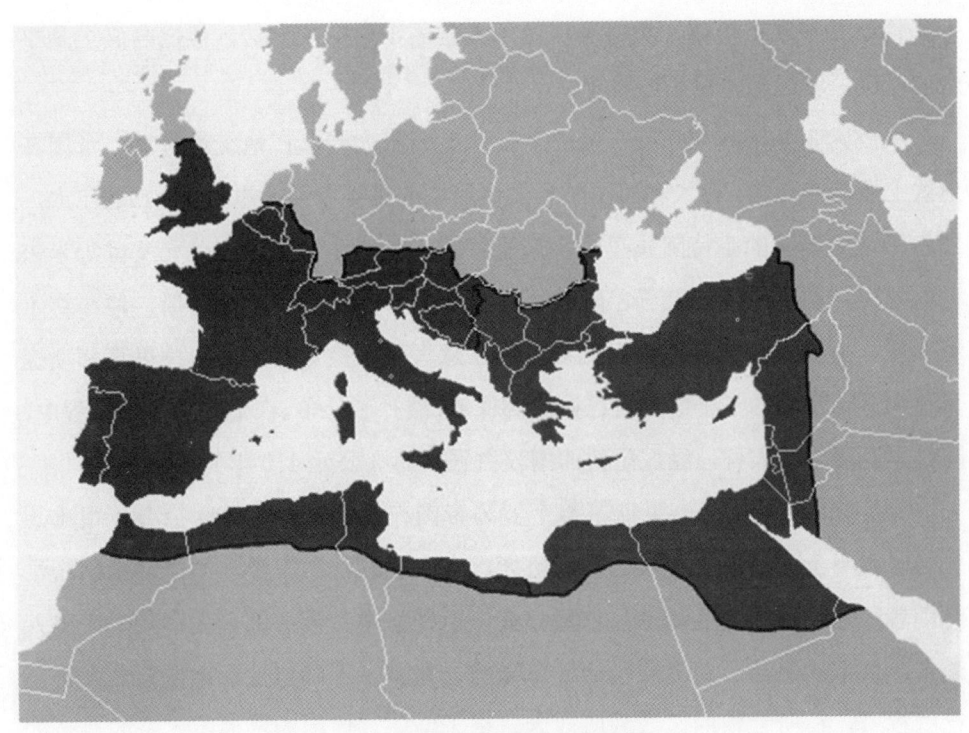

395年东西罗马帝国分裂的地图

活力,未来的 3 个世纪中,是罗马帝国在亚洲的强有力对手。

一个更有活力的帝国可能重新征服达契亚,但罗马帝国没有任何这样的活力。康斯坦丁大帝当然是一位非常敬业和智慧的君主。在关键的巴尔干地区,他击退了来自哥特人的入侵。但他没有力量使边界越过多瑙河。令他操劳的是帝国内部的弱点。他试图用团结和基督教来复兴没落帝国的精神道德力量,决定在达达尼尔海峡建立一个拜占庭的新的永久性首都。这个新的拜占庭,被重新命名为君士坦丁堡,代表着他的荣誉,他死的时候仍然在建设之中。他统治的末期发生了一笔非凡的交易。汪达尔人被哥特人施压,要求被接纳到罗马帝国中去。他们被分配到潘诺尼亚,即现在的匈牙利西多瑙河的一部分,他们的战士成为名义上的军团。但这些新的军团仍然归属于他们自己的首领下,罗马未能吸收它们。

康斯坦丁死于重组其伟大帝国的工作,很快其边界被再度撕裂,西哥特人几乎抵达了君士坦丁堡。他们在阿德里安堡(属于现在的保加利亚)击败了皇帝瓦伦斯并签署了协议，类似于汪达尔人在潘诺尼亚的定居。他们名义上是皇帝的臣民，实际上他们是征服者。

从公元379年到395年在位的皇帝狄奥多西大帝，在他统治时期，帝国在形式上还是完整的。意大利的军队和潘诺尼亚的主事者斯提里科，是汪达尔人，巴尔干半岛军队的主持阿拉里克，是哥特人。狄奥多西大帝在公元4世纪末去世的时候，留下了两个儿子。阿拉里克支持其中的一个阿卡迪乌斯，他在君士坦丁堡；斯提里科支持霍诺里厄斯，他在意大利。换句话说，阿拉里克和斯提里科为了让帝国的王子成为自己操纵的傀儡，展开了斗争。在他们的斗争过程中，阿拉里克进军意大利，经过短暂的围攻占领罗马（公元410年）。

5世纪的前半部分，见证了整个罗马帝国在欧洲被蛮族军队掠夺。很难想象当时世界上的情况。在法国、西班牙、意大利和巴尔干半岛，早期帝国统治时期曾经蓬勃发展的大城市，依然存在，但是非常贫困，部分人口减少，陷入衰退。他们的生活一定是狭隘的，卑微的，充满了不确定性。地方官员宣告自己的权威，在所管辖的区域为所欲为，毫无疑问，使用的是遥不可及的皇帝的名义。教堂继续存在，但牧师通常目不识丁，几乎不能阅读，只是在宣扬迷信和恐惧。但是在抢劫者破坏之外的其他地区，书籍和图片、雕塑等艺术作品仍然可以找到一些遗迹。

农村的生活也退化了。相比以前，整个罗马世界更为软弱和凌乱。在一些地区，战争和瘟疫使得土地基本进入了荒废的状态。道路和森林里到处都是强盗。在这些地区，野蛮人入侵，很少或根本没有人反对他们，反而把他们的首领推举为统治者，并伴有罗马的官方头衔。如果他们是半开化的野蛮人，他们会给被征服地区提供可接受的条件，他们占领城镇，进行交往和通婚，并掌握（有

康斯坦丁大帝头像

口音的）拉丁语；但朱特人、盎格鲁人和撒克逊人，他们征服了罗马的不列颠省，这些人是农学家，认为城镇没有什么作用，他们似乎驱逐了英国南部的那些罗马人口，用日耳曼方言取代了他们的语言，这便成为后来的英语。

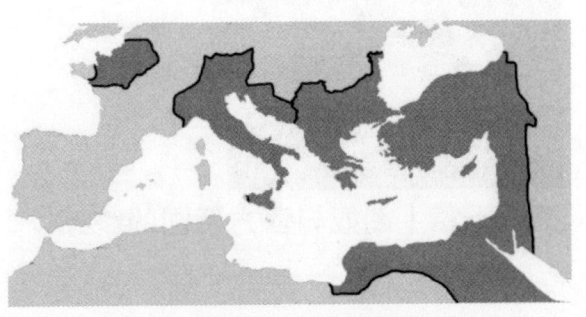

476年东西罗马帝国的版图

我们书籍的篇幅有限，不可能追踪每一个斯拉夫和斯拉夫部落的轨迹，他们在杂乱无章的帝国之内，来来回回掠夺，寻找快乐的家园。现在，我们以汪达尔人为例。他们进入了日耳曼东部地区的历史之中。我们已经说过，他们定居在潘诺尼亚。公元425年，他们通过中间的省份来到西班牙。他们发现来自南俄罗斯的西哥特人和其他日耳曼民族已经推举了公爵和国王。根泽里克率领的汪达尔人从西班牙驶向北非（公元429年），占领了迦太基（公元439年），并建立了一支舰队。他们掌握了制海权，占领并掠夺罗马（公元455年），当时的罗马还没有完全从半个世纪前阿拉里克的劫掠中恢复过来。随后，汪达尔人占领了西西里岛、科西嘉、撒丁岛和大多数西地中海岛屿，成为事实上的海上霸主，程度相当于千年前迦太基的海上帝国。他们的权力大约在公元477年达到顶峰。他们属于占领这些国家的少数征服者。在下个世纪，在查士丁尼一世创造的短暂辉煌之中，几乎所有他们的领土都被君士坦丁堡帝国重新征服。

汪达尔人的故事，是一系列类似冒险的样本。但是我们现在进入的欧洲世界，面临着一个亲缘关系最小、最可怕的破坏者，黄色人种的匈奴、鞑靼，黄种人积极而能干，这是西方世界以前从未遇到过的对手。

第四十章｜匈奴与西方帝国的终结

在欧洲，蒙古征服者的出现可能标志着人类历史的一个新阶段。直到5世纪或基督纪元之前，蒙古人和北欧人民并没有紧密的联系。在遥远的冰冻的土地以外的北部森林的拉普人，是蒙古的一个人种，渐渐向西来到拉普兰，但他们在历史主流中没有什么地位。上千年来，西方世界主要是雅利安人、闪米特人和暗白人种之间戏剧般的相互作用，很少有黑人向南的进攻，或者来自远东地区蒙古世界的袭击（埃塞俄比亚入侵埃及这样的事件除外）。

导致蒙古游牧部落向西漂移有两个主要原因。一个是中华大帝国的巩固，它向北延伸，并且在汉王朝的兴盛时期人口急剧增长。另一个是气候变化的过程降水量减少，导致沼泽和森林的废弃；或者是更大的降雨，在沙漠地带扩展了放牧的草原，甚至也许这些过程发生在不同的地区，但的确促进了向西迁移的

阿提拉引导匈奴人入侵意大利

过程。还有一个影响因素是恶劣的经济情况，源于罗马帝国的内部衰减和下降的人口。罗马共和国后期的有钱人的活力，被军人皇帝的税吏消耗殆尽。所以黄色人种迎来了一个很好的机遇。他们面临来自东方的压力，面临西方的腐朽以及由此敞开的道路。

公元 1 世纪，匈奴人已经抵达欧洲东部的俄罗斯边界，但直到公元 4 世纪和 5 世纪，这些马背上的民族开始在草原占据优势。5 世纪是匈奴的世纪。第一批进入意大利的匈奴人是受雇佣的，或者受雇于斯提里科，或者受雇于霍诺留的汪达尔人。他们很快控制了汪达尔人的空巢潘诺尼亚。

公元 5 世纪的第二个 25 年，匈奴出现了一位伟大的战争领袖——阿提拉。对于他的权力，我们只能模糊地探讨一下。他统治的不仅是匈奴，还有进攻的日耳曼部落。他的帝国从莱茵河穿过平原进入中亚。他与中国交换使节。他的营地位于多瑙河以东的匈牙利平原。在那里，君士坦丁堡的特使普利斯库斯访问了他，也正是这位特使给我们留下了关于这个国家的记述。这些蒙古人的生活方式很像他们所替代的原始雅利安人的生活方式。普通百姓住在小棚屋和帐

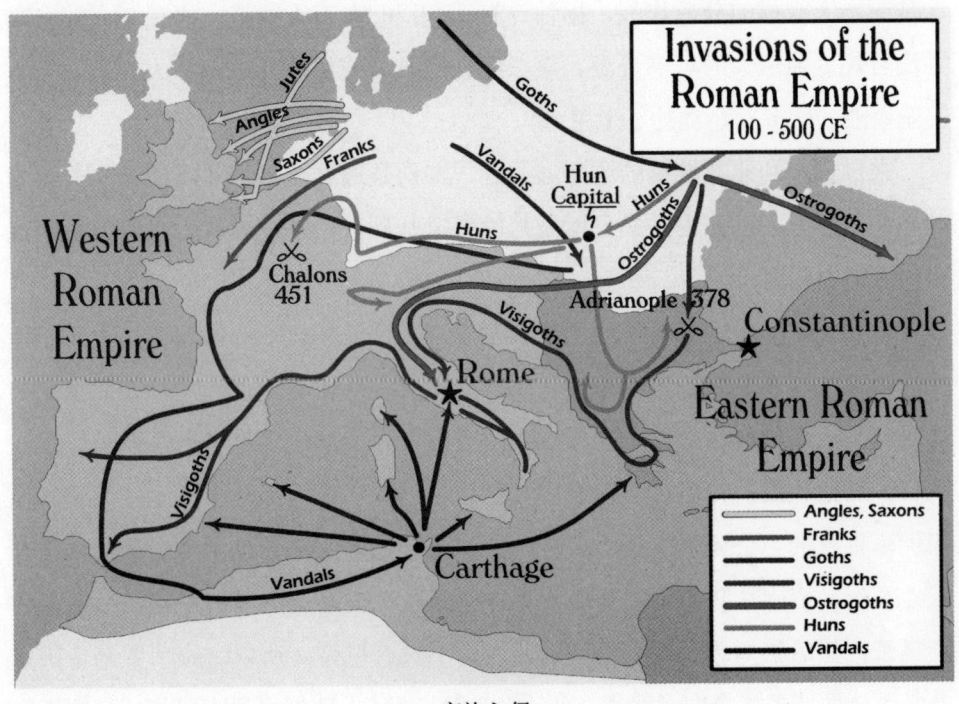

蛮族入侵

第四十章 | 匈奴与西方帝国的终结　　171

篷里面；首领住在木头围建起来的大厅里面。在那里，举行宴会，人们饮酒，还有吟游诗人的歌唱。荷马的英雄，甚至马其顿的同伴亚历山大都可能觉得，相比正统治着君士坦丁堡的狄奥多西二世那堕落的宫廷，在阿提拉的营地感受更多。

一时间，似乎匈奴和阿提拉领导下的牧民对于地中海国家的希腊—罗马文明所做的一切，就像野蛮的希腊人在很久以前对爱琴海文明的所作所为。看起来，历史在一个更大的舞台上重演。但是匈奴人比早期希腊人更加执着于游牧生活，早期的希腊人不是真正的游牧民族而是迁徙的农场主。匈奴人发动袭击和抢劫，但是一直没有真正定居下来。

一些年来，阿提拉故意欺侮狄奥多西。他的军队破坏、抢劫，直抵君士坦丁堡的城墙下，吉本说他至少摧毁了巴尔干半岛的70座城市，狄奥多西收买他，向他进贡，试图摆脱他，并派遣了密探去暗杀他。公元451年，阿提拉把注意力转向了讲拉丁语的那一半帝国，侵略了高卢。在北部，几乎高卢的每个城镇都被攻陷。法兰克人，西哥特人和帝国军队联合起来反对他，他在特鲁瓦被击败，这是一场大规模的分散作战，据估计有15万和30万人被杀。他在高卢的失败并没有耗尽他巨大的军事资源。第二年，他取道威尼西亚进入意大利，烧毁了阿奎莱亚、帕多瓦，洗劫了米兰。

来自意大利北部城镇的这些逃命者，特别是逃到亚得里亚海最前面的潟湖各岛屿的那些人，奠定了威尼斯城邦的国家基础，后来发展成为中世纪最为重要的贸易中心之一。

公元453年，阿提拉突然死于庆祝他与一个年轻女子的婚姻盛宴上。在他死后，他的掠夺性联盟土崩瓦解。真正的匈奴人从历史上消失，融入周围众多的雅利安语系的群体。但这些匈奴人的袭击实际上促成了拉丁语系罗马帝国的灭亡。在他死后，先后有10个皇帝统治了罗马20年，都是由汪达尔人和其他雇佣军拥立的。公元455年，来自迦太基的汪达尔人洗劫了罗马。最后，在公元476年，蛮族军队的首领鄂多亚克，镇压了一位潘诺尼亚的罗穆卢斯·奥古斯皇帝，然后告知君士坦丁堡朝廷，西部不再有皇帝。所以，拉丁罗马帝国以非常不体面的形式走向了终点。公元493年，哥特人狄奥多里克成为罗马国王。

在欧洲中部和西部，野蛮人首领都成为在位的国王、公爵等，实际上相互独立，但大部分都在表面上对皇帝表示效忠。这种事实上独立的强盗统治者有上千人。在高卢、西班牙、意大利和达契亚，拉丁语依然盛行，只不过在地方层面有所变化。但在英国和莱茵河东部，日耳曼语（或在波西米亚的斯拉夫语，捷克）在谈话中更为常见。优越的神职人员和其他小规模的受过教育的人，他们用拉丁语阅读和写作。到处都是不安全的生活，财产被强大的力量占据。城堡成倍增加，道路被不断破坏。公元6世纪的初始阶段，是一个分裂的和智力黑暗的时代，整个西方世界都是如此。如果不是因为修道士和基督教传教士，拉丁语的学习可能已经完全消亡了。

为什么罗马帝国能够成长起来，为什么最终又走向腐朽衰败？它的成长，是因为最初的公民身份的想法把大家凝聚在一起。在共和国不断扩展的那些日子里，甚至在早期的帝国时代，仍然有许多人非常看重罗马公民的身份，感受到罗马公民的特权和义务，对罗马法充满自信，愿意以罗马的名义牺牲他们的权利。罗马作为公正、伟大和法律的声誉，已经超越了罗马的边界。但是，甚至早在布匿战争时期，公民的身份意识被财富和奴隶的增长而削弱。当时传播的是公民的身份，而非公民的观念。

罗马帝国的组织毕竟是非常原始的。它没有教育，没有对其越来越多的公民解释自身的状况，没有邀请他们共同参与决定。没有学校的网络，以确保共同的理解，没有新闻的分布以维持集体活动。冒险者们为了权力而斗争，自马略和苏拉以来，在处理帝国事务的时候，他们一直没有动员公众的参与。公民精神死于饥饿，没有人注意到它的死亡。所有的帝国，所有的国家，人类社会的所有组织，最终都是理解和意志的事物。世界上已经没有罗马帝国的意志，所以它就走向了终点。

但是，虽然讲拉丁语的罗马帝国在公元5世纪结束了，但在它里面诞生了另一种东西，那就是天主教堂的讲拉丁语的那一半。帝国死亡之后，它仍然存在，迎合了人们的思想和意志。它有书籍，有伟大的教师和传教士系统，这些东西比任何法律或军团都更有力度。公元4世纪和5世纪，帝国正在衰退，基督教传遍欧洲，确立了普遍的支配地位。它征服了它的征服者野蛮人。当阿提拉似乎准备向罗马进军时,罗马教皇拦住他,做了任何军队都做不到的事情,运用纯粹道德的力量阻止了他。

罗马教皇声称自己是整个基督教教会的首领。既然没有皇帝了,他就开始吞并帝国的头衔。他拥有最高祭司的头衔,这是皇帝所有头衔中非常喜欢的最古老的头衔。

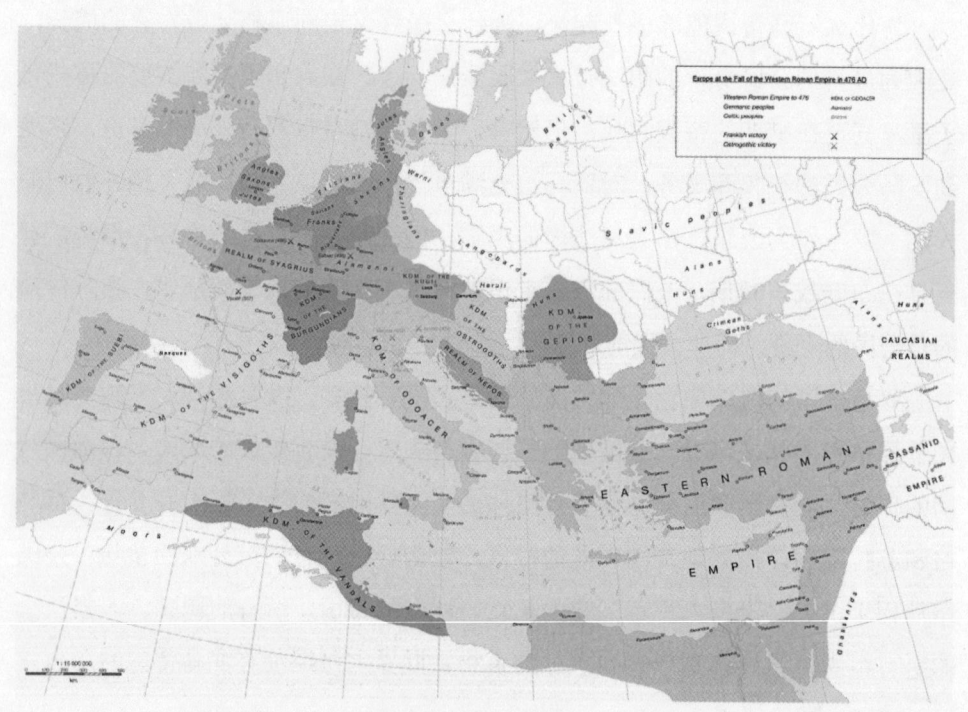

476年蛮族建立的国家

第四十一章 | 拜占庭帝国和萨珊帝国

罗马帝国讲希腊语的东半部比西半部表现出更多的政治韧性，它使得公元5世纪的灾难得以化解。阿提拉对皇帝狄奥多西二世进行了威胁，几乎进逼到君士坦丁堡的城墙，但城市得以保持完整。努比亚人来到了尼罗河，洗劫了上埃及，但下埃及和亚历山大市仍相当繁荣。大部分小亚细亚反对萨珊波斯人。

公元6世纪，对西部来说是一个黑暗的时代，但却见证了希腊力量的伟大复兴。查士丁尼一世（公元527年至565年）是一位具有勃勃野心、精力充沛的统治者，他娶了皇后提奥多拉，这个女人出身于演员，能力与他基本持平。他再次征服北非的汪达尔人，并从高卢人那里重新得到了大部分的意大利。他甚至收复了西班牙南部。他没有把精力限制在海军和军事事业上。他创办了一所大学，在君士坦丁堡建立了圣·索菲亚大教堂，组织罗马法编纂。但是为了消灭他大学的对手，他关闭了设在雅典的哲学学院，这所学校自柏拉图时期一直没有间断地延续下来，也就是说存在了将近1000年的时间。

自公元3世纪起，波斯帝国一直是拜占庭的顽强对手。这两个帝国使小亚细亚、叙利亚和埃及处于永远的动乱和荒废的状态。在公元1世纪，这些地区仍处于高度文明、

查士丁尼大帝马赛克图

富裕的状态，有充足的人口资源，但军队和屠杀的持续往来，掠夺和战争税导致其逐步衰退，直到城市粉碎和毁灭，最终只剩下农村分散的农民。在这凄凉的过程中，到处充满了贫困和无序，下埃及的情况也许没有世界其他地区那么糟糕。亚历山大市，像君士坦丁堡一样，仍然在东西方之间进行贸易，不过贸易额在逐渐减少。

在这两个充斥战争和腐朽的帝国里，科学和政治哲学似乎已经消亡了。雅典最后的哲学家们，直到他们被压制之前，一直以无限的崇敬和渴望理解的心情，保存了过去伟大文学的文本。但是世界上再也没有自由的绅士，他们有着大胆而独立的思想习惯，能够在这些著作中体现坦率的陈述和询问的传统。社会和政治的混乱导致了这一阶层的消失，但是关于人类的智力为什么在这个年代如此贫瘠，还有另一个原因。在波斯和拜占庭，无论何时都没有宽容的氛围。两个帝国都是一个新的宗教帝国，在某种程度上阻碍了人类思想的自由活动。

当然，世界上最古老的帝国都是宗教帝国，集中崇拜某一个神或者神一般的君王。亚历山大被视为上帝，恺撒被视为神，他们都有自己的祭坛和寺庙，

626年拜占庭与萨珊波斯的君士坦丁堡之战

焚香也被认为是对罗马国家的忠诚度测试。但这些古老的宗教本质上是行为和事实的宗教。他们没有侵入心灵。如果一个人献上祭品，向上帝鞠躬，他不仅会想，而且几乎可以说他喜欢的任何事。但是，自从新的宗教，特别是基督教面世以来，宗教转向内在。这些新的信仰要求的不仅是简单的顺从，而是理解性的信仰。自然而然地，激烈的争论发生在事物的确切含义方面。这些新宗教是信仰宗教。世界面临着一个新的词汇，"正教"，并且要确保行为、讲话和私人思想都要限定在一套教义的范围内。对于持有错误的意见并要传达给其他人的做法，不再被视为一个智力缺陷，而是道德上的错误，可能会被谴责为一个永久毁灭的灵魂。

阿尔达希尔在公元3世纪创立了萨珊王朝，康斯坦丁大帝在公元4世纪重建了罗马帝国，他们最后都向宗教组织寻求帮助，因为通过这些组织，他们看到了一种新的利用和控制人类意志的方法。在公元4世纪结束之前，帝国一直在迫害言论自由和宗教创新。在波斯，阿尔达希尔创立了波斯的拜火教（或查拉图斯特拉教），连同牧师、教堂，以及在祭坛上燃烧的神圣的火，其目的是准备让其成为自己国家的宗教。公元3世纪终结之前，拜火教一直在迫害基督教。公元277年，摩尼，新信仰摩尼教的创始人，被钉死在十字架上，他的身体被剥皮。君士坦丁堡，也在忙于寻找基督教异端。摩尼教的理念搅乱了基督教，导致基督教必须用猛烈的方法进行斗争；反过来，来自基督教的思想也在影响着拜火教教义的纯洁。所有的想法都被怀疑。科学，它要求无忧无虑的心灵自由行动，但是在这个不宽容的时代，科学彻底地衰落了。

战争是最痛苦的神学，和人类通常的恶习一起，构成了拜占庭那些日子的场景。风景如画，很浪漫，有点甜，有点淡。当拜占庭和波斯不再面临北方人的侵袭的时候，他们决定在小亚细亚和叙利亚地区开展，这里完全充斥了沉闷和敌意。即使是紧密联盟，这两个帝国也会发现要驱赶野蛮人，恢复他们的繁荣是一项艰巨的任务。突厥人和鞑靼人首次作为联盟走进历史，它们先是这一方的盟军，随后又成为另一方的盟军。公元6世纪，这两个主要的对手是查士丁尼和克斯洛埃斯一世；在公元7世纪的开端，皇帝赫拉克利乌斯对抗的是克斯洛埃斯二世（公元580年即位）。

赫拉克利乌斯将真十字架
交还耶路撒冷

首先，直到赫拉克利乌斯成为皇帝（公元610年），克斯洛埃斯二世夺走了他面前的一切，拿到了安条克、大马士革和耶路撒冷，他的部队抵达了迦克墩，在小亚细亚反对康斯坦丁。619年，他征服了埃及。然后赫拉克利乌斯杀回国内，并且在尼尼微（公元627年）击败了波斯军队，虽然当时波斯在卡尔西登还有军队。628年，克斯洛埃斯二世被废黜，被他的儿子卡瓦德谋杀，两个帝国都筋疲力尽，彼此之间出现了不确定的和平。

拜占庭和波斯之间进行了最后一场战争。但很少有人预见到暴风雨即将来临，它聚集在沙漠，要永远结束这样漫无目的的、慢性的斗争。

当赫拉克利乌斯正在叙利亚维持秩序的事后，他收到了一封信。它被带到帝国在大马士革南部的波士特拉的前沿阵地。信用阿拉伯语书写，这是一个不起眼的犹太沙漠的语言，这条信息经过翻译被读给皇帝听。信件来自一个自称为"神的先知穆罕默德"的人，它呼吁皇帝承认真正的上帝，并为他服务。皇帝说了什么，没有留下记录。

同样的信息被传达给泰西封的卡瓦德，他非常生气，撕毁了信件，赶走了使者。

这个穆罕默德，似乎是一个贝都因领导人，总部在一座小沙漠的城市麦地那。他在创建一种新的宗教，宣扬信奉唯一的神。

"主啊，既然如此！"他说，"把卡瓦德的国家分裂吧。"

第四十二章 | 中国的隋朝和唐朝

在整个第 5 世纪到第 8 世纪，蒙古人一直稳步西进。阿提拉的匈奴只不过是这次西进的先驱，最终率先定居于芬兰、爱沙尼亚、匈牙利和保加利亚。在那里，他们的后代，讲的语言类似于突厥语，一直生存到今天。事实上，蒙古游牧民族，对于欧洲的雅利安文明、波斯和印度扮演的角色，就如同 10～15 个世纪之前，雅利安人对爱琴海和闪米特文明的角色一样。

在亚洲，突厥人民曾在现在的中亚地区生根，波斯任命了许多突厥官员，并拥有突厥雇佣兵。帕提亚人早已从历史中消失，并入到波斯的总人口之中。在中亚的历史上，已经没有雅利安游牧民族，蒙古人已经取代了他们。突厥人成为亚洲从中国到里海的掌权者。

在公元 2 世纪末，粉碎了罗马帝国的同样大瘟疫推翻了中国的汉朝。经过一段分割时期和野蛮的征服后，中国重新恢复了活力，比欧洲更为迅速和彻底，这似乎是命中注定。公元 6 世纪末期，中国在隋朝统治下重新获得统一，在赫拉克利乌斯时代，隋朝让位给唐王朝的统治，唐朝的统治标志着中国另一个伟大繁荣时期的到来。

在第 7 世纪、第 8 世纪和第 9 世纪，中国一直是世界上最安全的、最文明的国家。汉朝已经把边界扩展到北方的边境；隋唐则把文明传到南方，中国的领土疆界

唐步辇图

和今天接近。在中亚，它确实走得更远，最后越过朝贡的突厥部落，延伸到了波斯和里海。

一个新的中国出现了，这是一片与旧中国完全不同的土地。

展子虔游春图

一个新的、更加活跃的文学流派出现了，诗歌复兴了，佛教哲学思想和宗教思想发生了革命性的变化。艺术作品、技术和生活设施都有很大的进步。茶叶首次使用，纸制造和木刻印刷开始出现。在这些世纪里面，数以百万计的人确实是过着有序、优雅和亲切的生活，而当时的欧洲人口、西亚的人们或者生活在小城市或冷酷小屋里，或者居于强盗活跃的地区。西方人的头脑充斥着黑色的神学观念，而中国的思想则是开放、宽容和探寻型的。

唐代最早的君主是唐太宗，他从627年开始执政，即赫拉克利乌斯在尼尼微取得胜利的那一年。他接待了赫拉克利乌斯派来的一位大使，其目的可能是在波斯的后方寻求盟友。从波斯那里则来了一批基督教传教士（公元635年）。他们被允许向唐太宗解释自己的信条，他查阅了他们翻译的《圣经》。他宣布这个奇怪的宗教可以接受，并允许建立一个教堂和修道院。

公元628年，穆罕默德也给这位君主带来了消息。他们乘坐一艘贸易船从阿拉伯沿印度海岸航行，来到广州。不同于赫拉克利乌斯和卡纳德，唐太宗礼貌地倾听了这些使者的说法。表现出对神学思想的兴趣，并帮助他们在广州建了一座清真寺，据说这座清真寺是世界上现存最古老的清真寺。

第四十三章 | 穆罕默德和伊斯兰教

如果一位历史的业余爱好者研究了公元7世纪之初的状况,他可能会进行这样的推论,整个欧洲和亚洲终将都被蒙古人控制。西欧混乱无序,没有任何联合的迹象,拜占庭帝国和波斯帝国显然决心要同归于尽。印度也被分裂,国力被浪费。另一方面,中国是一个不断扩张的帝国,可能当时在人口上超过了欧洲,突厥人在中亚地区的势力日益增长,这与中国的方式基本一致。这样的预言并非荒谬的论断。第13世纪时,一个蒙古霸主统治了从多瑙河到太平洋的地区,土耳其王朝注定要统治整个拜占庭帝国和波斯帝国、埃及和大部分的印度地区。

我们的预言家很有可能在以下的预测方面犯错误,他们低估了欧洲拉丁那一端的恢复能力,忽视了阿拉伯沙漠的潜在力量。阿拉伯似乎在相当长的时间里被遗忘,成为争吵不休的游牧部落的避难所。到现在为止的1000年里,没有任何闪米特人建立大型帝国。

突然,贝都因人爆发了一个世纪的短暂辉煌。从西班牙到中国的边界,他们传播自己的规则和语言。他们给世界带来了一种新的文化。他们创造了一种宗教,至今仍是世界上最重要的力量之一。

这位点燃阿拉伯之火的人,叫做穆

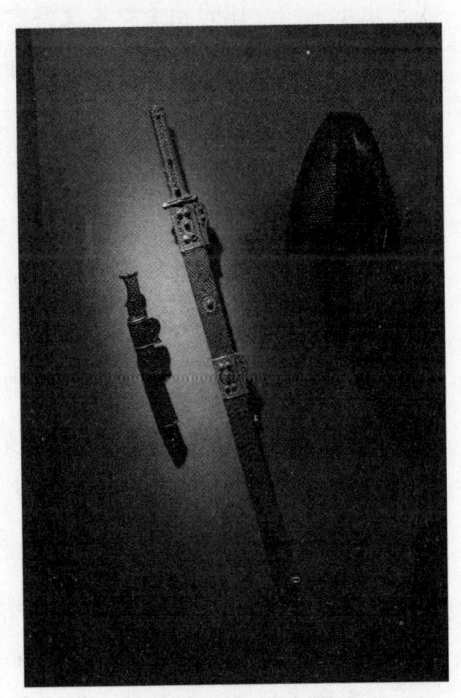

7世纪初沙漠人的武器

克尔白天房

罕默德，人们第一次知道他的时候，他的身份是麦加富商遗孀的年轻丈夫。在他40岁之前，他基本上是默默无闻的人。他似乎对宗教讨论有浓厚的兴趣。麦加是一个异教徒的城市，有一块黑色的石头供奉于圣堂之内，这块石头的名声传遍阿拉伯，使麦加成为朝圣的中心。但是这个国家有大量的犹太人，实际上阿拉伯世界的南部都存在犹太教的信仰，在叙利亚有基督教教堂。

大约从40岁开始，穆罕默德开始形成先知具有的特点，就像那些1200年之前的希伯来先知一样。他首先和妻子谈话，讲到美德和邪恶的赏罚。毫无疑问，他的思想深受犹太和基督教思想的影响。他身边聚集了一小批信徒，开始在小镇宣讲鼓吹反对当时盛行的偶像崇拜。这使他在他的老乡中非常不受欢迎，因为正是来到麦加的朝圣者才使得麦加能够享受如此的繁荣。他变得更加大胆，在教学上更加明确，并宣称自己是上帝最后选定的先知，赋予他建立完美宗教的使命。他宣称，犹太人亚伯拉罕是他的先驱。他被选定完成和完善神的旨意。

他创造了诗句，他说这是一个天使传达给他的，他产生了一种奇怪的感觉，他被带到上帝的天堂，上帝授予他以特殊的使命。

随着其教学的普及，同乡对于他的敌意也在增加。最后有人密谋杀害他，但他和他的忠实的朋友兼弟子阿布·伯克尔逃跑了，来到采纳他的学说的友好城市麦地那。麦加和麦地那之间产生了敌意，最后签署了和约。麦加开始敬拜一个真神，接受穆罕默德作为他的预言家，但是新宗教的追随者仍然要去麦加朝圣，因为当他们是异教徒的时候，他们就是这样做的。因此，穆罕默德在麦加确立了唯一的真主地位，而不伤害朝圣者的交通。629年，穆罕默德回到了麦加，成为它的主人，一年后，他向赫拉克利乌斯、唐太宗、卡瓦德，还有地球上的所有统治者派遣了自己的使者。

之后的4年多，直到他在632年去世，穆罕默德的权力在阿拉伯的其余部分传播。他晚年娶了很多妻子，他的整个人生按现代标准是令人厌恶的。他似乎非常虚荣、贪婪、狡猾，自欺欺人，但同时也是一位具有非常虔诚的宗教热情的人。他口述了一本关于禁令和论述的书，即《古兰经》，他声称这是上帝传达给他的。

天使下降昭示穆罕默德成为先知

然而，虽然人们发现了穆罕默德的生活和书写都具有明显的缺陷，在伊斯兰教世界仍然存在着他对阿拉伯人施加的信念、力量和灵感。第一，它是坚定的一神教，它简单的热情体现在规则和上帝，以及它从神学的复杂性中获得的自由。第二，其完全脱离祭了祀祭司和圣殿。这完全是一个先知的宗教，反对任何可能复发的血祭。在《古兰经》中，规定了到达麦加的朝圣者的简单仪式，于是有效地避免了各种争吵。穆罕默德已经采取了各种措施，以防止在死后神化自己。第三，其力量存在于，在上帝面前，伊斯兰世界坚持完美的兄弟情谊和所有的信徒平等，无论他们的肤色、出身或地位如何。

正是因为这些，使伊斯兰教成为人类事务中一支非常重要的力量。有人说，伊斯兰教帝国的真正创始人并非穆罕默德，而是他的朋友和助手阿布·伯克尔。如果穆罕默德狡猾的性格，是原始伊斯兰教的思想和想象力，阿布·伯克尔则是它的良心和意志。每当穆罕默德动摇的时候，阿布·伯克尔支持他。当穆罕默德死后，阿布·伯克尔成为哈里发（继承人），带着那种能够金石为开的信念，他组织军队要去征讨世界，根据先知在628年从麦地那写给世界上所有君主的信件，其军队规模只有3000或4000人。

第四十三章｜穆罕默德和伊斯兰教

第四十四章｜阿拉伯人的辉煌时光

在我们整个种族的历史中，有一个最令人惊异的征服故事。634年，拜占庭军队在雅穆克（约旦河的一个支流）战役中被击溃；而赫拉克利乌斯皇帝，他个人的能量因为水肿而消耗，他的资源也因为波斯战争而耗尽，在叙利亚、大马士革、巴尔米拉、安条克、耶路撒冷和其余地区，对于穆斯林几乎都没有抵抗。人口中的大部分流向了伊斯兰教，然后穆斯林转向东。波斯人在鲁斯塔姆找到了一位将军，他们有了一位带着象群的强大主人，在卡德西亚（公元637年），他们与阿拉伯人激战了3天，最后仓猝溃败。

随后，他们征服了波斯的所有地区，穆斯林帝国向西推进到中亚地区，向东直到遇到中国。对于新的征服者，埃及几乎没有抵抗就沦陷了，这些征服者对于古兰经有着狂热的信仰，他们彻底摧毁了亚历山大图书馆的图书复制业的痕迹。征服的浪潮还波及非洲北海岸的直布罗陀海峡与西班牙。710年，西班牙被入侵了。720年，抵达比利牛斯山脉。732年，阿拉伯的先头部队到达法国的中心。但是在普瓦捷战役中，它的进攻被永远终止了，战斗重新被推回到比利牛斯山脉。在征服埃及的过程中，穆斯林造就了一支舰队，在一段时间内他们似乎要攻克君士坦丁堡。他们在672至718年间进行了多次海上袭击，这座伟大的

一个穆斯林木偶，来自于
印度尼西亚安雅剧院

城市则对他们发起了反攻。

阿拉伯人有点政治才能，但没有政治经验，这个伟大的帝国的首都目前在大马士革。帝国从西班牙延伸到中国，注定要迅速瓦解。从一开始，教义上的分歧逐渐破坏了它的统一性。但我们的兴趣不在于其政治解体的故事，而在于它如何影响人的思想和我们人类的整体命运。阿拉伯的智慧比1000年前的希腊更迅速地被传到了世界各地。位于中国西方的整个世界，都受到了这种智慧的刺激，旧的观念解体，新的观念发展，威力极其巨大。

在波斯，这个新鲜的、令人激动的阿拉伯思想不仅接触了摩尼教、索罗亚斯德教和基督教的教义，而且还接触到了通过希腊和叙利亚的翻译保存下来的希腊文学。它发现埃及也有希腊文化。在每一个地方，特别是在西班牙，存在非常活跃的犹太人的猜测和讨论传统。在中亚，它遇见了佛教和中华文明的物质成就。它从中国学会了造纸，使印刷书籍成为可能。最后，它接触到了印度的数学和哲学。

很快，初期非常狭隘的、非常自负的观念，认为《古兰经》是当时唯一的书籍。不久，这种信仰下滑了。伴随着阿拉伯征服者的脚步，学习无处不在。在第8世纪，有一个教育组织遍及整个"阿拉伯化"的世界。西班牙科尔多瓦学校的人与开罗、巴格达和撒马尔罕的学人进行了交流。犹太人的头脑很容易就被阿拉伯同化了，一时间，两个闪米特种族通过阿拉伯语一起工作。即使阿拉伯人在政治上分裂和衰弱后，这一讲阿拉伯语世界的知识组合得以延续。在第13世纪，它仍然产生了非常可观的成果。

所以，希腊人率先开始了对于事实系统的积累和批评，在闪米特世界得以复兴，这点令人非常吃惊。

西安大清真寺一角

第四十四章 | 阿拉伯人的辉煌时光

亚里士多德的后裔和亚历山大博物馆有那么长时间搁置不用，受到忽视，现在发芽并生长到开花结果。数学、医学和物理科学都取得了很大的进步。笨拙的罗马数字被我们今天使用的阿拉伯数字推翻，零符号被首次使用。"代数"是阿拉伯语的。化学这个词也是如此。像大陵五、毕宿五和牡羊座这些星星的名字，都保存了阿拉伯征服天空的痕迹。他们的哲学注定要鼓舞法国、意大利和整个基督教世界的中世纪哲学。

阿拉伯的实验化学家被称为炼金术士，他们仍然非常野蛮，他们的方法和结果在尽量保密。他们从一开始就意识到，他们可能的发现会带来什么样的巨大优势，以及这些发现对人类生活可能产生的深远影响。他们偶然发现了许多极其重要的冶金技术设备，合金和染料、蒸馏、酊剂和香料、光学玻璃。但他们寻求的两个主要目标是徒劳的。一个是"魔法石"，就是把一种金属元素改变成为另一个，这是掌握人造金子的一种手段。另外一个是一种能让人返老还童、无限延长寿命的药丸。这些尝试阿拉伯的炼金术士逐渐流入了基督教世界。

一幅波斯细密画

人们对其不断进行探寻，这些炼金术士的活动渐渐变得更社会化和合作。他们发现观念和思想的交换和比较是有利可图的。事情发生了不知不觉的渐变，最后的炼金术士成了最早的实验哲学家。

过去的炼金术士试图能把贱金属变为黄金和长生不老药。他们发明的现代实验科学方法，给人类提供了掌控世界和自己命运的无穷力量。

第四十五章｜拉丁基督教世界的发展

值得注意的是，第7世纪和第8世纪，雅利安控制下的世界，比例在极度缩小。1000年前，雅利安人战胜了中国西部的全部文明世界。现在的蒙古人则抵达了遥远的匈牙利，除了在小亚细亚拜占庭的领土，雅利安人在亚洲的统治已经消亡。失去了欧洲全部，和几乎所有的西班牙。伟大的希腊世界已经缩小到君士坦丁堡这一贸易城市，罗马世界的记忆是由西方基督教的拉丁牧师保留下来的。与这种倒退形成鲜明对比的是，经过1000年的黑暗时期之后，闪米特传统从征服和默默无闻，现在再度崛起。然而北欧人民的活力没有枯竭。他们的影响限制在欧洲中部和西北部，虽然他们的社会和政治思想出现了混乱，但是逐步建立了新的社会秩序，并且毫无准备地迎来了权力的恢复，这种权力甚至比以前他们拥有的权力更为宽泛。

我们已经说过，在6世纪初，西欧根本没有中央政府。完全被划分成了地方统治者的范围。这是一种非常不安全的状态，一种合作和交往的制度在这个混乱的体系中发展起来，这就是封建制度。这一封建制度在欧洲生活中留下的痕迹至今还在。封建制度是社会权力的结晶。孤独的人处处感到不安，准备用某种程度的交易去寻求帮助和保护。他寻求一个更强壮的人作为他

962年奥托被加冕的皇冠，此后德意志的土地上崛起了神圣罗马帝国这个国家

查理被授皇冠，弗里德里希·考尔巴1861年绘

的领主和保护者；他为保护者军事服务，并向他纳税，作为回报，他的财产被进一步确认。他的主人会发现只有隶属更大的主人，才能确保自己的安全。城市也发现，有封建的保护人，它的行动会更为方便。寺院和教堂用类似的关系来约束自己。毫无疑问，在许多情况下，在获得保护之前，需要先表示效忠。在这一系统中，向上和向下都是一样的。因此，一种金字塔系统成长起来，在不同的地方有很大差异，最初允许暴力和私人战争，但是逐渐发展成为稳定的秩序和新的法律统治。金字塔在成长，直到一些地方成为公认的王国。6世纪早期，一个创始人为克洛维的法兰克王国，位于现在的法国和荷兰境内，开始存在。目前，西哥特人、伦巴第和哥特王国也已经出现。

公元720年，当穆斯林穿过比利牛斯山，发现了处于查理·马特实际统治下的法兰克王国，他是一个克洛维斯后裔，当时主政宫廷，他亲身经历了普瓦捷决定性的失败（公元732年）。这个查理·马特实际上是从欧洲比利牛斯山北部，即阿尔卑斯山到匈牙利的霸主。他统治了许多讲法语、拉丁语和德语的下属领主。他的儿子佩平灭绝了克洛维斯最后的后裔,把国王的头衔据为己有。他的孙子查理曼,从768年开始执政,发现自己的领域如此之大,于是想重振拉丁皇帝称号。他征服了北意大利,成为罗马的主人。

关于欧洲的故事,超越单纯的民族主义,从世界历史更广阔的视野会观察得更为清晰,我们可以看到拉丁罗马帝国的传统是如何被挤压并充满

墨洛温王朝时期的配饰铜牌

灾难的。为了追逐这种梦幻的优势,1000多年来,狭隘的激烈斗争消耗了欧洲的能量。在那一段时期,这种斗智斗勇的斗争贯穿整个欧洲,像一个着魔的人的想法一样。驱动力在于成为成功统治者这样的野心,查理曼(查理大帝)的体现,成就是想成为恺撒。查理曼的王国完全由野蛮的处于不同阶段的复杂的封建的日耳曼城邦构成。在莱茵河西部,大部分日耳曼人民已经学会讲各种拉丁方言,最后融合形成了法语。在莱茵河东部,种族类似的日耳曼人民并没有失去他们的日耳曼语音。基于这种情形,这两组蛮族征服者之间沟通困难,很容易出现分裂。查理曼死后,因为法兰克名字的使用,因为对于帝国领土的瓜分,分裂成为显而易见的事实。所以,从查尔曼大帝时期开始的欧洲历史,首先是君主的历史,然后是他家族的历史,随后是为国王、王宫、公爵、主教等不确定的职务不断进行斗争的历史。而在这种混杂的状态中,法国和英国之间不断加深的敌意也在逐步发展起来。每个皇帝都想被加,他野心的高潮就是为了占领那破旧的、错位的首都罗马,希望得到加冕。

欧洲政治混乱的下一个因素是罗马教会的决心,教会不想设立世俗的王子,而只是想让自己的罗马教皇成为事实上的皇帝。他已经是大祭司,出于所有的实际目,他控制了这一衰败的城市。虽然他没有军队,但是在整个拉丁世界他至少拥有一个以牧师为渠道的巨大的宣传组织。虽然他对人的身体没有任何权力,但是在人们的想象力中,他掌管着天堂和地狱的钥匙,因此能够影响他们

的灵魂。所以,在整个中世纪,某个王公能够被调动起来反对另一个,其目标首先是为了平等,然后是为了优势,最后是为了最高奖的罗马教皇。他们的表现有时大胆,有时狡猾,有时有气无力,因为教皇是一系列的老人,其平均在位时间不超过两年,他们一直在竭尽所能调动所有诸侯服从自己,以成为基督教世界的终极霸主。

但这些王公之间的敌意,皇帝反对教皇的斗争,并不能完全解释欧洲的混乱。在君士坦丁堡,仍然有讲希腊语的皇帝,声称得到了全部欧洲的效忠。当查理曼试图重振帝国时,他只不过恢复了帝国的拉丁那一部分。很自然地,拉丁帝国和希腊帝国之间的竞争意识应该很容易出现。而且,讲希腊语的基督教世界和新的讲拉丁语部分的竞争更容易发展起来。罗马教皇自称是圣彼得的继承人,是基督使徒的首领,也是基督教界的领袖。无论是皇帝和君士坦丁堡的主教都倾向于否认这种说法。1054年,在三位一体教义的某一点上引起的争议,最终导致了分裂。此后,拉丁教会和希腊教会的对立变得鲜明而坦率。我们在评估中世纪导致拉丁基督教世界荒废的其他因素之中,必须加上这一点。

分裂的基督教世界,又遭遇到三组敌人的打击。在波罗的海和北海,仍然

查理曼在巴格达,朱利乌斯·考克特1864年绘

德国式的城堡

存在一系列的北欧诺曼人部落,它们的基督化进程是非常缓慢和不情愿的。他们被带到海边,进行海上抢劫,并扫荡所有基督徒的海岸,一直到西班牙。他们沿着俄国的河流推进到荒凉的中央岛屿,把他们的船运带到了南部的河流。他们作为海盗来到里海和黑海。他们在俄罗斯建立了公国,是第一批被称为俄罗斯的人。这些北方的俄罗斯人来到君士坦丁堡。9 世纪初,一个基督教的低地德意志国家,在国王艾尔伯特的统治之下,他是查理曼大帝的学生。北方人把半个王国从他的继任者艾尔弗雷德大帝(公元 886 年)那里攫取过来,最后克努特(公元 1016 年),使自己成为整个土地的主人。在罗尔夫的率领下,(公元 912 年)另一队人征服了法国北部,也就是后来的诺曼底。

克努特的统治不仅局限在英国,而且还包括挪威和丹麦,但他死后,他短暂的帝国很快土崩瓦解,这是野蛮民族的政治弱点,也就是要在统治者的儿子们之间分割政治遗产而造成的。很难猜测如果这个临时联盟能够持续下去,究竟会发生什么有趣的事情。他们是具有惊人胆量和活力的种族。他们的平底大船甚至航行到冰岛和格陵兰岛。他们是第一批在美洲土地上登陆的欧洲人。后来诺曼的冒险者并没有从撒拉逊人那里收复西西里岛,他们只是洗劫了罗马。这是一个有趣的想象,可能脱胎于卡纽特王国的强大海上力量,竟然能够从美洲抵达了俄罗斯。

在日耳曼人和拉丁化的欧洲东部，是斯拉夫和突厥人的混合部落。其中最突出的是马扎尔人或匈牙利人，他们在第8世纪和第9世纪向西行进。查理阻止了他们一段时间，但他死后，他们确立了自己在当今匈牙利区域的地位。追随其亲缘前辈的足迹，匈奴人每个夏天都会入侵欧洲。938年，他们穿过德意志进入法兰西，穿过阿尔卑斯山进入了意大利北部，然后一路焚烧和抢劫，最后返回家园。

最后，罗马帝国的残余统治被来自南方的撒拉逊人击溃。他们已经成为大海的掌控者；他们在水上唯一的强大的对手是北方诺曼人，还有来自黑海和西北方的俄罗斯诺曼人。

尽管被这些更具活力和侵略性的民族包围，尽管面临无法估计的危险，查理曼和他之后的其他一系列雄心勃勃的领袖一直在进行恢复西方帝国的工作，打出的旗号是神圣罗马帝国，但这其实是徒劳的想象。从查理曼大帝开始，这个想法就一直萦绕于西欧的政治生活之中。而在东方，罗马权力的希腊的那一半，已经在衰退和腐烂，直到最后除了君士坦丁堡这座贸易型的城市和其周边几英里的一小部分地区，已经所剩无几。政治上，欧洲大陆从查理曼大帝开始后的1000年时间里一直保持着传统的模样，毫无创意。

查理曼大帝的名字在欧洲历史上赫赫有名，但他的个性却只能隐约看到。他既不会读也不会写，但他对学习相当尊重。他喜欢在吃饭时，有人大声朗读，并且特别喜欢神学讨论。在他的冬季行宫艾克拉－夏佩尔或美因兹，聚集了一批有学问的人，从他们的谈话中，查理曼学到了很多。在夏天，他发动战争，反对西班牙的撒拉逊人、斯拉夫人、马扎尔人、撒克逊人，以及其他异教徒的日耳曼部落。在他征服意大利北部之前，他是否能够成为继罗穆卢斯·奥古斯都之后的恺撒，这是令人怀疑的。也可能这是教皇利奥三世给他的建议，因为教皇迫切希望拉丁教会能独立于君士坦丁堡。

在罗马，关于教皇是否应该给查理曼大帝加冕的问题，教皇和颇有远见的皇帝都展现出最引人注目的斗争策略。公元800年圣诞节的那一天，教皇在圣彼得大教堂成功加冕其来访者和征服者，他制作了一个王冠，把它放在查理曼的头上，称赞他为恺撒和奥古斯都。人群掌声雷动。查理曼并没有感到特别高兴，他认为这是一种失败，并且让他痛苦不已；他给儿子留下了非常详细的诏书，不让教皇为其加冕，而是应该把皇冠拿到自己的手里，然后戴在自己的头上。因此，在这个帝国复兴的开始，我们看到了教皇和皇帝为了优势地位展开的长期纷争。但查理的儿子虔诚者路易，不顾父亲的指示，完全服从教皇。

在虔诚者路易死后，查理曼帝国分崩离析，说法语的法兰克人和讲德语的法兰克人之间的裂痕不断加宽。下一个皇帝是奥托，他是亨利一世的儿子，是萨克逊人，919年，经德意志王公和高级教士的大会，当选德意志王。962年，奥托来到罗马，被加冕为皇帝。公元11世纪，这条撒克逊的发展线索就结束了，让位给其他德意志统治者。西部说着各种法语方言的封建王公贵族，在加洛林王朝灭亡之后，不再属于德意志帝国的管辖范围。英国没有任何一个部分进入神圣罗马帝国的范围。诺曼底公爵，法国国王和许多小的封建统治者也留在外面。987年，法兰西王国经由加洛林王朝的管辖，最后落入到于卡佩的手中，其后裔在18世纪仍然处于统治地位。在雨果·卡佩时期，法国国王统治的范围是巴黎周围的狭小区域。

1066年，英国几乎同时遭遇哈德拉大国王率领的挪威诺曼人的入侵，还有在诺曼底公爵带领下的拉丁诺曼人的入侵。英格兰的哈罗德国王在斯坦福桥的战斗中击败了前者，但是在黑斯廷斯被后者击败。英国被诺曼人征服，所以从斯堪的纳维亚，日耳曼人和俄罗斯的事务中被切断开来，并与法国陷入了最亲密的关系和冲突中去。在接下来的4个世纪里，英国人卷入了法国封建诸侯的冲突，并在法国的土地上浪费了诸多精力。

维京人发现新大陆

第四十六章 | 十字军东征和教皇统治的时代

需要注意的是,查理曼大帝与哈里发哈伦·拉米斯之间有趣的交流,这个哈里发就是天方夜谭里的哈隆·阿尔·拉西德。据记载,哈隆·阿尔·拉西德从巴格达派出使者,当时巴格达已经取代大马士革成为穆斯林首都,使者携带着一个极其华丽的帐篷、一个水时钟、大象和圣墓的钥匙。圣墓的钥匙寓意深刻,实际是试图挑起拜占庭帝国和新的神圣罗马帝国之间的争斗,他们都想成为耶路撒冷基督徒们的保护者。

这些礼物提醒我们,9世纪的欧洲仍然处于充满战争和掠夺的混乱状态。在埃及和美索不达米亚地区,有一个非常繁荣的阿拉伯帝国,比任何展示出来的欧洲文明水平更高。在这里,文学和科学仍然存在,艺术繁荣,人类的头脑可以不害怕、不迷信地自由运转。甚至在西班牙和北非,撒拉逊领土也落入政治混乱之中,但是其精神生活仍然蓬勃发展。在这些欧洲黑暗的世纪里,这些犹太人和阿拉伯人讨论亚里士多德,守护着被忽视的科学和哲学种子。

哈里发领地里面,东北地区是许多突厥族部落。他们已经皈依了伊斯兰教,相比于南部的阿拉伯人和波斯人,他们持有的信念更简单,也更积极。在第10世纪,突厥人变得强大,非常富有诱惑力,而阿拉伯的权力则趋于分裂和腐烂。突厥人与

教皇乌尔班二世

1204年攻陷君士坦丁堡

哈里发帝国之间的关系，变得非常类似于14个世纪之前米底人与最后的巴比伦帝国之间的关系。11世纪，一群突厥部落，塞尔突厥人，来到了美索不达米亚，哈里发成为他们名义上的统治者，实际上是他们的俘虏和工具。他们征服了亚美尼亚，随后攻击了在小亚细亚的拜占庭力量的残余。1071年，在曼齐刻尔特战役中，拜占庭军队被彻底击溃，突厥人一直向前席卷战场，直到拜占庭的统治彻底消失于亚洲。他们夺取了尼西亚据点，以对付君士坦丁堡，准备攻击那所城市。

拜占庭的皇帝，米迦勒七世克服了恐惧。他已经与占领都拉佐的一群诺尔曼的冒险者进入战争，还曾经与非常凶猛的、渡过多瑙河的土耳其部落贝奇尼格人展开战斗。在他处于极端困境的时期，他尽可能地寻求援助。值得注意的是，他没有向西方的皇帝进行请求，而是呼吁罗马教皇担当整个拉丁基督教世界的头领。他写信给格力高利七世，他的继任者亚历克修斯·科穆宁则更为急迫地写信给乌尔班二世。

自从拉丁和希腊教会关系破裂以来，还不到1/4世纪。在人的记忆中，争议依然生动地存在，这场拜占庭的灾难，实际上给教皇提供了最好的机会，他可以重新声明拉丁教堂对于反对他的希腊人的优势地位。此外，这也给教皇提供了处理两件其他与西方基督教世界相关的事情的机会。一个是私人战争的习惯，它破坏了社会秩序；另一个是低地日耳曼人和基督化了的诺曼人，特别是法兰克人和诺曼底人的超强的战斗能量。于是，所有基督徒的战争都休战了，而一场宗教战争，十字军东征，则被发动起来，反对占领耶路撒冷的突厥人（公元1095年）。这场战争声称的目标是从异教徒那里恢复圣墓。一个叫修隐士彼得之人在法兰克和德意志进行了广泛的民主宣传。他穿着粗糙的服装，光着脚，骑着驴，背着一个巨大的十字架，在街头或市场或教堂的人群中高谈阔论。他谴责突厥人对基督教朝圣者的暴行，谈论圣墓落在任何非基督徒手中的耻辱。几个世纪的基督教教学成果在这次反应中体现明显。一股巨大的热情席卷了西方世界，基督教世界重新认识并且发现了自己。

普通人因为某个单一的观念而举行广泛的起义，这在我们种族的历史上是一个新事物。在先前的罗马帝国、印度和中国历史中，也没有与其对应的事件。在较小的规模上，被掳到巴比伦的犹太人在解放后曾经有类似的运动，后来，伊斯兰教显示出一个平行的集体感。这样的运动肯定是与教会发展的新精神相联系的。希伯来的先知们、耶稣和他的弟子、摩尼、穆罕默德，都是人类个人灵魂的劝勉者。他们带着个人良知与上帝面对面。在此之前，宗教已经更多体

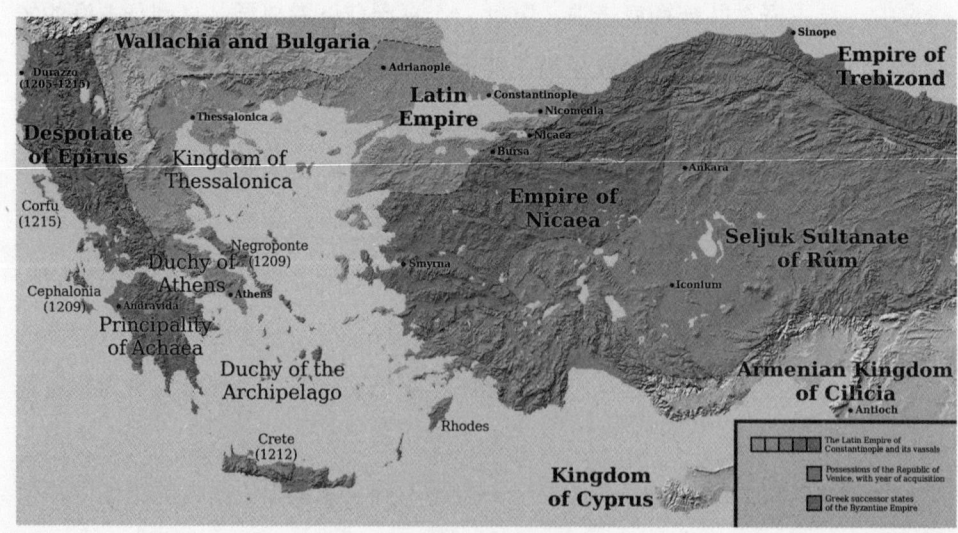

拉丁诸帝国与拜占庭残余势力

现为生意、迷信、伪科学，而不是良心。古老的宗教转向寺庙，由牧师发起，充斥着神秘的牺牲，统治普通人，使他们像奴隶一般恐惧。这种新宗教使他成为自己的主宰。

第一次十字军东征的布道，是欧洲历史上第一次普通民众的激动人心的行动。称之为现代民主的诞生也许太过分了，但肯定是那个时代的民主引起的。不久之后，我们会发现它又复兴起来，引发了最令人不安的社会和宗教问题。

教士彼得号召发动十字军运动

当然，这第一次民主的动员最终以很可怜和可悲的方式结束了。普通民众，而不是军队，开始从法兰西、莱茵河和中欧出发，一路向东，没有领导人，也没有适当的设备，这是"人民的圣战"。两伙暴徒闯入匈牙利，把最近皈依的马扎尔人误认为异教徒，犯下了暴行，对他们进行了屠杀。第三批人同样极为糊涂，在莱茵地区对犹太人进行了大屠杀，然后向东行进，在匈牙利被摧毁。其他两个庞大的人群，在修隐士彼得本人的领导下到达了君士坦丁堡，穿过博斯普鲁斯海峡，被突厥人屠杀。由此，结束了欧洲人民的第一次运动。

第二年（公元1097年），真正的战斗部队穿越博斯普鲁斯海峡。无论是从领导权的角度，还是精神底蕴来看，它们都是诺曼人。他们冲进尼西亚，其路线追随的是14世纪之前亚历山大的足迹，到达安条克。他们对安条克的包围持续了一年，1099年，他们转向耶路撒冷。经过一个月的围攻，他们涌入了这所城市。屠杀是可怕的。骑马的人在街上被血溅全身。在7月15日傍晚，十字军进入圣墓大教堂，战胜了那里所有的对手，他们血迹斑斑，虽然疲倦不堪，但是留下了"过于喜悦带来的泪水"，他们跪下祈祷。

最初，在君士坦丁堡图拉真的拱门那里，总督丹多罗五十在第四次十字军东征中夺得了它，把它带到了威尼斯，后来拿破仑一世把他们搬到了巴黎，但是在1815年又被归还给威尼斯。在1914-1918年的大战期间，由于害怕被抢劫，被藏到了很远的地方。

很快，拉丁和希腊的战争再度爆发。东征的十字军就是拉丁教会的仆人，希腊的耶路撒冷的元老，发现在拉丁人取胜的时候，自己的状况比突厥人统治下的情形还要糟糕。十字军发现自己同时与拜占庭和突厥人在战斗。大部分小亚细亚被拜占庭帝国恢复，拉丁王宫被留下来，治理耶路撒冷和一些小的诸侯国，成为突厥和希腊之间的缓冲区。埃德萨是其中最为主要的城市。在叙利亚，他们对这些财产的掌控是不稳定的。1144年，埃德萨落到了穆斯林那里，导致一场毫无意义的第二次十字军东征，未能恢复埃德萨，但是却把安提俄克从类似的命运中拯救出来。

1169年，伊斯兰的军队被聚集在一位名叫萨拉丁的库尔德探险家名下，他已经成为埃及的主宰。他鼓吹反对基督徒的圣战，在1187年收复耶路撒冷并由此引发了第三次十字军东征。这次东征未能收回耶路撒冷。在第四次十字军东征（1202—1204年）拉丁教会公开支持希腊帝国，甚至没有任何借口就开始攻击土耳其人。这次东征从威尼斯开始，1204年冲入君士坦丁堡。伟大的崛起的贸易城市威尼斯成为这次冒险的领导者，拜占庭帝国的大部分海岸和岛屿被威尼斯吞并。"拉丁"皇帝（鲍德温·弗兰德斯）在君士坦丁堡被扶植起来，拉丁和希腊教会被宣布重新统一。拉丁的那些皇帝从1204—1261年统治着君士坦丁堡，当时正是希腊世界从罗马统治中获得自由的时期。

围攻里斯本

12世纪和13世纪之初，是教皇统治的时代，如同第11世纪是土耳其的塞尔柱王朝居于优势地位一样，而第10世纪是诺曼人的世纪。在教皇的统治之下，一个统一的基督教世界成为事实，这与之前和之后的时代都不太一样。

在那些世纪里面，在欧洲

的广大地区，简单的基督教信仰是真实而普遍存在的。罗马本身也经历过一些黑暗和耻辱的阶段。很少有作家谴责公元 10 世纪教皇约翰十一世和约翰十二世的生活，他们是可恶的生物，但是拉丁基督教世界的身心都一直是非常认真的和简单的，牧师、僧侣和修女们的生活普遍是规范而忠实的。这样的生活创造了教会的力量。历史上那些伟教皇，包括格力高利大教皇、格力高利一世（590—604 年）和利奥三世（795—816 年）曾邀请查理曼大帝做皇帝，并且不顾他自己的反对要加冕他。

第 11 世纪接近尾声的时候，出现了一位伟大的教士政治家，希尔德·布兰德，他生命中最后的身份是格力高利七世（1073—1085 年）。与他相隔一位的教皇是乌尔班二世（1087—1099 年），即发动第一次十字军东征的教皇。这两个教皇是教皇支配皇帝时期的创始人。从保加利亚到爱尔兰，从挪威到西西里岛和耶路撒冷，教皇是至高无上的。格力高利七世迫使英格兰国王亨利四世皇帝来到卡诺萨忏悔，并且在庭院里，穿着麻布衣服，赤脚踩在雪地上面，等候三天三夜等待宽恕。1176 年，在威尼斯，皇帝弗雷德里克（弗雷德里克·巴布罗萨），跪在教皇亚历山大三世面前，宣誓效忠他。

公元 11 世纪开始之际，教会的伟大力量存在于人们的意志和良心。但是它未能保留其权力基础上的道德威望。在第 14 世纪开始的几十年里，人们发现，教皇的权力被蒸发了。是什么破坏了基督教世界之中普通民众对于教堂的纯真信心呢，他们不再在教堂机会，寻求帮助。

第一个因素当然是教会财富的积累。教会从来没有死亡，当时有这样一种倾向，无子女的人们在即将去世的时候，会把土地交给教堂处置。悔改的罪人，更是被要求这样做。因此，在许多欧洲国家，多达 1/4 的土地成为教会财产。对财产的欲望不断增长。早在第 13 世纪，就经常有人说牧师们不是好人，他们总是在追逐钱和遗产。

国王和诸侯非常不喜欢这种财产的异化。封建领主们发现，在自己军队控制的区域，他们的土地主要用来支撑寺院和神父修女。这些土地实际上处于外国的统治之下。甚至在教皇格力高利七世之前，就存在王公与教皇之间关于"授权问题"的斗争，问题是谁应该任命主教。如果政权掌握在教皇而不是国王手

塞尔柱帝国时期的金壶

中，那么后者失去控制的不仅是他臣民的良心，而且也是他领土的很大一部分。神职人员要求免除税收。他们向罗马交税。不仅如此，教会还声称，平民信徒们除了要向国家交税，教皇还可以向他们的财产征收 1/10 的税。

在拉丁基督教世界里面，几乎每一个国家的历史，在第 11 世纪都经历了同样的阶段，是王公和教皇之间的关于授权问题的斗争阶段，它见证了教皇的胜利。教皇宣称能够开除王公的教籍，只要臣民们向教皇效忠，就会得到宽恕，教皇还有权承认继承者。他声称能够把一个国家处于禁令之下，除了洗礼圣事，确认和忏悔，其余所有的宗教活动都要停止；牧师们既不能提供普通服务，即结婚的服务，也不能埋葬死者。通过这两种武器，在 12 世纪教皇就可能遏制最顽固的王公和威慑最倔强的人。这些都是巨大的权力，巨大的权力只能用于特殊场合。但是，教皇使用它们的频率过高，导致其效率下降。在 12 世纪末的 30 年内，我们发现苏格兰、法国和英国依次处于禁令之下。而教皇又无法抗拒十字军东征的诱惑，试图以此对抗那些他厌恶的王公，结果最终耗尽了十字军东征的精神。

如果罗马教会仅仅局限于和王公们进行简单的斗争，而注意抓住一般民众的心灵，那么它在基督教世界的永久统治地位还是可能的。但是教皇的高要求直接导致了神职人员的傲慢行为。在第 11 世纪以前，罗马的牧师们可以结婚，他们和周围的人有着密切的关系，确实是民众的一部分。格力高利七世让他们成为禁欲的人，不能结婚，他把牧师从与大众的亲密关系中隔离出来，以便让他们更紧密地与罗马绑定在一起，但事实上他制造的是教会和民众之间的裂缝。

教会有自己的法律法庭。案件涉及的不仅仅是牧师们，修道士、学生、十字军、寡妇、孤儿和所有无助的人，他们的案件都要交给宗教法庭，所以关于遗嘱，婚姻誓言和所有关于巫术、异端和亵渎的事情都是如此。每当世俗的人发现自己与牧师发生冲突时，他必须去宗教法庭。和平时期与战争时期的义务独自落在民众的肩上，牧师们却非常自由。因此，毫不奇怪的是，在基督教世界里，民众对神父们的嫉妒和憎恨不断增加。

罗马似乎从来没有意识到它的力量是普通人的良心。它反对宗教的热情，这本应该是它的盟友，它以正统教义对诚实的怀疑和异常的意见进行压迫。当教会干涉道德问题时，它应该以普通人的身份进行思考，而不应涉及教义。在法国南部，当瓦尔多教导人们回到耶稣的信仰与生活的简单层面来的时候，因诺森特三世发动了对瓦尔多追随者的讨伐，并允许用火、剑、强奸和最恶劣的暴行对付他们。当圣弗兰西斯·阿西西（1181—1226）教导人们模仿基督，并且过着贫困和服务性的生活之时，他的追随者，方济各会、被迫害、鞭打、监禁和分散。1318年，4人被活活烧死在马赛港。另一方面，多明我会激烈的正统秩序，是由圣多米尼克（1170—1221）年建立的，得到因诺森特三世的大力支持，他协助成立了一个组织，宗教裁判所，追逐异端和任何的自由思想。

因此，正是教会的过度贪婪，不义的特权，非理性的极度的不宽容，破坏了普通人的忠实信仰，而这是教皇权力的最终来源。其衰落的故事中，没有强大的敌人，而是从内部不断衰减的。

普瓦捷的雷蒙德在安条克欢迎路易七世

第四十六章｜十字军东征和教皇统治的时代

第四十七章 | 王公们的顽固与大分裂

在力图抓住基督教世界领导权的斗争之中，罗马教会的最大弱点就是，始终使用的都是教皇选举的方式。

如果教皇的确实现了其明显的野心，确立了在整个基督教世界的单一统治地位，建立起一种和平状态，那么对它而言，应该有一个强大的、稳定的和持续的方向，这是至关重要的。在那些充满机会的日子里，教皇列在首位需要的东西是，他需要选择年富力强的人作为继任者，能够与他讨论教会的政策，选举的形式和过程应该是清楚、明确、不可改变和不容置疑的。不幸的是，所有这些因素都不存在。甚至连谁能在教皇选举中投票，这一点也是不清楚的，也不知道拜占庭或神圣的罗马皇帝在这件事上是否具有发言权。非常伟大的政治家希尔德布兰德（教皇格力高利七世，1073—1085年）做了大量的工作以规范选举。他把选举权限定在罗马红衣主教身上，即减少了皇帝的批准权。但他没有规定继承人，也没有指定继承人，导致红衣主教们为这一空余的位置展开纷争。在某些情况下，它甚至空置一年或以上的时间。

弗里德里希（左）会见卡米尔（右）

在整个13世纪，也就是教皇时期，我们都会看到这样的结果。从很早的时候起，一直存在有争议的选举，有两个或两个以上的人都自称是教皇。教会就会要求皇帝或其他外部仲裁来解决纠纷。伟大教皇的生涯，都会留下成堆的问题。在他死后，教会可能群龙无首，极为虚弱。或者他可能会被一些老对手取代，只不过是为了诋毁和撤销他的工作。或者一些蹒跚濒于死亡的老人可能接替他。

教皇组织的奇特弱点，必然会招致德意志诸侯们的干扰，这是不可避免的。法国国王、统治英国的诺曼人，以及其他讲法语的国王们，都试图影响选举，都想产生一个代表自己利益的罗马拉特兰宫教皇。教皇在欧洲事务中越是强大和重要，这些干预措施就变得越紧迫。在这种背景下，教皇的软弱和无用不足为奇。令人惊讶的是，他们中的许多人本是有能力和魄力的人。

亨利四世请求格力高利教皇饶恕

在这一伟大时期，有一位最具活力和有趣的教皇，即因诺森特三世（1198—1216年），他非常幸运地在38岁之前成为教皇。他和他的继任者们对抗更有趣的弗里德里希皇帝。弗里德里希被称为"世界的奇迹"，这位君主反对罗马的斗争是历史上的转折点。最后罗马击败了他，毁了他的王朝，但他使教会和教皇的声望严重受损，最终令教会和教皇走向衰落。

弗里德里希是皇帝亨利六世的儿子，他的母亲是西西里岛的诺曼人国王罗杰一世的女儿。1198年，他继承了这个王国，当时他只有4岁。因诺森特三世成为他的监护人。那时，西西里岛被诺曼人征服，宫廷是半东方的，充斥着教育水平很高的阿拉伯人，其中一些人参与到年轻国王的教育中。毫无疑问，要清晰地传输他们的观点，并不容易。很快，他对基督教持有穆斯林的观点，对穆斯林持有基督教的观点，这种双重教育的结果是不那么令人愉快的，他在那个年代产生了一个独特的观点，所有的宗教都是冒牌货，他在这个领域讲话非常随意，他的异端学说和对上帝亵渎的言论都是有记载的。

年轻人长大后，发现自己与监护人发生了冲突。因诺森特三世想得到的实

因诺森特三世

在太多。当弗里德里希即将接替皇帝的时候，教皇开始提出条件，要求弗里德里希必须承诺，在德意志用铁碗镇压异端邪说。此外，他必须放弃在西西里岛和意大利南部的王冠，否则对于教皇而言，他会过于强大。德意志神职人员将被免除一切赋税。弗里德里希同意了，但不想遵守诺言。在法国，教皇已经引起法国国王对其臣民的战争，这是对韦尔多教派残酷血腥的讨伐，他希望弗里德里希能在德国做同样的事情。但弗里德里希远比任何人更类似异教徒，比其他人更能引起教皇的敌意，缺乏坚定的冲动。当因诺森特劝他讨伐穆斯林和收复耶路撒冷，他轻易地答应了，但很快就懈怠并放弃了。

在获得帝国王冠后，弗里德里希留在了西西里岛，他非常不愿意把德意志作为一个居住地，而对因诺森特三世的任何承诺都没有意义，他在1216年去世了。

因诺森特的继任者霍诺里乌斯三世，与弗里德里希相处非常融洽。格力高利九世（公元1227年）得到教皇宝座之后，决定不惜任何代价与弗里德里希斗争，将他开除教籍。弗里德里希被剥夺了所有的宗教职能。但在西西里岛的半阿拉伯宫廷，这几乎没有产生什么反应。教皇发表了一封致皇帝的公开信，罗列弗里德里希的罪行（这是不能争辩的），指出他的歪理邪说和他的错误行为。针对这些，弗里德里希用一份信件进行了回复，充分展现出其恶魔能力。这封信是写给欧洲所有王公诸侯的，它首先明确了教皇和王侯之间的问题，对教皇明确的野心做了彻底的抨击，指出教皇的目标就是成为全欧洲的绝对统治者。他提出组建王侯联盟，以反对这种篡夺。他把王侯们的注意力特别指向教会的财富。

发射了这个致命的炸弹性信件之后，弗里德里希决心履行他12岁时的承诺，参加圣战。这是第六次十字军东征（公元 1228 年），是一个闹剧式的十字军东征。弗里德里希去了埃及，会见了苏丹并讨论了一些事务。这两位先生，都抱有怀疑的态度，他们志趣相投，最后基于双方的共同利益达成了商业协议，并同意将耶路撒冷交给弗里德里希。这确实是一种新的十字军东征，是一次私人条约的讨伐。这里没有鲜血飞溅的征服者，没有"因为过度喜悦流下的泪水"。而且，令人震惊的是，这次东征的首领是被逐出教会的人，他是一个纯粹的世俗加冕为耶路撒冷国王的人，他自己从祭坛上拿起王冠，因为所有的神职人员一定会避开他。然后他回到意大利，追逐入侵自己领土的教皇军队，迫使他们回到自己的领土范围，迫使教皇恢复他的教籍。在 13 世纪，王公可以如此对待教皇，不会激起仇恨的风暴，不会导致复仇。那个时代已经过去了。

1239 年，格力高利九世恢复了他与弗里德里希的斗争，第二次把他驱逐出教会，再度展开彼此之间的侮辱攻击战，教皇付出的代价更大。格力高利九世死后，争论再度兴起，当时因诺森特四世担任教皇；于是，人们一定会记得，弗里德里希再度发表了针对教会的一封毁灭性的信件。他谴责神职人员的骄傲和非宗教行为，认为当时的所有腐败都可以归因于他们的骄傲与财富。他向他的同伴们提议，为了拯救教会，必须没收教会财产。这是欧洲王侯们一直萦绕于心的建议。

我们不会继续讲述他最终的岁月。他一生中的特殊事件远不及一般的气氛更有典型性。在西西里岛有可能拼凑出他的宫廷生活。他生活方式奢侈，喜欢美丽的事物。他被描述成放荡不羁的人。但很明显，他是一个具有非凡好奇心和喜欢调查的人。他把犹太人和穆斯林以及基督教哲学家聚集在他的宫廷里面，他做了很多工作，使得撒拉逊人的影响渗透到意大利思想。通过他，基督教学生接触到了阿拉伯数字和代数，他宫廷中的哲学家有一位叫作迈克尔斯科特，他把亚里士多德和对于伟大的阿拉伯哲学家阿威罗伊（科尔多瓦）的评论翻译过来。1224 年，弗里德里希创立了那不勒斯大学，扩大和丰富了萨莱诺大学的医学院。他还创建了一个动物园。留下了一本关于利用鹰进行狩猎的书，这本书表明他对鸟类的习性有敏锐的观察力，他是第一个用意大利语写作的意大利人。意大利诗歌确实诞生在他的宫廷。他曾被一个非常有才能的作家称作"第一位近代人"，这句话非常恰当地表达了他的知识面毫无偏颇的特点。

关于教皇生活的腐朽和支持教皇军队的减少，一个更引人注目的暗示出现了，这也就是教皇与法国国王不断增长的权力开始发生冲突。弗里德里希在位期间，德意志陷入分裂，法国国王开始扮演起教皇的卫兵、支持者和对手的角色，当时教皇已经落入到霍恩施陶芬王朝那里。一系列的教皇都采取了支持法兰西君主的政策。法国王公们确立了在西西里岛和纳普勒斯王国的统治，得到了罗马的支持和认可，于是法国国王看见他们存在恢复和统治查理曼帝国的可能性。但是，当弗里德里希死后，德国的过渡期，也就是霍恩施陶芬王朝的最后时期，这一王朝开始走向终结。哈布斯堡的鲁道夫当选第一位哈布斯堡皇帝（公元1273年），罗马的政策开始在法兰西和德意志之间波动，每个继任的教皇政策都有所波动。在东部，1261年，希腊人从拉丁皇帝手里收复了君士坦丁堡。希腊新王朝的创始人，帕拉罗古斯，即迈克尔八世，与教皇达成了虚幻的和解，在总体上脱离了与罗马的关系。而且，随着拉丁王国在亚洲的衰落，教皇在东方的优势已经结束。

1294年，博尼费斯八世成为教皇。他是意大利人，对法兰西人怀有敌意，充满了罗马的传统精神和使命感。有一段时间他自视甚高。1300年，他举行庆典，大量的朝圣者聚集在罗马。"这样，教皇的财政涌入大量的资金，他的两个助手一直忙着把收集的奉献品存放在圣彼得的墓中"，但这个节日是一个虚妄的胜利。1302年，博尼费斯与法兰西国王发生冲突。1303年，他宣布把法王开除出教会，但是令他很惊讶的是，他在自己的祖宫阿纳尼被捕，抓捕他的是吉约姆·德·诺加莱。该代理人受派于法国国王，强行进入宫殿，进入了教皇的卧室，他躺在床上，手里拿着一个十字架，被威胁和侮辱吓坏了。一天以后，市民们把教皇解救出来，返回罗马；但他又被抓住了，成为奥尔西尼家族的囚徒。数周后，这位震惊和失望的老人作为一名囚犯死在他们手中。

这一系列来自于维多利亚和艾尔伯特博物馆，最初来源于位于阿姆斯特丹的荷兰博物馆的青铜小雕像。

阿纳尼的民众确实对第一次暴行感到愤慨，集体反抗诺加雷特，解救了博尼费斯，阿纳尼是教皇的故乡。重要的一点是，法国国王如此粗暴地对待基督教的领袖充分得到了其民众的认可。他召集三个阶层的会议（贵族、教会、平民），在准备行动之前得到了他们的同意。无论是在意大利、德意志还是英格兰，对于自由处理教皇，没有丝毫的反对意见。基督教的思想已经腐朽，它根植于人们头脑中的权力也已经消失了。

在整个14世纪，教皇并没有对恢复其道德的感召力采取任何行动。随后当选的教皇是克雷芒五世，法兰西人，是法国国王菲利普的选择。他从来没有来过罗马。他在亚维农镇建立了教廷，当时那里并不属于法国，但是在教皇看来，这是嵌入法国境内的，在那里他的继任者一直待到1377年，教皇格力高利十一世回到罗马的梵蒂冈。但是格力高利十一世并没有得到整个教会的同情。许多法国的红衣主教们的习惯和联想深深地扎根在亚维农。1378年，格力高利十一世去世，意大利人乌尔班六世当选，这些非常不满的红衣主教宣布选举无效，并选出另一个教皇，克莱蒙七世。这一分裂就是所谓的大分裂。教皇仍然待在罗马，所有的反法势力，罗马皇帝，英格兰、匈牙利、波兰和欧洲北部效忠于他们。另一方面，对立的教皇继续在亚维农，得到了法兰西国王及其盟友苏格兰、西班牙国王，葡萄牙和德国各诸侯的支持。每个教皇都把他的对手的支持者逐出教会，并且进行诅咒（1378—1417年）。

令人感到好奇的是，难道现在欧洲的所有人都在关注宗教事务吗？

我们在前面的章节曾经提到过方济会和多明我会的初期，它们是基督教世界中崛起的两支新兴力量，它们基于自己的判断，或者坚持教会，或者疏散了教堂。对于这两种力量，教会或者同化，或者加以利用，只不过在前者的案例中有一点点暴力。但是其他的力量非常直白地表现出其不服从的特质，这是非常关键的。一个半世纪以后，威柯利夫（1320—1384年）出现了，他是一位牛津大学的非常有学问的博士，在他生命的后期，他开始对神职人员的腐败和教会的愚昧进行公开的批评。他组织了一批贫困的牧师形成威柯利夫派，在整个英格兰宣传他的思想。为了让民众能够在教会和他之间做出判断，他把《圣经》翻译成英文。他比圣·弗兰西斯金圣·多米尼克都更为博学和能干。他有身居高位的支持者，也有大量的民众追随，尽管罗马对他的行为感到暴怒，非常反对他，下令要把他投进监狱，但是他死的时候是个自由人。但是引领天主教会走向毁灭的、黑暗的、古老的精神,并不会让他的身躯安放在坟墓里面。依据康斯坦茨会议1415年的法令,他的遗骸被挖掘出来,并被烧毁,这是教皇马丁五世的命令,具体来说是1428年由弗莱明主教执行的。这一侮辱并不是单独的狂热行为,而是教会的官方行为。

第四十八章｜蒙古人的征服

在第 13 世纪，为了统一，教皇统治下的基督教世界一直在进行奇怪的、毫无结果的斗争，斗争的舞台主要是欧洲。更重大的事件则在亚洲大舞台上演。一支突厥人来到中国北部，突然在世界事务中扮演着突出的角色，并取得了一系列的征服胜利，这是前无古人的事情。这些都是蒙古人。在 13 世纪初，他们是一个部落的游牧骑兵，生活很像他们的前辈匈奴，他们生活的延续依存于肉、马奶，居住在兽皮做成的帐篷里面。他们摆脱了中国统治，并同一些其他的突厥部落组成一个军事联盟。他们的营地位于蒙古的哈尔和林。

这一时期的中国处于分裂的状态。公元 10 世纪，伟大的唐王朝已经进入了衰落阶段，经过一个类似于战国的分裂阶段之后，出现了三大帝国，金位于北方，首都北京，还有以南京为首都的南宋，西夏则保持中间的地位。1214 年，成吉思汗，这一蒙古联盟的领袖，与金朝作战，并占领北京（公元 1214）。然后他转身向西，征服了中亚地区，波斯、亚美尼亚、印度，随后攻击到拉合尔与俄罗斯南部，一直打到基辅。他死之前，已经掌管了一个庞大的帝国，疆域从太平洋到第聂伯河。

他的继任者窝阔台汗，延续了这一惊人的征服生涯。他的军队组织良好，效率极高，他们携带新的中国发明——火药，把它用在小型的火炮上。他征服

1229年窝阔台汗继位为新蒙古大汗

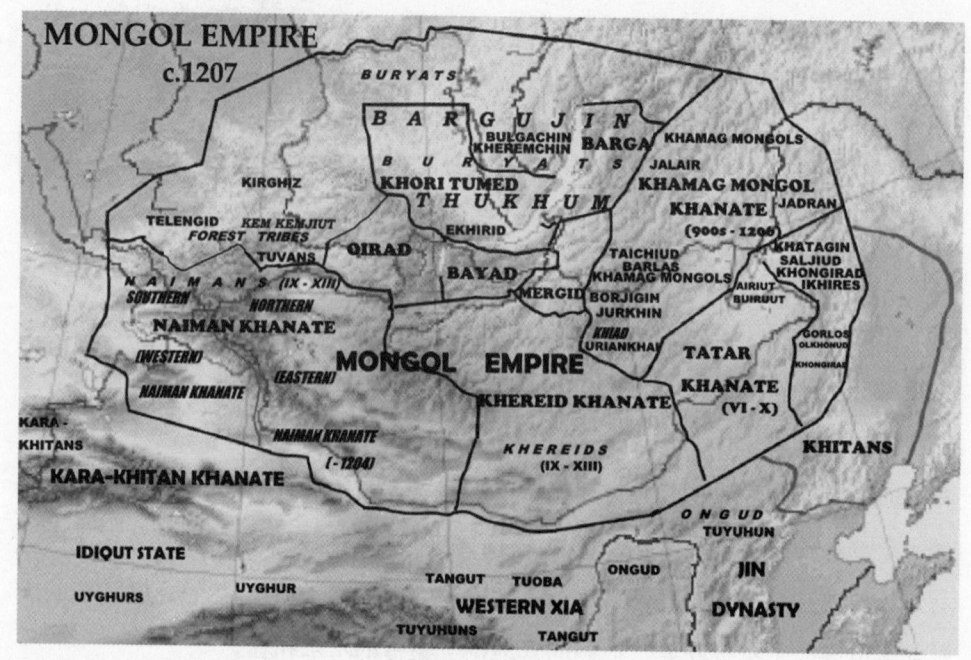

1207年蒙古诸部落分布图

了金国,然后穿过亚洲到了俄罗斯(公元1235年),这是一个令人惊奇的长征。1240年,基辅被摧毁,几乎所有的俄国都成为蒙古人的臣服部落。波兰被蹂躏,1241年,在南西西里亚的利格尼茨战役中,波兰和德意志的混合军队被歼灭。皇帝弗里德里希似乎没有做出任何巨大的努力,以阻止这一前进的潮流。

伯里在为《罗马帝国的衰亡》(吉本著)注释的时候,写道:"直到最近,欧洲的历史已经开始显示,公元1241年,蒙古军队征服了波兰,成功占领了匈牙利,并不是因为一个压倒性的优势数字,而是因为其高超的军事战略。但这还没有成为一种共识。很多人仍然认为,鞑靼人是粗俗的,他们在欧洲的驰骋是没有战略计划的,只是以单纯的数量优势克服障碍,这种观念仍然盛行。"

"从较低的维斯瓦河延伸至特兰西法尼亚,这种军事部署体现出来的是令人惊奇的准时和有效的安排。这样的战斗水平远远超出了当时任何一支欧洲军队的力量,也已经超出了任何欧洲指挥官的视野。在欧洲,从弗里德里希二世以下,没有一位统帅能够与窝阔台相比,他们在战略上都是新手。还应该注意到,蒙古人对于匈牙利的政治局势完全洞悉,也了解波兰的状况,他们有一个组织

1362年金帐汗国与立陶宛王国在蓝河的战役

严密的间谍系统;另一方面,匈牙利人和基督徒的力量,就像幼稚的野蛮人,关于他们的敌人,他们几乎一无所知。"

然而,尽管蒙古人在利格尼茨取得了胜利,他们没有继续向西挺进。他们进入森林和丘陵地带,不适合他们的战术;所以他们转向南行,准备在匈牙利定居,屠杀或同化同源的马扎尔人,就像此前曾经屠杀和同化斯泰基人、达瓦尔人和匈奴人。从匈牙利大平原,他们可能袭击西部和南部,就向匈牙利人在第9世纪,阿瓦尔人在第7世纪和第8世纪,匈奴人在第5世纪所做的那样。但是窝阔台突然去世,1242年,在继承问题上出现了麻烦,基于这些,战无不胜的蒙古人开始穿越匈牙利和罗马尼亚向东回归。

此后,蒙古人把注意力集中在对亚洲的征服上。到第13世纪中期,他们征服了宋国。1251年,蒙哥汗继承了窝阔台成为大汗,他的兄弟忽必烈成为中国的统治者。1280年,忽必烈已经正式成为中国承认的皇帝,建立元朝并持续到1368年。而宋朝统治的残余力量也在中国消失了,蒙哥的另一个兄弟,旭烈兀,征服了波斯和叙利亚。这一时期,蒙古人显示出对伊斯兰教的仇恨,不仅在占领城市的时候屠杀巴格达的人口,而且着手破坏使美索不达米亚不断繁荣和保持人口密度的苏美尔早期古老的灌溉系统。从那个时候开始到现在,美索不达米亚已经是一个沙漠废墟,只有稀疏的人口生存下来。进入埃及的蒙古人没有能够渗透进去;1260年,埃及苏丹在巴勒斯坦完全击败了旭烈兀的军队。

这场失利之后,蒙古的胜利退潮了。可汗领土落入了一些独立国家手中。东方蒙古成为佛教徒居住的地区,如同中国人一样;西方蒙古人成为穆斯林。1368年,中国人摆脱了元朝统治,建立了从公元1368年到公元1644年繁荣的明王朝。在东南部草原,俄国人仍然对鞑靼人的游牧部落进贡,直到1480年,莫斯科大公拒绝了纳贡,奠定了现代俄罗斯的基础。

公元14世纪,在成吉思汗的后裔帖木儿的统领下,蒙古的活力出现了短暂的复兴。他确立了自己在中亚地区的地位,1369年,他重新得到大可汗的称号,并征服了从叙利亚到德里的区域。他是所有蒙古征服者中最野蛮、最有破坏性的一位。在他去世之后,他所建立起来的凄凉帝国没有持续下去。但是,1505年,帖木儿的后裔,一个名叫巴伯尔的冒险家,聚集军队用炮横扫印度的平原。他的孙子阿克巴(1556—1605年)完成了他的征服,这一蒙古(或阿拉伯人称为的莫卧尔)王朝统治了印度大部,直到第18世纪。

13世纪蒙古大扫荡式征服的一个后果是使土耳其人的一个部落,奥斯曼土

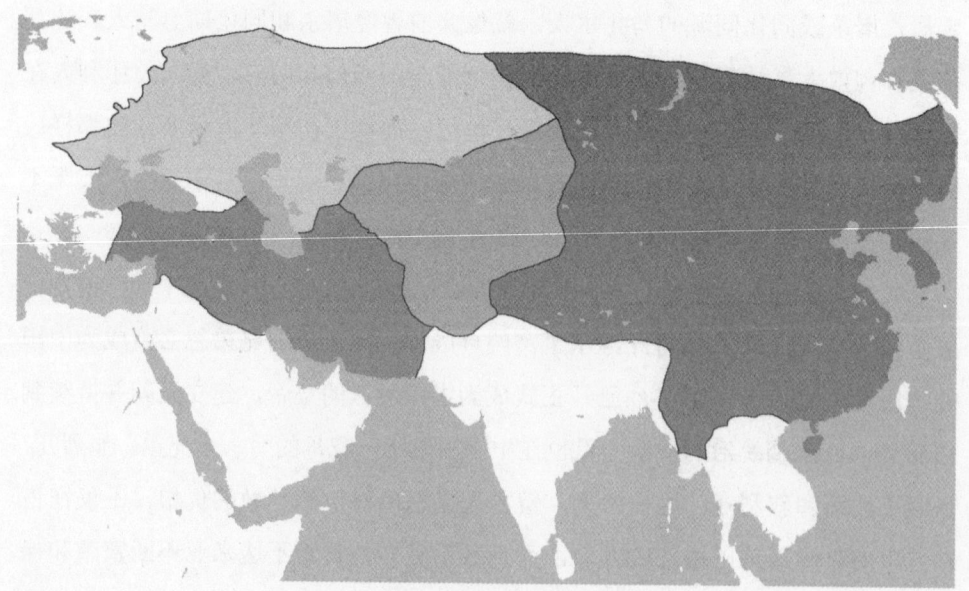

蒙古四大汗国疆域

耳其人，从突厥斯坦来到小亚细亚。他们在小亚细亚扩展和巩固自己的权力，越过了达达尼尔海峡，征服了马其顿、塞尔维亚和保加利亚，直到最后君士坦丁堡就像在土耳其领土上的一座孤岛。1453年，奥斯曼苏丹穆罕默德二世占领了君士坦丁堡，他携带大量的炮兵从欧洲方面对这座城市展开猛攻。这一事件在欧洲产生了强烈震动，在欧洲有人谈起要十字军东征，但十字军东征的日子已经过去了。

奥斯曼苏丹穆罕默德二世进入君士坦丁堡，帕索特·佐纳洛19世纪绘

16世纪，奥斯曼苏丹征服巴格达、匈牙利、埃及和北非的大部分，他们的舰队使他们成为地中海的主人。他们几乎占领了维也纳，迫使它的皇帝进贡。在15世纪，只有两件事情能够抵消15世纪基督教统治的普遍低潮。一是莫斯科恢复独立（公元1480年），二是逐步征服西班牙的基督徒。1492年，格拉纳达，半岛上最后的穆斯林国家，落到了阿拉贡的费迪南国王和他的王后伊莎贝拉女王手中。

直到1571年年底，勒班陀海战折断了奥斯曼的羽翼，并恢复了基督教在地中海的优势。

第四十九章｜欧洲人的知识复兴

在整个 12 世纪，有诸多迹象表明，欧洲的知识正在恢复到其充满勇气和萌发的时光，并准备再度重拾开始于希腊的科学精神，以及意大利卢克莱修思索的模式。这一复兴的原因是繁多而复杂的。私人战争的抑制，十字军东征后带来的舒适和安全，探险的经历对人的头脑的刺激，这些无疑是必要的初始条件。贸易正在复苏，城市恢复安宁，教育标准虽然发生在教会，但是也在世俗的人们那里传播。第 13 世纪和 14 世纪是一个成长的阶段，独立或半独立的城市，威尼斯、佛罗伦萨、热那亚、里斯本、巴黎、布鲁日、伦敦、安特卫普、汉堡、纽伦堡、诺夫哥罗德、威斯比和卑尔根，它们都是有许多旅行者的贸易城市，人们在那里交易和旅行，交谈和思考。教皇和王侯的论战，迫害异教徒野蛮罪恶的行径，引起了人们怀疑教会的权威，并且开始质疑和讨论一些基本的问题。

1298年出版的《马可波罗游记》中的一页

我们已经看到，阿拉伯人成为在欧洲恢复亚里士多德影响的载体，也看到了弗里德里希二世等人使得阿拉伯哲学和科学作用于欧洲思想的复兴。在思想的煽动中，更有影响力的是犹太人。他们的存在是对教会主张的一种审问。最后，令人着迷的炼金术的秘密传播得非常广泛，使得人们开始重视美妙的、诡异的，但是富有成效的实验科学。

人类精神的醒悟，绝不局限于独立和受过良好教育的人。普通人的思维也开始活跃起来，在人类所有的经验中，这是前所未有的。尽管有牧师和迫害，基督教似乎在其教学上达到了的任何地方，都会带来精神上的骚动。它建立了人的良心与神的公义之间的直接关系，所以，如果需要，他就有勇气对王侯、高级教士或信仰，形成自己的判断。

早在第 11 世纪，哲学讨论在欧洲就已经重新开始，在巴黎、牛津、博洛尼亚和其他中心，大学数量在不断增长，中世纪的"经院哲学家"再度兴起，抛出了一系列关于价值和语言的意义等问题，这是科学时代思想进行明确思考的前提。因为他独特的天才，罗杰·培根（大约 1210—

佛罗伦萨圣十字教堂的米开朗琪罗墓

1293 年）成名了，他是牛津的方济会修士，现代实验科学之父。他的名字在我们的历史上值得突出宣扬，其影响仅次于亚里士多德。

他的著作反对无知的长篇大论。他告诉他的同时代人，这是无知的年代，这一点实在过于大胆。现在，一个人可以批判世界的愚蠢与严肃，所有方法依然幼稚、笨拙，教条是幼稚的。如今，这种批判不会引来杀身之祸；但中世纪的这些人，他们可能面临屠杀，面临饥饿，面临瘟疫带来的死亡威胁，但他们充满热情地相信智慧，相信信仰的完整和完美，并且忍受着反馈于他们身上的痛苦。罗杰·培根的著作就像茫茫黑夜中的一束光。他把自己的攻击加在对时代的无知上，提出了增加知识的建议。在他对实验的需要和收集知识的热情的坚持下，亚里士多德的精神再次复活在他身上。"实验，实验"，这是罗杰·培根一直在倡导的。

然而，对于亚里士多德本人，罗杰·培根不太喜欢。因为他是一个男人，

第四十九章｜欧洲人的知识复兴

古登堡当年印制的《圣经》，藏于华盛顿历史博物馆

男人就应该大胆地面对事实，而不是坐在房间里面看那些糟糕的拉丁文译本。"如果我有属于自己的机会，"他以非常时尚的方式写道，"我应该把亚里士多德所有的书都烧毁，因为对它们的研究只会浪费时间，产生误差，增加无知。"如果亚里士多德能够穿越到他的作品不再是那么受崇拜的时代，他可能也会产生这种情绪，正如罗杰·培根所指出的，这是最可恶的译本。

通过他的书，可以看出一点伪装的痕迹，因为它要符合正统，担心被监禁。罗杰·培根向人类发出呐喊："不要再被教条和权威统治，看看这个世界吧！"他谴责无知的四个主要来源：尊重权威、习惯、无知的群众意识，以及人类性格中的固执和骄傲。只有战胜这些，一个强有力的世界才将会对人类开放：

"即便没有划船者，机器导航也是可能的，这样巨大的船只适合河流或海洋；一个人驾驶，比船上装满了划手，速度会更快。同样，车辆可能被制造出来，这样即使没有牵引的牲畜，速度也将非常惊人，镰刀战车已经成为过去的事情。飞行的机器成为可能，某个人可能坐在中间转动一些装置，人工制作的翅膀可以击打空气，就像鸟类的飞行方式一样"。

古登堡木刻图

罗杰·培根是这样写的,但是在人们开始系统试图探索隐藏的力量,并且摸索到存在于人类事务暗面之下的利益之时,已经过去了3个世纪。

但是这个撒拉逊人的世界不仅给基督教世界的哲学家和炼金术士提供了刺激,它也提供了纸张。纸张使欧洲的知识复兴成为可能,其重要性怎么强调都不过分。纸起源于中国,它的使用可追溯到公元前2世纪。751年,中国进攻撒马尔罕的阿拉伯穆斯林,他们被击退,在被俘虏的人中,有一些造纸的技术工人,正是从他们那里,人们学会了这门艺术。从第9世纪开始,阿拉伯纸质手稿仍然存在。纸张的制造或者经过希腊传入基督教世界,或者是在基督教世界重新征服西班牙的时候得到了摩尔人的造纸坊。但在基督教的西班牙,产品质量非常低。在13世纪末之前,基督教的欧洲还没有制作出好的纸张,然后,是意大利引领了世界的造纸业。只是到了14世纪,制造业才到达神圣罗马帝国,直到19世纪末,它才丰富起来,而且便宜到足以使印刷书籍成为切实可行的商业。于是印刷术自然而然地出现了,印刷术是最明显的发明,世界的知识生活进入了一个新的、更加蓬勃的阶段。它不再是一点点从心到心的涓涓细流,它变成了一个广泛的洪水,数以千计,成千上万的头脑开始参与进来。

印刷这一成就的直接结果,是世界上出现了非常丰富的《圣经》

罗杰·培根雕像

第四十九章 | 欧洲人的知识复兴　　217

版本。另一个后果是学校的教材变得便宜了。知识迅速传播。不仅世界上的书籍大幅度增加,而且现在制作的书更易于阅读,更容易理解。人们不必再受困于难以辨认的文本,而可以专心思考其意义所在。读者阅读的时候没有什么障碍。随着阅读设施的增加,阅读的公众人数也在增长。书籍不再是一个高度装饰的玩具或学者的秘密。人们开始写书,普通人也可以进行阅读。他们用普通的语言写作而不是用拉丁语。随着14世纪的到来,真正的欧洲文学史开始了。

到目前为止,我们只涉及在欧洲复兴过程中撒拉逊人的部分。现在让我们来看看蒙古人征服的影响。他们极大地激发了欧洲的地理想象力。有一段时间,在大可汗的推动下,所有亚洲和西欧国家都能够享受公开的交往;所有道路暂时开放,各个国家的代表出现在哈拉和林的宫廷。由于基督教和伊斯兰教的宗教纷争导致的欧洲与亚洲之间的壁垒在降低,教皇对于蒙古人皈依基督教寄予很高的希望。到目前为止,他们唯一的宗教是萨满教,是原始的异教。教皇的使者,来自印度、巴黎、意大利的牧师们,中国的工匠,拜占庭和亚美尼亚商人,与阿拉伯官员和波斯和印度的天文学家和数学家同时出现在蒙古的宫廷。我们听到太多蒙古人大屠杀的历史,但是没有足够关注他们的好奇心和求知欲。或许他们并不是特别创新的人,但是成为知识和方法的发射器,他们对世界历史的影响是巨大的。我们可以了解到忽必烈的模糊和浪漫的个性,这有助于加深一种印象,即这些人至少是具有非凡理解力和创造性的君主,如同那华丽但自负的亚历山大大帝,或者是精力充沛但不识字的神学家查理曼,他是政治幽灵的制造者。

这些来到蒙古宫廷的访问者之中,最有趣的一位是威尼斯人,马可·波罗,后来他把他的故事写在一本书里。大约在1272年,他与父亲和叔叔一起去了中国,他的父亲和叔叔曾经去过一次。大可汗被老波罗深深地打动,这是他见过的第一个拉丁人,他派他们回去咨询

海边沉思的哥伦布,奥博雷格1856年绘

能不能请来教师和有学问的人向他解释基督教，其他欧洲的东西也引起了他的好奇心。他们与马可的访问是他们的第二次访问。

这3位波罗取道巴勒斯坦而不是克里米亚，这和以前不一样。他们携带了大汗给他们的金牌以及其他的标志物，这极大地方便了他们的旅程。大可汗想要一些燃烧在耶路撒冷圣墓里的灯油，所以他们首先去了那儿，然后经过西利西亚，进入亚美尼亚。他们到目前为止一直北上，因为苏丹的埃及这个时候正在袭击蒙古领域。他们是通过美索不达米亚到达波斯湾的霍尔木兹海峡，看起来他们打算航行。他们在霍尔木兹遇到了来自印度的商人。因为某些原因，他们没有坐船，而是向北穿过波斯沙漠，通过在帕米尔高原的巴尔克来到喀什葛尔，通过和田、罗布泊来到黄河流域，到达北京。在北京他们得到了大可汗的热情款待。

马可特别懂得取悦忽必烈。他年轻，聪明，而且很明显他已经彻底掌握了蒙古语。他被授予官衔，接受了多个使命，主要是在中国西南。他讲述了一个民众友好，并且非常繁荣的国家的故事。"对于旅行者而言，一路上都是特别

晚霞中的佛罗伦萨

马可波罗马赛克画像

好的旅店",以及"非常好的葡萄园、田地和花园","许多寺庙"的佛教僧侣,"丝绸、黄金和许多精美的绸布制造""接连不断的城市和城镇",诸如此类。最初,欧洲人持怀疑态度,但是很快激发了他们的想象力。他谈到了缅甸,以及它包含数百头大象的大军,这支大军又是如何被蒙古的弓箭手击败。他谈到了日本,并且夸大了那个国家的黄金数量。他统治了扬州3年,他可能给中国居民留下了深刻印象,因为他是一个外国人,而不是任何一个鞑靼人。他也可能被派往印度执行任务。中国记录提到了马可在1277年做过中书省的官员,这对于波罗的故事是非常有价值的佐证。

马可·波罗游记的出版对欧洲的想象力产生了深远的影响。欧洲文学,尤其是15世纪的欧洲浪漫文学,与马可·波罗的故事中的名字相呼应,与中国的太平洋(中国北部)、大都(北京)等的名字都是相呼应的。

两个世纪后,《马可·波罗游记》的读者中有一位热那亚水手,克里斯多弗·哥伦布,他突发奇想,准备向西航行环游世界到中国。在塞维利亚,有一本由哥伦布写的游记。上面陈述了许多理由,以说明为什么应该朝着这个方向行进。直到1453年,土耳其人占领君士坦丁堡之前,它一直是西方世界和东方之间的一个公平的贸易集市,热那亚人曾在那儿自由交易。但"拉丁"的威尼斯,热那亚的死敌,一直是土耳其人对付希腊的盟友和协作者,随着土耳其人的到来,君士坦丁堡变成一个对于热那亚贸易非常不友好的城市。长久以来被遗忘的发现,即世界是圆的,逐渐恢复了对人类思想的支配。向西到达中国的想法,是一个非常明显的例证。有两件事促成了它的发生。一是指南针的发明,人们不再依托于晴朗夜晚的恩赐,不再依赖于星星来确定他们的航行方向;二是诺曼人、加泰罗尼亚人、热那亚和葡萄牙已经推进到大西洋加那利群岛、马德拉群岛和亚速尔群岛。

然而,哥伦布在把他的想法付诸实践之前,面临着很多的困难。他穿梭于欧洲宫廷之间。最后在最近从摩尔人手中夺回的格拉纳达,获得了费迪南和伊莎贝拉的赞助,才得以乘坐三艘小船出发开始穿越未知的海洋。经过2个月零9天的航行,他来到了一个他认为是印度的地方,但实际上这是一个新大陆,旧世界从来没有想象过它的独特存在。他带着金子、棉花、奇怪的野兽和鸟类回到了西班牙,还带着两位目光炯炯有神的印第安人,准备让他们接受洗礼。他们被称为印第安人,因为,一直到他的时代结束,他始终认为,他发现的这片土地是印度。几年之后,人们才开始意识到美国的整个新大陆,并把新大陆添加到世界的资源中。

哥伦布的成功极大地刺激了海外探险事业的发展。1497年,葡萄牙绕过非洲到印度。1515年,麦哲伦,一位受雇于西班牙的葡萄牙水手,指挥5艘船从塞维利亚向西行驶,其中的维多利亚号回到了塞维利亚,这是第一艘环游世界的船只,船上有31个幸存者,而航行开始的时候船上共有280人。麦哲伦本人在菲律宾群岛遇难。

印刷的纸质书,使认识圆形的大千世界成为可能,人们对陌生的土地产生了新的看法,奇怪的动物和植物,奇怪的举止和习俗,海外和天空,全新的生活方式和材料突然全部出现在欧洲人的头脑之中。被埋葬和遗忘很久的希腊经典,很快被印刷和研究,柏拉图的梦想、传统共和国的尊严和自由,所有这些都在丰富着人们的思想。罗马统治区第一次把法律和秩序带到西欧,拉丁教会恢复了它,但在异教和天主教的罗马,好奇心和创新受到组织的支配和约束。拉丁思想的统治正在结束。从13世纪到16世纪,欧洲的雅利安人,由于闪米特人和蒙古人和希腊经典作品的重新发现,在这些刺激下,摆脱了拉丁传统,再次上升到人类精神物质的领袖地位。

第五十章｜拉丁教会的改革

拉丁教会本身受到这种精神复兴的巨大影响。它被肢解了，幸存下来的部分被广泛地更新。

我们已经讲过，在公元11世纪和12世纪，整个基督教世界都处于专制的统治之下。公元14世纪和15世纪，它对于人们头脑的影响在衰落。我们也已经描述了，早期流行的宗教热情，曾经是它重要的力量源泉，如何转而反对它的骄傲、迫害和集权，以及弗里德里希二世潜在的怀疑如何导致王公们的日益反抗。大分裂已经削弱了其宗教和政治的威信，最后几乎达到忽略不计的程度。反抗的力量从两边都开始了。

英国人的威克利夫学说广泛传播到整个欧洲。1398年，一位非常有学问的捷克人，约翰·胡斯，在布拉格大学举办了一系列关于威克利夫学说的讲座。这种教学迅速超越了受过教育的阶层，引起了人们极大的热情。在1414—1418年，在康斯坦斯召开了整个教会的全体会议，以解决大分裂问题。胡斯被邀请到会议，前提是皇帝承诺保证他的安全。但是他被抓住，被审判为异端，活活烧死（公元1415年）。因为这一事件，本来已经被安抚的波希米亚人，爆发了胡斯起义，开始了拉丁基督教世界的分裂。为了应对这次起义，教皇马丁五世，他是特意在康斯坦斯选出来的教皇，成为重新统一的基督教的头领，发起了十字军东征。

正在研习神学的马丁·路德，
约瑟夫·诺尔·帕顿1861年绘

胡斯在火刑之前的慷慨陈词

这些强悍的人发起了 5 次十字军东征，但是都失败了。15 世纪，欧洲所有无业的流氓都转向波希米亚，正如在 13 世纪已经转向韦尔多教派一样。但波希米亚的捷克，不像韦尔多派，他们相信武装抵抗的力量。在胡斯派的战车声中以及他们军队的呐喊声中，波希米亚的十字军东征就被溶解掉了，它甚至没有等到战斗开始（对多马利斯的战斗，1431 年）。1436 年，在巴塞尔召开了新的教会会议，签署协议平息了与胡斯派的关系，拉丁实践中的许多特殊情形得到承认。

从 15 世纪早期开始，一场大瘟疫给欧洲造成了许多社会混乱。民众中蕴藏着极端的痛苦和不满，英国和法国都爆发了农民起义，反对地主和富裕的阶层。胡斯战争之后，德国农民起义的烈度在增加，而且宗教的色彩非常浓厚。印刷术对这种发展产生了影响。15 世纪中叶，在荷兰和莱茵地区，有运用打字机工作的工人。印刷艺术传播到意大利和英国，其中卡克斯顿 1477 年在威斯敏斯特进行印刷工作。直接后果是《圣经》的大量增加和传播，广泛流行的争议都得以大量传播。欧洲世界成了一个读者世界，在某种程度上，过去任何一个社会都从未发生过这种事情。清晰的思路和更易于得到的信息迅速灌溉到人们的头脑之中，当时的教会正处于困惑和分裂时期，不能有效地为自己辩护，而当时的许多王公正在寻找方法来削弱教会在他们的领地攫取财富的行为。

在德国，对教堂的攻击是由非常有个性的前牧师，马丁·路德（1483—1546年）领导的。1517年，他出现在伏滕堡，对各种正统的教义和仪式提出了挑战。最初，他使用拉丁语进行学术辩论。然后，他拿起新的武器，印刷品，把他的意见用德语向普通人传播。有人试图像对待胡斯一样压制他，但印刷术已经改变了环境，在德国的王公里面，他有太多的公开的和秘密的支持者。

现在，在思想观念倍增和信仰衰弱的时代，有许多统治者看到了在打破人民与罗马之间的宗教关系上，他们自己具备的优势。他们试图使自己成为一个更为国家化宗教的元首。英格兰、苏格兰、瑞典、挪威、丹麦，德国北部和波希米亚，一个又一个，相继脱离了与罗马的交流。从那时起，他们一直是分开的。

王公们很少关心他们臣民的道德和智力自由。他们用宗教的怀疑和人民起义来加强他们对抗罗马的力量。只要他们达到了与教会破裂的目标，建立起在王公控制下的教会，他们就要保证对群众运动的控制。但是，在耶稣的教导中，总是有一种奇妙的活力，他要求直接诉诸正义，每个人对于忠诚和服从，都有自主决定的权利，无论世俗层面还是教会层面都是如此。所以，王权教会又分裂出很多教派，它们不允许教皇和皇帝影响自己与上帝的直接交流。例如，在英格兰和苏格兰，有许多教派现在牢牢地把《圣经》作为他们生活和信仰的指南。他们拒绝了国家教会的纪律。在英格兰的这些持有异议的人，是不因循守旧的人，在17世纪和18世纪国家政治领域起到了非常重大的作用。在英格兰，他们反对国王同时兼任教会领袖，把国王查尔斯一世（公元1649年）杀头，在11多年的繁荣时期里面，英国是"非国教徒"统治下的一个共和国。

北部欧洲从拉丁基督教世界的脱离，就是通常所说的宗教改革。这些损失的冲击和压力，促使罗马教会本身可能产生深远的变化。教会进行了

胡斯战争中最惨烈的里潘战役

改组，一种新的精神进入了它的生活。这个复兴的主要人物之一，是一位年轻的西班牙士兵，洛佩兹·德卡尔德，世人更为熟知的名字是圣罗耀拉。经过一些浪漫的开始，他成为一个牧师（公元1538年），声称找到耶稣的社会，直接尝试把军队中的慷慨和侠义精神纳入宗教服务。他创建了耶稣会，成为一名世界上从未见过的伟大传教士。耶稣会把基督教传入印度、中国和美洲，阻止了罗马教会的迅速瓦解，提高了整个天主教世界的教育水平；提高了天主教徒的知识水平，并加速了天主教意识的广泛传播，刺激了新教徒在教育上的进取心。我们今天所知道的充满活力和进取心的罗马天主教堂，主要是耶稣会复兴的产物。

第五十一章 | 查理五世

在皇帝查理五世统治期间,神圣罗马帝国发展到了顶峰。他是欧洲所经历过的最特别的君主之一。有一段时间,他有可能成为自查理曼大帝以来最伟大的君主。

他的伟大不仅仅是个人的努力,很大程度要归功于其祖父皇帝马克西米连一世(公元1459年至1519年)。一些家族在战斗,其余的则通过其他途径掌控世界权力,哈布斯堡王朝的方式是联姻。马克西米连的生涯开始于奥地利施泰尔马克州、阿尔萨斯和其他地区的一部分,这是最早的哈布斯堡王朝继承而来的。他结婚了,这位女士的名字对我们并不重要,主要是他得到了尼德兰和勃艮第。

查理五世,苏斯特利1548年绘

他的第一个妻子去世后,勃艮第的大部分流失了,但是他得到了尼德兰。随后,他试图通过联姻的方式取得布列塔尼,但是没有成功。1493年,他继承了父亲弗里德里希三世的王位,又靠联姻得到了米兰。最终,他让儿子迎娶了费迪南和伊莎贝拉那个弱智的女儿,哥伦布斯的费迪南和伊莎贝拉,不仅统治着新统一的西班牙、撒丁岛和两个西西里岛的王国,而且还有巴西西部的整个美洲。于是,他的孙子查理五世继承了大部分美洲大陆,而且还有欧洲土耳其人统治区域的1/3或者1/2。1506年,他继承了尼德兰。1516年,他的外祖父费迪南去世,因为他妈妈是个弱智,他成为西班牙统治区域的实际国王。1519年,他的祖父马克西米连去世。1520年,他被选为皇帝,当时只有20岁。

他是个漂亮的年轻人,但看上去不太聪敏,一张厚嘴唇,一个又长又笨的下巴。他发现自己处于一个充满活力的年轻人的世界里,那是一个才华横溢的年轻君主的时代。弗兰西斯一世在1515年成功地继承了法国王位,21岁;亨利八世于公元1509年成为英格兰国王,18岁。这是巴伯尔在印度的时代(1526—1530年),苏莱曼在土耳其的辉煌时期(公元1520年),他们都是非常有才华的君主,教皇利奥十世(公元1513年)非常杰出。教皇和弗兰西斯一世,试图阻止查理当选为皇帝,因为他们害怕集中在一个人手中的权力太多。弗兰西斯一世和亨利八世都参加了皇帝选举。但现在有一个悠久的哈布斯堡王朝皇帝的传统(自1273年开始),再加上贿赂,最终查理赢得了选举。

起初,这个年轻人在大臣们手中简直就是一个伟大的傀儡。然后慢慢地,他开始坚持自己,并掌握了控制权。他开始意识到他崇高地位所带来的复杂威胁。这是一个辉煌但是不稳固的地位。

从他统治开始,他就面临路德的鼓动在德国造就的形势。在教皇反对他当皇帝的时候,皇帝支持改革者。他在西班牙长大,是大多数信奉天主教国家,

查理五世的宫殿

他决定反对路德。这样,他就与新教诸侯产生了冲突,特别是萨克森州的选民。他发现自己在一个开放的裂痕之间,这道裂痕把陈腐的基督教分为两个对立阵营。他试图关闭裂痕的努力,是艰苦的、诚实的,但也是无效的。德国爆发了激烈的农民起义,与这些总体的政治和宗教纷争交织在一起。这些内部的麻烦由于帝国面临的来自东方和西方的攻击而更加复杂,在查理的西面,是他顽强的对手,弗兰西斯一世;向东是永远处于攻势的土耳其人,现在匈牙利,与弗兰西斯结盟,并且叫嚣要求补偿来自匈牙利领

马克西米利安戎装图,彼得·鲁本斯1618年绘

土的进贡。查理拥有西班牙财政和金融的处置权,但从德国获得任何有效的资金支持则非常困难。他的社会和政治问题由于金融危机而更加复杂。他被迫进行最终导致其毁灭的借款。

总的来说,查理与亨利八世结盟,成功地对抗了弗兰西斯一世和土耳其人。他们的主要战场是北意大利,两边的指挥都非常乏善可陈;他们的前进和后退,主要取决于增援部队的到来。德国军队入侵法国,未能拿下马赛港,回到意大利,失去了米兰,被围困在帕维亚。弗兰西斯一世对帕维亚进行了长期的围攻,但是没有成功,被新的德国军队打败了,受伤被俘。但后来教皇和亨利八世仍然对他过于集中的权力心有余悸,转而反对查理。在米兰的德国军队,在波旁将军的统治下,因为没有报酬,强迫而不是跟随他们的指挥官突袭了整个罗马。他们冲进城市,大肆抢劫(公元 1527 年)。教皇在圣安吉洛城堡避难,劫掠和屠杀继续进行。最后,教皇支付了 40 万达克特给德国军队。十年的混战使得欧洲贫困化。最后皇帝发现自己在意大利取得了胜利。1530 年,他被教皇加冕,

他是最后一位在博洛尼亚加冕的德国皇帝。

与此同时，土耳其人在匈牙利取得了巨大进展。1526年，他们击败并杀死了匈牙利国王，得到了布达佩斯。1529年，苏莱曼一世几乎占据维也纳。皇帝非常关注这些进展，尽最大努力驱赶土耳其人，但他发现，让德国诸侯在这个边界上与这个强大的敌人联合起来，是最困难的。弗兰西斯一世非常固执，出现了新的法兰

在教皇面前的亨利八世与查理五世

西战争。1538年，查理占领了法国南部，以确保对手采取更加友好的态度。弗兰西斯和查理结成联盟反对土耳其人。但新教诸侯，神圣罗马帝国诸侯们决定脱离罗马，已经结成了施马尔卡尔登同盟，反对皇帝，开展了一场伟大的运动，试图把匈牙利重新纳入基督教世界。查理于是转换了思路，决定在德国整合内部的斗争。在那场斗争中，他只看到了战争。这是一个斗争，是诸侯们残暴的非理性的争吵，其目的是赢得优势。现在，激烈的战争和破坏，再次回到阴谋和外交；那是蛇一般狡猾的政策，继续扭动地到19世纪，使得中欧面临一次又一次消耗。

在这些聚集的麻烦中，皇帝似乎从未掌握过真正的重点。就那个年代他的地位而言，他是一位特别杰出的人物。他似乎介入了宗教纠纷，这些纠纷正是欧洲神学差异的原因。他试图通过开会的方式和解，但是徒劳无用。他还尝试发布声明。学习德国历史的学生必须对纽伦堡宗教和约的细节进行仔细的分析，包括雷迪森协议和奥格斯堡临时协议。在这里，我们只能提到这个终极皇帝充满忧虑的生活细节。事实上，欧洲的许多诸侯和统治者似乎都没有按照诚信行事。世界上普遍的宗教麻烦，普通人对于真理和社会正义的愿望，当时的知识传播，

这一切都只是专属于王侯们的想象。英国的亨利八世，他的职业生涯开始于一本反对异端的书籍，曾被教皇授予"信仰的捍卫者"称号，他急于与第一任妻子离婚，他爱上了一个名叫安妮·博林的年轻的姑娘，并希望掠夺英格兰教会的巨大财富，1530年，他加入了新教诸侯的事业。瑞典、丹麦和挪威已经在新教的阵营里面。

  德国的宗教战争开始于1546年，马丁·路德去世后几个月。我们不必受困于这次运动的详细事件。新教的撒克逊军队在洛豪惨败。由于某种违背信仰的东西，皇帝的主要反对者黑塞的菲利普被捕并被监禁，土耳其人被每年进贡的许诺给收买了。1547年，弗兰西斯一世去世了，皇帝得到了巨大解脱。所以，到了1547年，查理得到了一种和解，并做出了最后的努力来实现没有和平的和平。1552年，整个德国再次陷入战争，查理从因斯布鲁克逃离免遭被俘的命运，在1552年，通过帕绍条约，迎来了另一个不稳定的平衡。这就是查理32年政治的简要概述。有趣的是，欧洲的思想完全集中在争夺欧洲霸权的斗争上。无论是土耳其人、法国人、英国人还是德国人，都没有在美洲大陆发现任何政治利益，也没有发现任何到亚洲新航线的意义。在美洲，发生了很重大的事情；

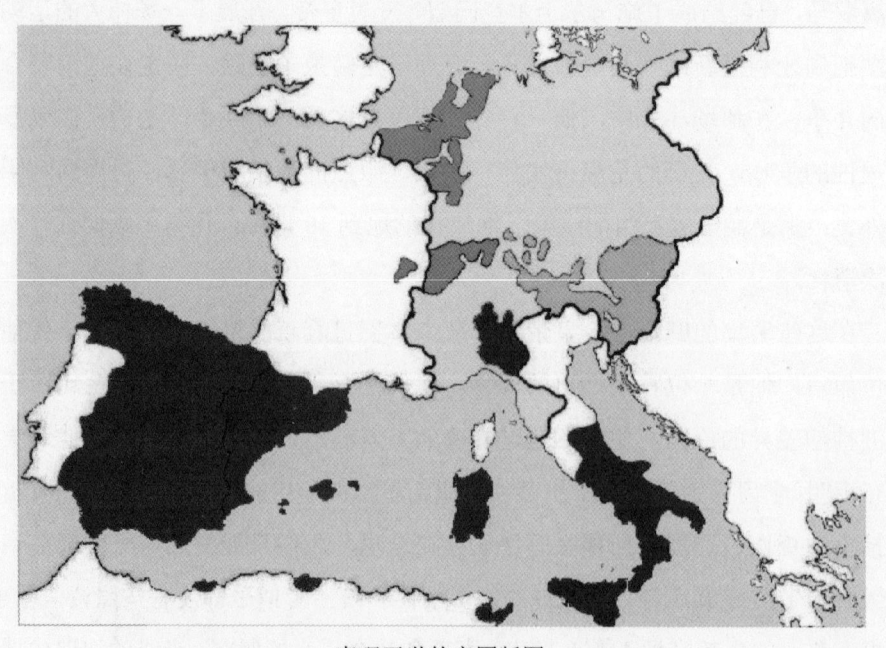

查理五世的帝国版图

科尔特斯带领极少数的人，为了西班牙征服了墨西哥的新石器时代的帝国，皮萨罗越过巴拿马地峡（公元 1530 年），征服另一个神奇的土地，秘鲁。但迄今为止，这些事件对于欧洲来说，其意义仅仅在于它是流入西班牙财政部的白银。

只是在帕绍条约之后，查理开始显示自己独特的创意。他现在完全厌倦了扩张帝国的想法。这种欧洲竞争令他难以忍受降临在他身上。他体质很弱，生性懒惰，并患有严重的痛风。他放弃了。他在德国的统治全交给了他的弟弟费迪南，把西班牙和荷兰传给儿子菲利普。然后，他退休来到尤斯蒂德的一个修道院，位于塔霍河流域北部山区，周围到处都是橡树和板栗林。1588 年，他死在那里。

关于他伤感的退休生涯，已经有很多著述了，说他之所以放弃这辉煌的职位，过着与世隔绝的生活，是因为他产生了厌世的态度，寻求与上帝的和平独处。但他的退出并非独行的，也不是一种苦行。追随他的有 150 人，虽然没有杂役和宫廷，但是其辉煌和爱好都得以保留。而且菲利普二世是一个孝顺的儿子，他父亲的建议对他而言就是命令。

如果查理对欧洲事务的管理失去了兴趣，那么还有其他动机更直接地刺激他。普雷斯科特说："在吉哈达和加斯特卢，还有部长巴利亚多利德每天的私人通信之中，几乎没有一封信，不对皇帝的饮食或生病表示关注。这是一个似乎自然遵循的惯例。这样的话题已经形成了与国家部门的沟通负担，这是非常罕见的。对于部长来说，政治和美食很奇怪地混合在一起的新闻追踪极为重要。从巴利亚多利德到里斯本，特使奉命绕道而行，以便在他的路线中纳入哈兰迪利亚，并将一些供应品拿到皇帝的餐桌上。在周四他要把鱼带来，遵循素食的需要。查理附近的鳟鱼太小，所有体积较大的鱼是从巴利亚多利德带来的。各种各样的鱼都符合他的口味，因为，实际上，他的本性或习惯接近鱼。鳗鱼、青蛙和牡蛎，是皇家食谱的主菜。罐头鱼，尤其是凤尾鱼，他非常喜欢；他后悔自己没有从低地国家那里得到更好的供应。他特别喜爱鳗鱼馅饼。"

1554 年，查理从教皇尤利乌斯三世那里获得了免除斋戒的权利，甚至当他在进行圣礼的时候，早上就可以不守斋戒。

饮食和医疗！这是他最为关注的事情。他从来没有养成阅读的习惯，但是继查理曼大帝之后，他会在吃饭的时候找人大声阅读给他听，一个讲述者将其描述为"甜蜜的天堂的评论"。他还喜欢机械玩具，听音乐或布道来自娱自乐，在他处理政务的时候也是如此。对于皇后的死，他非常重视，他已经把思想转向了宗教，这体现在他一丝不苟的礼仪形式。在四旬斋的每个星期五，他和其他的牧师一起鞭打自己，直到出血为止。这些练习和痛风释放出查理对于宗教的热情。巴利亚多利德新教的出现使他愤怒起来。"告诉宗教法庭和他的委员会，必须发挥自己的职能，在它进一步蔓延之前，把斧头放在邪恶的根部，直接砍断。"虽然他也怀疑程序问题，因为这样他就省去了普通司法公正，这究竟是否正确。但他下手的时候毫不留情，"如果赦免，应该重复他犯罪的机会"。他还以自己在荷兰的事情为例，"剩下的仍然固执于他们错误的人，将被活活烧死，而那些承认后悔的人，则被斩首"。

他的地位和作用在历史上具有象征意义的事件，是他对葬礼的关注。他似乎有一种直觉，欧洲某些伟大的事务已经死去，需要埋葬，需要葬礼，这是早就应该完成的。他不仅参加了在尤斯特的每一个葬礼，而且他还为没有死者的葬礼提供服务，为了纪念他妻子去世1周年举行了葬礼，最后他还举行了自己的葬礼。

"教堂被布置成黑色，几百支蜡灯的火光几乎无法驱散黑暗。信徒们穿着修道院的衣服，皇帝的亲属穿着丧服，围着一个巨大的灵柩台，同样笼罩在黑色里面，被放置在教堂的中心。然后就是死者的葬礼仪式，在修道士们凄惨的哀号中，祈祷者为逝去的灵魂而祈祷，祝愿死者进入天国。悲伤的仆人流出了眼泪，因为他们的头脑中浮现出他们的主人的死亡形象，或者他们被感动了，也许通过这个可怜的软弱形象表现同情。查理，裹着黑斗篷，手里拿着一根点燃的蜡烛，与他的家庭成员，也是他的葬礼的观众在一起；仪式以他把变细的蜡烛放置在牧师的手中结束，这意味着他把灵魂交给了全能的神。"

在这次假葬礼两个月之后，他死了。神圣罗马帝国的伟大与他一同逝去。他的领土已经被他的兄弟和他的儿子瓜分。神圣罗马帝国确实挣扎到拿破仑一世的时代，但那时它已经是一个无效和垂死的东西。一直到今天，它没有被埋葬的传统仍然在毒化着政治空气。

第五十二章 | 政治实验时代：君主立宪制、议会制和欧洲共和主义

拉丁教会被打碎了，神圣罗马帝国正在极度衰落。从16世纪开始的欧洲历史就是一个人们对某种新的政府形式进行摸索的故事，它更好地适应了新出现的条件。在古代的漫长时期，即使王朝发生变化，甚至出现了统治民族和语言的变化，但君主和寺庙的政府形式仍然相当稳定，而普通的生活方式更为稳定。在16世纪的现代欧洲里，王朝的变化是不重要的，历史的兴趣在于政治和社会组织中广泛而多样的实验。

从16世纪开始，世界的政治历史就是我们所说的，人类努力使其政治和社会方法适应于已经出现的某些新情况。因为条件本身的快速变化，适应的努力极其复杂。适应主要是无意识的，几乎总是不情愿的（一般人讨厌主动变化），所以往往大大落后于条件的改变。从16世纪开始，人类的历史是一个政治和社会机构越来越明显格格不入的故事，更不舒适，更无理取闹，人们开始缓慢地认识到需要重建整个人类社会的基调，这相对于以往的生活经验而言是全新的。

在人类生活的条件中，这些变化是什么，它们如何打乱了帝国、牧师、农民和商人的平衡，用野蛮性的征服实现周期性的复苏，在旧世界里以一种超过百余世纪的运行模式来处理人类事务？

1618年的弗兰西斯·培根

被绘制成奥林匹斯诸神的路易十四全家福

变化是多种多样的,因为人类的事务也是众多而复杂的;但主要的变化似乎都将可以归结为一个原因,即增长和扩展一个事物的本质的知识。这些知识开始于知识分子的小群体之中,首先慢慢蔓延,在过去500年扩展迅速,逐渐扩展到越来越多的人群里面。

但是由于人类精神的改变,人类的状况也发生了巨大的变化。这种变化与知识的增长和扩展是同步的,并与之微妙地联系在一起。已经有一种不断增长的倾向,认为生活是建立在共同的、更基本的愿望之上,但是这些往往是不那么令人满意的,因此寻求更广泛的生活参与。在过去的20多个世纪里,这是佛教、基督教和伊斯兰教等世界上所有宗教的共同特征。他们不得不用一种旧宗教不必做的方式来对待人的精神。这是一种在本质和成效上都与迷信血祭的以寺庙和祭司为基础的宗教不同的力量,它们已经被部分修改和替代了。他们逐渐在个人中形成了自尊,并在对人类共同的关注中形成了参与责任感,而这在早期文明中是根本不存在的。

政治和社会生活条件的第一个相当大的变化,是古代文明书写方面的简化和扩大使用,这也使更大的帝国和更广泛的政治理解切实可行和不可避免。接下来的运动是伴随着马的引进而展开的,也包括后来作为一种运输工具的骆驼。由于在陆地上发现了铁,轮式车辆的使用、道路的扩展和军事效率的提高,都成为可能。由于货币的创造,广泛的经济所有权和债务、贸易性质的变化,都可以归结为这个方便然而危险的创造。帝国的规模和范围越来越大,人类的思

路易十四的皇家游行队伍通过蓬赛斯

想也相应地发展起来了。地方神消失,神权时代消失。历史和地理记录日趋详细,人类第一次认识到自身的深刻无知,第一次开始进行系统的知识搜索。

有一段时间,开始于希腊和亚历山大的辉煌科学进程被中断了。条顿人的袭击,蒙古人的西进,反复的宗教重建和大瘟疫给政治和社会秩序施加了巨大的压力。当文明从冲突和混乱的阶段再次出现时,奴隶制不再是经济生活的基础,而第一家纸张工厂则为收集信息和合作准备了一个新的媒介。渐渐地,知识的搜索,系统的科学过程,都得以恢复。

现在,从16世纪开始,作为系统思维不可避免的副产品,出现了一系列不断增长的发明和设备,影响着人们之间的相互交流和相互作用。他们都倾向于更广泛的行动,更大的相互利益或伤害,并且增加了合作,这一过程变得越来越快。人类的思想对这些都没有做好准备,直到20世纪初的大灾难加快了人们的思想进程,历史学家几乎没有提出过任何聪明的计划以适应新的条件,适应这种发明不断增加的时代。人类的历史在过去的4个世纪里很像一个被囚禁的沉睡者,当囚禁他的监狱着火的时候,他的行动非常笨拙,难以适应,他并没有醒来,而是把这种着火的啪啪声和火光的温暖与古代的奇怪梦境结合起来,而不是自觉意识到危险和机会。

因为历史不是个人的生活,而是社会的故事,历史记录中最有价值的发明是影响通信的发明,这一点是不可避免的。在 16 世纪,我们必须注意的主要新事物是印刷纸的出现和能够跨洋航海的、使用航海罗盘的新装置。前者越发便宜,得以传播,使得教学、公共信息和讨论、政治活动的基本操作都面临革命化的态势。后者使得圆形的世界一体化。但同样重要的是,蒙古族在 13 世纪首次向西使用的枪炮,以及火药的利用和改良程度也同样重要。这破坏了城堡和城墙。枪炮横扫封建主义。君士坦丁堡倒地中枪。墨西哥和秘鲁也毁于枪炮的进攻。

第 17 世纪见证了系统科学出版物的发展,这是一个当时不太引人注目但最终更具孕育性的成果。在这伟大的一步中,最突出的领袖是弗兰西斯·培根爵士(1561—1626 年),随后是韦鲁勒姆,英国上议院的大法官。他是另一个英国人吉尔伯特博士的学生,也许还是喉舌。吉尔伯特,是科尔切斯特实验哲学家(1540—1603 年)。第二个培根,像第一个宣扬观察和实验一样,他用鼓舞人心的和富有成果的形式的乌托邦故事《新大西洋》,表达他伟大的科研服务的梦想。

培根和议员在英国政府垮台的当天

欧洲人眼中的乌托邦

伦敦皇家学会，佛罗伦萨社会，和后来的其他国家机构的理论研究和知识的发布与交流，目前都开始兴起。这些欧洲科学社会不仅成为无数发明的源泉，而且对世界上那些支配和削弱人类思想的怪诞神学史展开了猛烈的批评。

尽管17世纪、18世纪没有类似书籍和航海船只的巨大发明，但是一直在进行知识和科学的积累，并且在19世纪出现了丰硕的成果。对世界的探索在继续，并绘制出地图，地图上出现了塔斯马尼亚、澳大利亚和新西兰。18世纪，冶金技术中出现了煤炭，铁的成本迅速降低，铁的应用更为广泛。现代机器制造的时代即将到来。

像天上的树木一样，科学萌芽、开花和结果。随着19世纪的开始，从那时起就永远没有停止的科学成果，开始了。首先是蒸汽和钢铁、铁路、伟大的班轮、巨大的桥梁和建筑物，机械几乎拥有无限的力量，每一个人的物质需求都可能得到慷慨的满足，然后，更妙的是，电子科学

1550年君主论封面

隐藏的宝藏也向人类开启了……

我们已经把16世纪的人类政治和社会生活，比喻成一个沉睡的囚犯，他躺在监狱里，在火烧监狱的时候，仍然在做梦。在16世纪，欧洲的思想仍然沉浸在其拉丁帝国的梦想中，它的神圣罗马帝国的梦想，统一于天主教会之下。但是就像一些不可控因素，会坚持进入到我们的梦境一样，它们是非常粗鲁并且具有破坏性的，所以当我们被推进到这个梦境的时候，我们发现了皇帝查理五世丑陋的熟睡面孔和无尽的胃口，而英国的亨利八世和卢瑟把天主教的统一撕成碎片。

第17世纪和第18世纪的梦想转向个人君主制。几乎所有欧洲国家在这一历史时期，都试图运用各种权力巩固君主地位，使它绝对化，并把权力扩展到较弱的邻近地区，当然这也面临一些常见的阻力。首先是来自地主的阻力。然后随着对外贸易和国内产业的增长，阻力开始来自日益增长的贸易和金融阶层，他们抵制王室的苛捐杂税和各种控制。任何一方都没有彻底胜利。有时，国王占据上风；有时，持有私有财产的人占据了上风；有时，我们发现国王成为太阳和他的国家中心，但在他的边界，则存在一个坚固的商业阶层支持的共和国。如此广泛的变化表明，这一时期的各式政府，都是实验性的，都是地域性的。

在这些民族的戏码中，一个非常普遍的角色是国王的大臣，在天主教国家通常由高级教士担任，他站在国王身后，通过其不可或缺的服务实际上控制了国王。

因为本书篇幅有限，不可能详细地讲述这些不同民族的戏剧性。荷兰交易商逐渐转变成新教徒，支持共和，摆脱西班牙的菲利普二世，即皇帝查尔斯五世儿子的统治。在英格兰，亨利八世和他的大臣沃尔西，伊丽莎白女王和她的大臣伯利，奠定了专制主义的基础，但是被愚蠢的詹姆斯一世和查尔斯一世给毁坏了。查尔斯一世（公元1649年）因为叛国罪而被斩首，这是欧洲政治思想的新转折。近十几年来（直到1660年），不列颠是共和体制，而王室的权力很不稳定，与议会相比黯然失色，直到乔治三世（1760—1820年）才非常成功地部分恢复了其优势。另一方面，法国的国王是欧洲君主政体中最成功的君主。两个伟大的大臣黎塞留（1585—1642年）和马萨林（1602—1661年），建立了该国的王权,这个过程也受益于路易十四国王长期的统治和非常可观的能力,他被称为"伟大的君主"(1643—1715年)。

路易十四确实是欧洲的王者。他在自己的管辖范围内,是个特别能干的国王;他的野心比他卑劣的情欲更强大,他的外交政策混合了尊严和霸权,但这些最终导致国家走向破灭。他的近期渴望是巩固和扩大法国在莱茵河和比利牛斯山脉的统治,并且准备吸纳西班牙和荷兰;他的远期目标是要法国国王成为查理曼大帝的继承者,再现罗马帝国的辉煌。他使贿赂成为一种比战争更重要的国家手段,查理二世被他收买,大多数波兰贵族也是如此。他的钱,或者说是法国纳税阶级的钱,到处都是。但他最引人注目的特征是辉煌。他位于凡尔赛的大皇宫,它的沙龙、走廊、镜子、梯田、喷泉、公园和前景,是世界羡慕和钦佩的对象。

这激起了普遍的模仿潮流。欧洲的每个国王和诸侯都在建造自己的凡尔赛宫,只要材料和账单允许,都实现尽可能的超越。无论哪里的贵族阶层都在按照新的模式重建或者扩大其城堡。一个伟大的产业,即美丽的、精心制作的面料和家具行业开始发展起来。豪华艺术遍地开花,到处都是大理石雕、彩陶、镀金的木制品、金属、铭刻,更多的音乐,绚丽的画作,漂亮的印刷和装订,精美的陶器,精美的葡萄酒。在镜子和精美的家具中,出现了极为陌生的"绅士",戴着高高的粉状假发,身着丝绸和蕾丝,穿着高高的红色高跟鞋,以惊人的拐杖支撑进行平衡;还有更精彩的"贵夫人",扑着粉的头发下面,是金属支撑的大摆幅的裙子。伟大的路易一直在装模作样,他是自己世界的太阳,不了解那些愤怒的、痛苦的生灵,他们从较低的黑暗中观察他,那是他的阳光没有穿透的地方。

农民向领主交实物税,16世纪版画

在君主和实验政府的时期,德

克伦威尔打开查尔斯一世的棺材称：
这是一个多么好的人

国人们仍然处于政治分裂的状态，相当多的公爵和王公宫廷以不同的尺度模仿凡尔赛宫。30年战争（1618—1648年），在德国是一个毁灭性的争夺，它是德国、瑞典和波西米亚人为了不稳定的政治优势而展开的斗争，削弱了德国一个世纪的能量。一幅地图表明这种斗争结束时疯狂的拼凑状态，这是根据威斯特伐利亚和约绘制的欧洲地图（1648年）。侯国、公国、自由州等纠结在一起，有些部分在帝国之内，有些则在帝国之外。读者会注意到，瑞典的势力范围深入到德国，除了帝国边界内的几个岛屿之外，法国距离莱茵河还很远。在王国的拼凑中，普鲁士国王的地位稳步上升，它在1701年成为王国，其成长非常稳健，逐渐抵达了一个非常突出的地位，发动了一系列的战争。普鲁士国王伟大的腓特烈二世（1740—1786）在波茨坦有自己的凡尔赛宫，在那里他的宫廷说法语，读法语文学，其文化可与法国国王相媲美。

1714年，汉诺威选帝侯成为英国国王，在权力范围一半位于境内一半位于境外的君主名单中，又增加了一位。

查理五世的后裔中，奥地利保留了皇帝的称号；西班牙的分支仍然保留在西班牙，但现在又出现了东方皇帝。君士坦丁堡陷落后（公元1453年），莫斯科大公，伊凡大帝（1462—1505年），自称是拜占庭王位的继承人，采用拜占庭双头鹰的标志。他的孙子，伊凡四世，恐怖的伊凡（1533—1584年），假冒恺撒的帝王称号（沙皇）。但是，仅在17世纪后半期，俄罗斯在欧洲人的思维中就不再那样遥远和亚洲化了。沙皇彼得大帝（1682—1725年）把俄罗斯纳入西方事务的舞台。他为自己的帝国建立了新首都，涅瓦河上的彼得堡，成为俄罗斯和欧洲之间的一个窗口，他建造了自己的凡尔赛宫—夏宫，距离彼得堡18

英里，雇用法国建筑师给他设计平台、喷泉、瀑布、画廊、公园和所有伟大君主公认的一切。在俄罗斯，如同普鲁士一样，法语成为宫廷语言。

对于波兰而言，其地理位置的不幸体现在，它位于奥地利、普鲁士和俄罗斯之间，这是一个缺乏良好组织的国家，除了他们自己选举的君主，由于嫉妒心作祟，他们不能接受名义上的君主。尽管法国努力让它成为独立的盟友，但它的命运却是被这三个邻国瓜分。瑞士在这个时候是一群共和州的组合，威尼斯是一个共和国，意大利和德国非常相像，被大大小小的诸侯和王公分割。教皇统治像王公们一样，太害怕失去剩余的天主教贵族效忠，因此对它们不再干涉，不再提醒他们注意基督教世界的共同财富。在欧洲，确实没有共同的政治理念，欧洲被完全分割和多样化。

所有这些君主和共和国都采取了针对彼此的加强计划。他们中的每一个都奉行侵略邻国和侵略联盟的"外交政策"。今日，我们欧洲人仍然生活在这样的时代，五花八门的主权国家，仍然受到仇恨、敌对和猜疑等折磨。这个时段的历史变得越来越"八卦"，对于现代的信息来说，越来越无意义，越来越乏味。你被告知这场战争是由国王的情妇造成的，或者是由于一个大臣对另一个大臣的嫉妒引起的。贿赂和竞争如何毁掉了最聪明的学生。更持久的重要事实是，尽管有边界的障碍，阅读和思想仍然在蔓延和增加，发明成倍增长。18世纪，文学对当时的宫廷和政策产生了严重的怀疑和批判。在伏尔泰的《老实人》一书中，我们可以看出对于欧洲世界的混乱，他们已经表现出极端的厌倦。

彼得一世获得萨尔瓦，1859年尼古拉·萨尔维德绘

第五十三章 | 欧洲人在亚洲和海外的新帝国

当中欧仍然处于分裂和混乱状态的时候,西欧人尤其是荷兰、斯堪的纳维亚、西班牙、葡萄牙、法国和英国人正在把他们的事业扩展到全世界的海域。印刷机已经把欧洲政治思想变得更为巨大,首先产生的是发酵效应。而另一个伟大的发明,远洋航行的船,正在无情地扩大欧洲的经验,抵达了海域的最大边界。

荷兰和北欧在大西洋的第一批海外殖民地,并不是为了殖民,而是为了贸易和采矿。西班牙人首次来到这个战场,他们声称统治整个美洲新大陆。然而葡萄牙人也要求得到新大陆。教皇,也是罗马作为霸主的最后一次行动,就是把新大陆在这两个国家之间予以瓜分。巴西、佛得角群岛以西的370里以东的区域划分给葡萄牙,其余的都归到了西班牙(公元1494年)。葡萄牙人此时也在向南和向东推动海外事业。1497年,达·伽马从里斯本出发,绕过了好望角,到达桑给巴尔,再到印度的加尔各答。1515年,葡萄牙船只到达爪哇和摩

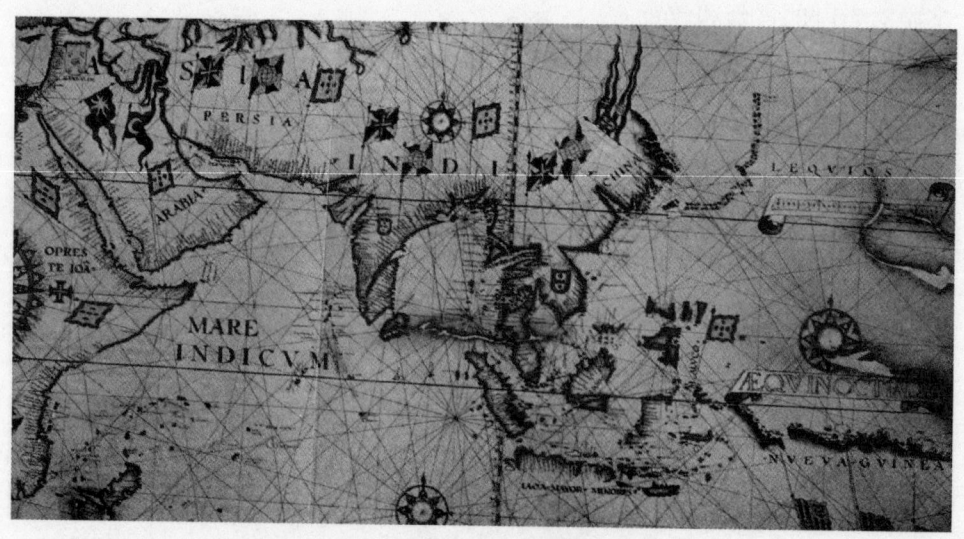

16-17世纪葡萄牙东印度公司地图

鹿加群岛，葡萄牙围绕印度洋海岸建立和强化了贸易站。莫桑比克、果阿邦和印度的两个较小的领地，在中国澳门和东帝汶的一部分在当时都属于葡萄牙的财产。

教皇的美洲安排中被排除在外的国家很少注意到西班牙和葡萄牙的权利。英国人、丹麦人和瑞典人，以及现在的荷兰人，很快就在北美洲和西印度群岛立桩标明自己的权利，而法国信奉天主教的陛下则把教皇的安排视为和新教一样毫无意义。欧洲战争扩展到这些要求和领地之上。

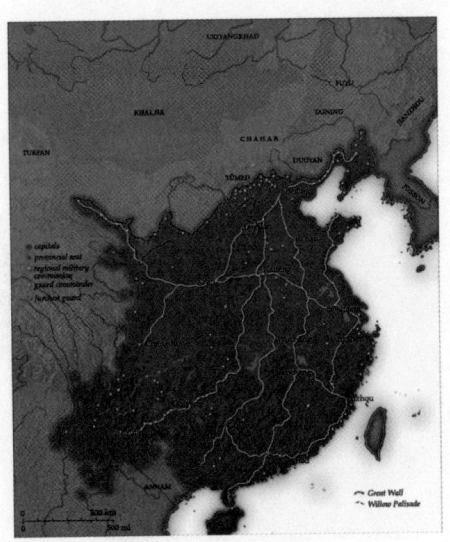

1580年明朝中心统治区域示意图

从长远来看，英国人在争夺海外领地方面是最成功的。丹麦人和瑞典人深深纠缠在德国复杂的事务中，无法进行有效的海外探险。瑞典被浪费在德国战场是因为一个奇特的国王，古斯塔夫·阿道夫，被称为新教的"北方之狮"。荷兰继承了瑞典在美洲的进展，荷兰在反对英国的进程中和法国走得太近了。

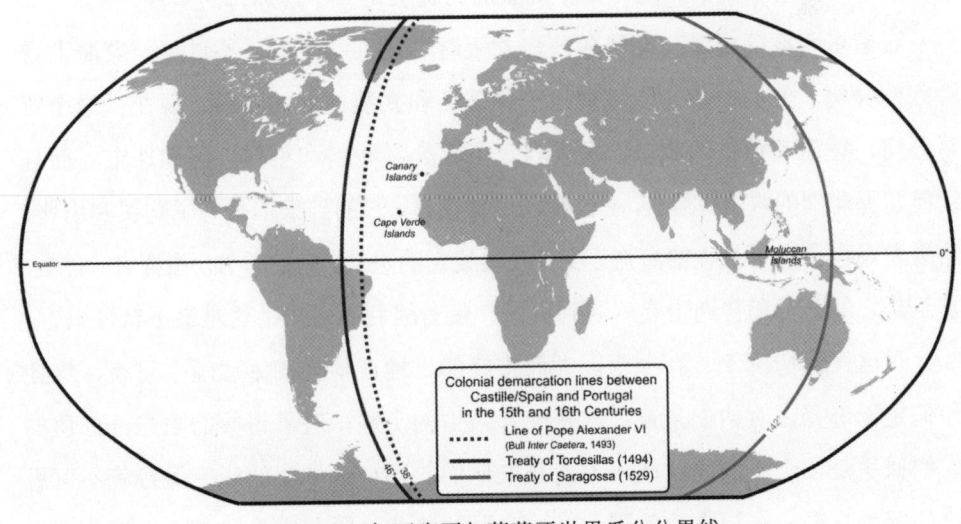

1493-1529年西班牙与葡萄牙世界瓜分分界线

第五十三章｜欧洲人在亚洲和海外的新帝国

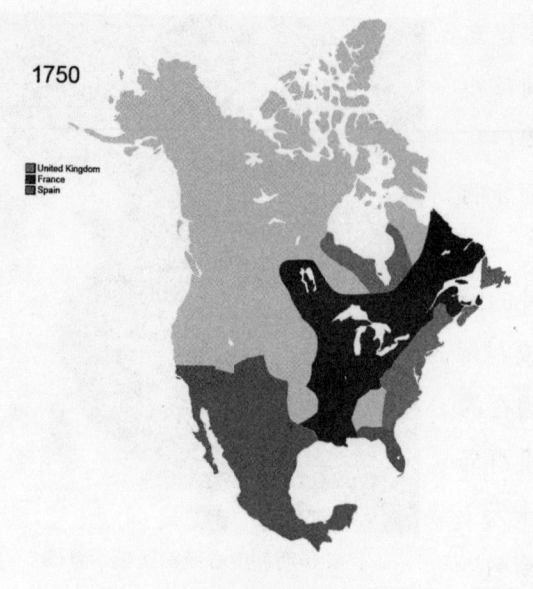

1750年英、法、西在北美的殖民地疆域

在远东，帝国的主要竞争对手是英国人、荷兰人和法国人，在美洲则是英国人、法国人和西班牙人。英国拥有水域的最高优势，英吉利海峡的"银带"，一直是针对欧洲的。拉丁帝国的传统对他们的影响很小。

法国对于欧洲考虑得太多。整个18世纪，他错失了在欧美地区和东方扩张的机会，主要试图支配西班牙、意大利和德国的混乱。在17世纪，英国的宗教和政治纠纷驱使许多的英国人在美洲寻求一个永久的家园。他们生根发芽，繁衍生息，使英国在美国的斗争中占有很大的优势。1756—1760年间，法国人把加拿大丢给了英国人和他们的美洲殖民者，几年后，英国东印度公司发现自己在印度半岛的统治地位比法国、荷兰和葡萄牙占优势。伟大的蒙古帝国，阿克巴及其继承者已经腐烂了，英国东印度公司控制了他们，这在整个征服的历史上是一个最离奇的事件。

这家东印度公司最初在伊丽莎白女王时期成立的时候，不过是一家海上冒险家的公司。他们一步一步地被迫征集部队和武装他们的船只。现在，这个贸易公司，凭借其传统的收益，发现自己不仅交易香料和染料、茶和珠宝，而且还能掌握印度的收入、领土、王公和印度的命运。它的到来本是为了购买和出售，结果发现自己成了最大的海盗。没有人挑战它的进展。它的首领、指挥官、官员，甚至是它的职员和普通士兵，回到英国，带着战利品回来，这难道不奇怪吗？

在这样的情况下，有一个巨大而富饶的土地在他们的手边唾手可得，这使他们别无选择。对他们来说，这是一片陌生的土地，有着奇异的阳光；棕色的人们似乎是一个不同的种族，不能获取他们的同情；神秘的庙宇保持着不可思议的行为标准。在国内的英国人，面对目前这些将领和官员回来之后彼此的指控感到非常困惑。关于克莱夫议员，国会通过了一项谴责的议案。他于1774年自杀。1788年，黑斯廷斯，一位伟大的印度行政长官被弹劾，最终无罪释放（公元1792年）。这是世界历史上一个奇怪而空前的情况。英国议会裁定自己统治了一家英国东印度公司，而这家公司

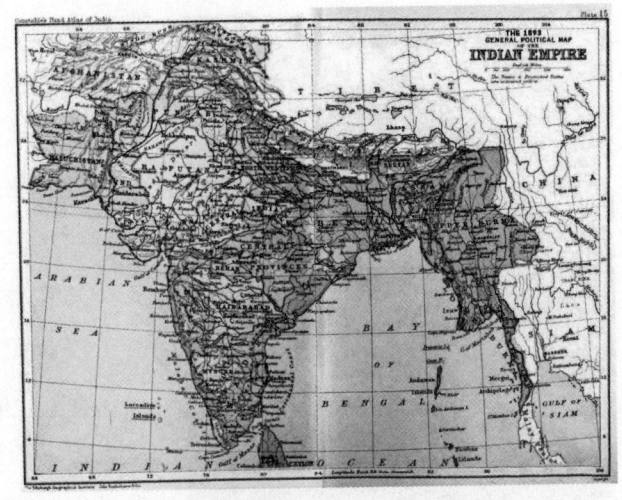

英国东印度公司的大致占领区域

又统治着一个比英国王室所有领域都大得多、人口众多的帝国。对英国人的大多数而言，印度是遥远的、神奇的，几乎无法触及的土地，冒险的可怜的年轻人出去了，许多年后回来的是非常富有和非常暴躁的老先生。英国人很难想象，在东方阳光下，这些数不清的棕色人种的生活方式。他们的想象力无法完成这个任务。印度依然浪漫虚幻。因此，英国人不可能对东印度公司的进程进行有效的监督和控制。

当西欧大国为了争夺这些奇妙的海外帝国在世界上的每片海域进行斗争的时候，两大陆地征服在亚洲进展很快。1360年，中国已经摆脱了蒙古的奴役，在一直持续到1644年的明王朝统治下日益繁荣。然后，满族，另一类蒙古人占领中国，成为中国的主人直到1912年。与此同时，俄罗斯正在向东方推进，在世界事务中不断走向伟大。这个古老世界的伟大中心力量的崛起，既不是东方的，也不是欧美地区的，是人类命运最重要的力量之一。它的扩张很大程度上是基督徒的草原人哥萨克出现的结果，它构建起波兰和匈牙利向西和鞑靼人向东的屏障。哥萨克来自欧洲荒凉的东方，在许多方面与19世纪的美洲西部相像。俄罗斯热衷对付的罪犯、被迫害的无辜者、叛逆的农奴，宗教异端、小偷、流浪者、杀人犯、寻求庇护的人，都跻身于南部的大草原，在那里寻求新的开始，为了自由的生活而战，反对波兰人、俄罗斯人和鞑靼人。毫无疑问，逃亡到东部的

哥萨克人

鞑靼人也加入了哥萨克。慢慢地，这些边境民族被并入俄国帝国服役，就像苏格兰的高地民族被英国政府改造成军团一样。亚洲这片新的土地出现在他们面前，他们成了反对蒙古游牧民族的武器，先在突厥，然后到西伯利亚，再到黑龙江。

17世纪和18世纪蒙古力量的衰落是很难解释的。在2个或3个世纪里面，从成吉思汗到帖木儿，中亚已经从占据世界优势跌落到极端政治无能。气候变化，没有记载的瘟疫，疟疾感染的类型，在这次衰退中可能都发挥了作用，按照一般历史的角度来衡量，这对于中亚民族来说，可能只是一个暂时的衰退。一些权威人士认为，来自中国佛教的传播也有一个安抚的作用。无论如何，到了16世纪，蒙古人、鞑靼和突厥人民不再向外施压，但被侵略、征服和击退，而且是由西方基督教的俄罗斯和东方的中国一起进行的。

在整个17世纪，哥萨克人从欧洲的俄罗斯向东蔓延，发现适宜农业生产的条件就会定居下来。要塞和定居点的警戒线组成了一个移动的边界，一直向南，那里的土库曼人还强壮和活跃；在东北方向，因为没有边界的阻碍，俄罗斯一直抵达太平洋。

第五十四章 | 美国独立战争

　　18世纪3/4的时间，见证了非常显著和不稳定的欧洲纷争。欧洲不再拥有统一的政治或宗教思想，但通过人的想象力的巨大刺激，通过印刷的书籍和地图，和新的远洋运输提供的机会，欧洲能够以一种混乱和有争议的方式主宰世界的海岸。这是一个无计划的、临时的事业，他们在其余的人类中占有的短暂的和偶然的优势。凭借这些优势，这个新的，仍然空旷的美国大陆人口逐渐增多，他们主要来自西欧。南非、澳大利亚和新西兰对于欧洲来说，也是未来可能的家园。

　　哥伦布来到美洲大陆，瓦斯科·达·伽马发现印度的动机，也是所有航海家的第一动机，都是基于贸易。但在人口密集、生产力发达的东方，贸易的动机仍然占主导地位。而欧洲定居点仍然是贸易结算，欧洲居民希望回家花自己的钱。在美洲的欧洲人，面临的是生产力水平非常低的群体，对金银的持续搜索是他们选择留下来的新诱因，特别是西班牙在美洲发现了银矿之后。

　　欧洲人来到美洲的身份不仅仅是武装商人，也是淘金者和矿工，目前他们还是种植者。他们在北方寻找毛皮、矿山和种植园。他们强迫人们建立永久的海外家园。最后，基于某些因素，英国的清教徒在17世纪早期来到美洲，他们主要是为了逃避宗教迫害。18世纪，奥格尔索普派人把债务罪犯从英国转移到佐治亚。就像18世纪末，

清教徒乘着五月花号来到美洲

英国人与印第安人的贸易

荷兰把孤儿送到好望角那样。欧洲人漂洋过海寻找新的家园。19 世纪,特别是在汽船到来之后,欧洲到达美国和澳大利亚的移民流上升了几十年,达到了大规模移民的规模。

因此,永久性定居的欧洲海外人口不断增长,欧洲文化被移植到比其发达国家更大的地区。这些海外的新团体将现成的文明带到这些新的土地上,这是没有计划的和未被察觉的;欧洲的治国之道没有预见到这一点,并对他们的处理没有任何思想准备。欧洲的政治家和大臣们仍然认为他们是远征的场所、税收的来源,"属地"和"依赖",即使在他们的人民对独立的社会生活产生了敏锐的感觉后,仍然没有转变看法。他们还继续把他们当做无助的区域,仍然要臣服于母国,即使在人口居住的区域不断延伸,超出母国干预范围的时候,也是如此。

直到 19 世纪,必须记住,所有这些海外帝国的连接纽带是远洋航行的船。陆地上最快捷的东西仍然是马,陆地上政治制度的凝聚力和统一性仍然受到马匹通信的限制。

华盛顿横渡特拉华河

现在，到了第 18 世纪末第三阶段的末期，北美洲北部的 2/3 在英国王室的统治之下。法国放弃了美洲。除了巴西属于葡萄牙，一个或两个小岛屿和地区在法国、英国、丹麦和荷兰的控制之外，佛罗里达、路易斯安那和所有美洲南部都归属于西班牙，但也不包括在西班牙的南部和南部的任何一个地区。正是缅因州和安大略湖以南的英国殖民地，首次证明了用一个政治体系把所有的海外人口聚集在一起，这是远远不够的。

这些英国殖民地的起源和特点十分混杂。既有法国、瑞典和荷兰的定居点，也有英国的定居点；有英国天主教徒在马里兰州，而新英格兰地区则是极端的新教徒，新英格兰人耕种自己的土地，谴责

波士顿倾茶事件

第五十四章 | 美国独立战争　　249

奴隶制，弗吉尼亚和南部的种植园主采用数量众多的进口的黑人奴隶，这样的州不可能形成自然的共同统一。从一个州到另一个要比横渡大西洋的航海旅程有趣多了。但是，由于不同的出身和自然条件，尽管在伦敦的英国政府极其自私和愚蠢，但是他们也没能团结起来。他们纳税，但是对于税收支出没有任何发言权；他们的贸易必须让位给英国的利益。尽管弗吉尼亚人极力反对，英国政府仍然在从事高利润的奴隶贸易，弗吉尼亚虽然也愿意持有和使用奴隶，但害怕不断增长的黑人人口使自己陷入困境。

英国当时陷入对君主制形式的激烈争论，乔治三世固执的性格（1760—1820年）也在国内和殖民地政府之间的斗争中火上浇油。

这一冲突是突然爆发的，是因为立法规定英国东印度公司使用美洲船只的费用引起的。在新的条件下，进口的三船茶叶被一组伪装的印第安人的人抛到了波士顿港（公元1773年）。战斗在1775年才开始，英国政府试图逮捕两个在波士顿附近的莱克星顿的美国领导人的时候，战争爆发。莱克星顿的英国人开了第一枪，第一次战斗发生在康科德。

大陆会议

于是，美国独立战争开始了，尽管1年多以来，英国移民表现出他们非常不愿意断绝与母国的联系。直到1776年中期，叛乱州的国会才发表了《独立宣言》，乔治·华盛顿同许多当时的主要殖民者一样，在对抗法国的战争中受过军事训练，被任命为总司令。1777年，一名英国将军，伯戈因将军，企图从加拿大到达纽约，在弗里曼农场战败，被迫在萨拉托加投降。同年，法国人和西班牙人对大不列颠宣战，极大地妨碍了英国的海上供应。康华里将军领导的第二支军队被困在约克镇半岛，被迫在1781年投降。1783年，和平协议在巴黎缔结，从缅因州到格鲁吉亚的13个殖民地成为独立主权国家联盟，美利坚合众国开始存在。加拿大仍然忠于英国国旗。

4年来，这些州只有一个非常虚弱的中央政府，只是依赖某些联邦条款凝结在一起，他们似乎注定要分裂成独立的团体。他们的直接分离被英国人的敌意和法国人的侵略性延迟，这使他们面临分裂的直接危险。1788年，制定并批准了一部宪法，建立了一个更有效率的联邦政府，总统拥有相当大的权力。1812年，与英国的第二次战争使得国民团结意识生机勃勃。然而，所覆盖的地区非常庞大，他们的利益在当时如此多样，在沟通手段可行的情况下，那么联盟分裂成为欧洲规模大小的国家只是时间问题。对于偏远地区的参议员和众议员来说，出席华盛顿会议意味着漫长、烦琐和不安全的旅程。普通教育的扩散、文献情报的传输，其障碍几乎是不可逾越的。然而，世界上的力量却在努力阻止分化的进程。不久，汽船出现了，然后是铁路和电报，把美国从碎片化中拯救出来，并把其分散的人民组织起来成为第一个伟大的现代国家。

葡萄牙议会上的巴西代表发言

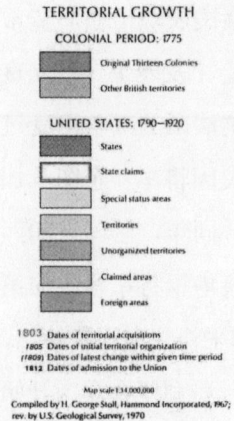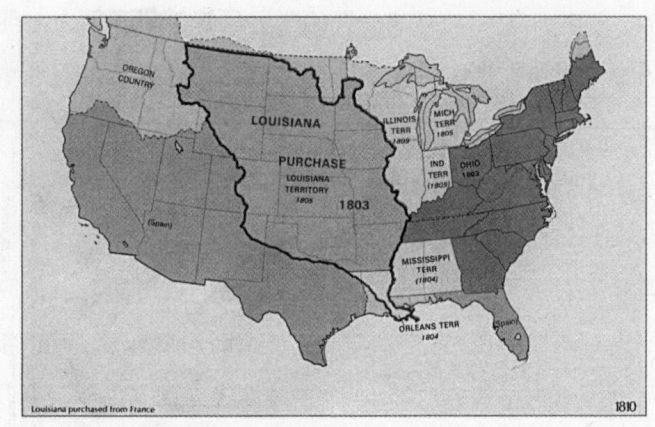

美国领土扩张示意图

22 年后，西班牙在美国的殖民地遵循了 13 个殖民地的先例，打破了他们与欧洲的联系。但是，他们分散在美洲大陆上，被巨大的山脉、沙漠、森林和葡萄牙帝国的巴西部分隔离，他们之间没有实现联盟。他们成了独立的共和国，起初极易发动战争和革命。

巴西对不可避免的分离采取了相当不同的路线。1807 年拿破仑统治下的法国军队占领了葡萄牙母国，君主制逃到了巴西。从那时起，直到他们分开，葡萄牙相当依赖于巴西，而不是巴西依赖于葡萄牙。1822 年，巴西宣布自己是一个独立的帝国，领导人是佩德罗一世，葡萄牙国王的一个儿子。但新世界从来不太喜欢君主制。1889 年，巴西皇帝被悄悄地运到了欧洲，而巴西也变成了共和国。

第五十五章 | 法国大革命与法国君主政体的恢复

在英国失去美洲的 13 个殖民地之后，在欧洲君主制的心脏地带法国发生了政治和社会的震动。这也在生动地提醒欧洲，世界上的一切政治安排，在本质上都是暂时的。

我们已经说过，法国君主政体是个体君主中最为成功的。这是许多竞争和规模较小的宫廷嫉妒的对象和典范。但它是在不公正的基础上蓬勃发展，最终导致了戏剧性的崩溃。它是辉煌和侵略性的，但它浪费了普通百姓的生命和财产。神职人员和贵族被免税制度保护，国家的全部负担都是由中产阶级和下层阶级承担的。农民受到税收的压迫，中产阶级被贵族统治和羞辱。

1787 年，法国君主发现自己破产了，不得不召集王国各阶层的代表，商议如何解决收入不足和过度支出所带来的问题。1789 年，君主召开了法国议会三级会议，大致相当于英国议会的早期形式，贵族、神职人员和平民，被召集在一起在凡尔赛宫开会。自 1610 年以来，从来都没有召集过这样的会议。一直以来，法国都是君主专制政体。现在人们找到了表达他们长期发酵的不满的方法。三个等级之间很快爆发了争论，因为第三等级决心控制下议院。在争端中占据了上风，三级会议成为国民议会。国民议会决定限制王权，如同英国议会限制王权一样。国王（路易十六）准备战斗，从各省调来了军队。于是巴黎和法国爆发了革命。

君主专制的崩溃非常迅速。巴士底狱阴森可怕的监狱被巴黎人民猛攻，起义迅速蔓延到了整个法国。在东部和西北部省份，许多属于贵族的庄园被农民烧

1789年的巴士底狱

法国大革命前的三级会议

毁,他们的地契被仔细破坏,业主被杀害或驱逐。一个月以后,贵族秩序的古老腐朽体系崩溃了。许多王公和女王的侍臣纷纷逃往国外。巴黎和其他大多数大城市建立起临时政府,一个新的武装部队,国民警卫队建立起来,主要是用来抵抗王室,它们也是这些市政机构建立起来的。国民议会发现自己要为新时代创造一个新的政治和社会制度。

这是试图最大限度集中权力的任务。它彻底扫除了专制主义统治时期的不公平;取消免税制、农奴制、贵族头衔和特权,试图在巴黎建立君主立宪制。国王放弃了凡尔赛宫及其金碧辉煌的生活,在巴黎的杜伊勒里宫保留了一个缩小的国家。

两年来,国民议会似乎在为一个有效的现代化政府奋斗。它的许多工作是健全的,并且仍然存在;很多工作是实验性的,必须被撤销;很多工作是无效的。他们修改了刑法典,废除了酷刑、任意监禁和迫害异端。法国的古代行省,诺曼底、勃艮第等被划分为80个郡。晋升到军队中的最高级别,对每一个阶层的人都是公开的。建立了优秀的、简单的法院系统,但它的价值远被削弱了,因为法官由选举任命,并且任期非常短暂。这使群众成为最后的上诉法院,法官们,像议会的成员一样,被迫坐到了边座。教会的全部财产,被国家查封,由国家管理;

不从事教育或慈善事业的宗教机构被取消，神职人员的工资由国家支付。这对于法国下层神职人员并非坏事，与政要相比，他们的工资往往低得惊人。除此之外，神父和主教的选择都是选举产生的，这一点触及了罗马教会的根本思想，它把一切都集中在教皇身上，而所有的权威都是由上而下的。实际上，国民大会希望这是一个打击，使法国教会新教化，如果不是在教义上，那么在组织上也应该如此。到处都是由国民会议所创造的州牧师和忠于罗马的拒不服从的牧师之间的冲突。

路易十六

1791年，法国君主立宪制的实验因为国王和王后的动作戛然而止，他们与国外的贵族和君主朋友里应外合。外国军队集结在东部边境，一个6月的晚上，国王和王后以及他们的孩子们离开杜伊勒里宫，加入到了外国人和贵族流亡者的队伍中。他们在瓦雷纳被抓，带回巴黎，随后法国爆发出对共和制的爱国主义热情。法国宣布建立共和国，与奥地利和普鲁士的公开战争接踵而至，国王被审判和处决了（公元1793年1月），这一模式是由英国建立的，罪名是叛国罪。

现在，法国历史进入到了一个奇怪的阶段。人们对法国和共和国产生了巨大热情，也终止了国内外的所有妥协。在国内，保皇派和任何形式的不忠行为将被消灭；在国外，法国是所有革命者的保护者和帮助者。全欧洲，全世界，都要成为共和国。法国青年纷纷加入共和军，新的美妙的歌曲蔓延在这片土地上。这首歌，像葡萄酒一样让人热血沸腾，这就是《马赛曲》。在这之前，这种跳跃的有节奏的法国刺刀进行曲已经伴随着枪支把外国军队赶回去了。1792年年

拿破仑的加冕

末之前，法国军队已经远远超过了路易十四的最高成就。他们都站在外国的土地上，他们到达了布鲁塞尔，占领了萨伏伊，袭击了美因兹，从荷兰夺取了斯海尔德河。然后法国政府做了一件不明智的事。路易被处决后，英国的代表被驱逐，并对英国宣战。这是一件不明智的事，因为革命从贵族军官那里释放出法国步兵新的热情和辉煌的大炮，但是却破坏了海军的纪律，而英国在海上的地位是至高无上的。这种挑衅促使了全英国联合起来反对法国，而起初在大不列颠曾经出现了相当大的自由主义运动，对法国革命寄予了很大的同情。

对于法国在未来几年对欧洲联盟的斗争，我们不能详细说明。法国把奥地利人永远驱逐出比利时，荷兰变成了一个共和国。荷兰舰队冻结在特塞尔，向少数的骑兵投降，甚至一枪都没有开。一段时间里，法国向意大利的推进被中止，只是到了1796年，一位新的将军，拿破仑·波拿巴，率领着衣衫褴褛、饥饿的共和国军队成功穿越皮德蒙特，到达曼托瓦和维罗纳。C. F. 阿特金森说道："最令盟军惊讶的是共和党的数量和速度。没有任何东西耽搁这些临时的军队。因为需要钱，没有帐篷，所需要的大量战车也是不可能的，也是不必要的，因为使用上的不舒适会导致职业军队对其整体的弃置，而这是1793—1794年的军队乐于从事的。对军队的供应是车队无法携带的，但是法国很快熟悉乡村的模式。因此，1793年见证了现代战争系统的诞生，移动的迅速性，国家力量的全面发展,露营,征用,反对小心谨慎地部署力量、小规模的职业军队、帐篷和口粮这些古老的作战方式。第一个代表了决策的强制精神,第二个冒一点精神风险,取得一点小收益。"①

完全混乱时期的断头台

当这些衣衫褴褛的军队高唱着马赛曲,为法国战斗的时候,显然他们并不清楚他们是在抢劫还是解放他们进入的国家,共和党在巴黎的热情以一种不那么光荣的形式在消耗自身。这场革命现在处于狂热领袖罗伯斯庇尔的支配之下。这个人是很难判断的:他体质虚弱,天生胆小,是个一本正经的人。但他对权力和信仰有着最强烈的渴望。他认为自己在拯救构想中的共和国,他认为除了他,没有人能够做到这一点。共和国的精神,因为屠杀保皇党和处死国王而活跃起来。叛乱发生了,一个来自西方,在旺代地区,那儿的人民起来反对征兵、反对剥夺正统神职人员的财产,是由贵族和牧师们领导的;一个在南部,在里昂和马赛,土伦的保皇派承认英国和西班牙的驻军。对他们来说,除了杀死保皇党人,似乎没有更有效的反击。

革命法庭开始工作,一场屠杀开始了。断头台的发明恰好适合这种情形。王后被送上断头台,罗伯斯庇尔的大部分对手被送上断头台,认为没有最高统治者的无神论者被断头处死;日复一日,周复一周,这个地狱般的机器杀的人越来越多。罗伯斯庇尔的统治似乎在血液上生活着,而且需要越来越多的血液,如同鸦片吸食者需要越来越多的鸦片一样。

最终,在1794年夏天,罗伯斯庇尔自己被推翻并被送上断头台。他被一个由5个人组成的督政府推翻。随后,督政府在国外进行了保卫战,并在法国维持了长达5年的联合。他们的统治在这剧烈变化的历史中形成了一个奇怪的插

---

① 在他的文章中,"法国革命战争,"大英百科全书。

1812年的拿破仑帝国疆域图

曲。这场革命的宣传热情,把法国军队带进了荷兰、比利时、德国南部和意大利北部。大军所到之处,国王被驱逐,共和国成立起来。但是在这样的宣传热情中,督政府并没有阻止军队掠夺被解放人民的财富,因为他们需要减轻法国政府的财政尴尬。他们的战争越来越缺少神圣的自由战争色彩,越来越像古代政权的侵略战争。法国被抛弃的大君主政体的最后一个特点是其外交政策的传统。有人发现它在督政府的统治下仍然生机勃勃地存在,好像没有发生过革命一样。

对于法国和全世界的人来说,一个充分体现法国民族狂妄自大的人出现了。他给那个国家带来10年的荣耀,但是也因为最后一次的失败带来了耻辱。这就是拿破仑·波拿巴,他曾带领军队在意大利取得胜利。

在督政府的5年里,他一直在为自我发展而策划和工作。他慢慢获得了最高权力。他的理解能力非常有限,但是具有无情的直觉和巨大的能量。他开始时是罗伯斯庇尔一派的极端主义分子,他第一次晋升应该归功于那一边,但他没有真正掌握在欧洲运作的新势力。他最大的政治幻想是试图恢复西方帝国。

他试图摧毁古老神圣罗马帝国的残余，打算用一个以巴黎为中心的新的帝国代替它。维也纳的皇帝不再是神圣的罗马皇帝，而仅仅是奥地利的皇帝。为了迎娶奥地利公主，拿破仑和他的法国妻子离婚了。

1799年，他作为法国的第一执政，实际上成为法国的君主，1804年，他使自己成为法国皇帝，这是对于查理曼大帝的直接模仿。他被在巴黎的教皇加冕，他从教皇的手中夺冠并把它戴到自己的头上，就像查理曼一样，他的儿子被加冕为罗马国王。

在几年的时间里，拿破仑的统治生涯是成功的。他征服了大部分意大利和西班牙，打败了普鲁士和奥地利，并统治了俄罗斯以西的整个欧洲。但是在海上，他从来没有赢过英国，他的舰队在英国海军上将罗伊·尼尔森指挥的特拉法加（公元1805年）战役中遭遇了决定性的失败。1808年，西班牙起来反抗他，一支英国军队在惠灵顿的带领下迫使法国军队慢慢向北走出了半岛。1811年，拿破仑与沙皇亚历山大一世发生冲突。公元1812年，他入侵了俄罗斯，当时有一支由60万人组成的庞大的集团军，他们被俄国人和俄国的冬天打败了，并且基本被摧毁。德国背叛了他，瑞典也背叛了他。法国军队被击退，在枫丹白露，拿破仑退位（公元1814年）。他被放逐到厄尔巴岛，后来返回法国，1815年的最后一次努力被英国、比利时和普鲁士的盟军打败。他作为英国的囚犯于1821年死于圣赫勒拿岛。

法国大革命释放的力量被彻底消耗殆尽。在维也纳，取得胜利的盟国召开了一次盛会，以尽可能恢复已经被大风暴撕成碎片的事态。随后的40年，欧洲一直保持着一种和平，一种用尽力气才得以维持的和平。

拿破仑从俄罗斯铩羽而归

第五十六章 | 拿破仑倒台后欧洲的脆弱和平

两个主要原因阻止了这个时期成为一个完整的和平时期，并为1854—1871年间的战争周期做好了准备。首先，是有关王室宫廷的倾向，即恢复不公平的特权，干涉思想、写作和教学的自由。其次，是由维也纳外交家绘制的系统边界实际上是不可能的。

最早是在西班牙，出现了要把君主制回到过去的内在倾向，这里连宗教裁判所都恢复了。在1810年，当拿破仑把他的弟弟安置于西班牙王位之上的时候，西班牙殖民地以美国为榜样，起而反抗欧洲的大国体系。南美洲的乔治·华盛顿将军是玻利瓦尔。西班牙无法镇压这场叛乱，就像美国独立战争的拖延一样，它继续拖延下去。最后，根据神圣同盟的精神，奥地利提出了一个建议，即欧洲君主应该在这场斗争中帮助西班牙。这在欧洲遭到英国的反对，但是美国总统门罗在1823年采取了迅速的行动，警告这些恢复君主制的行为。他宣布，美国将把欧洲在西半球的任何扩张视为敌对行为。这样就产生了门罗主义，即在美洲不存在任何超出美国政府的权力，这一制度使欧洲的大国体系离开了美洲近100年，并允许西班牙的新国家沿着他们自己的路线规划自己的命运。

但是，即使西班牙君主制失去了它的殖民地，它可能至少可以被置于欧洲协调

路易-菲利普

自由引导人民

的保护下。1823年,法国军队击溃了西班牙的民众起义,遵循的就是欧洲会议的命令。同时,奥地利在那不勒斯镇压了一场革命。

1824年,路易十八去世,接替他的是查理十世。他取消了出版和大学的自由,并恢复了政府的绝对地位;拿出10亿法郎补偿贵族在1789年被焚烧和查封的庄园。1830年,巴黎奋起反抗这个古老政权的化身,取而代之的是路易斯—菲力浦(1830—1848年),他是在恐怖活动中被处死的菲利普公爵的儿子。其他大陆的君主制国家,面对大不列颠公开允许的这场革命和德国、奥地利自由主义动乱,没有干预这件事。毕竟,法国仍然是君主国。路易斯—菲力浦仍然是法国宪法上的君主,统治持续了18年。

这是维也纳和平会议之后令人不安的摇摆和动荡,是由君主的反动引起的。外交家们在维也纳规划的不科学的边界带来了这种压力,这似乎是有意的,但对人类和平非常危险。对于讲不同的语言,阅读不同的文字,具备不同思想观

1830年比利时革命，查理·古斯塔夫·瓦普斯1834年绘

点的人而言，这种管理是非常不方便的，特别是这些差异因为宗教纠纷而加剧的情况下。只有一些强烈的共同利益，如瑞士山区民众的共同防御需要，可以把不同语言和信仰的人民联系在一起；即使在瑞士，也存在最大的地方自治。当时，在马其顿，人口混合在错落有致的村庄和地区，自治是必须的。但如果读者可以看看维也纳会议绘制的欧洲地图，他会看到这种聚合几乎是有预谋地激发了最大的愤怒。

它摧毁了荷兰共和国，其实这是完全不必要的，它汇集了新教徒的荷兰与讲法语的旧西班牙（奥地利）的天主教徒，建立了一个尼德兰王国。它不仅仅把古老的威尼斯共和国，而且是所有的意大利北部，一直到米兰，都交给了讲德语的奥地利人。讲法语的萨伏伊人，与意大利碎片化的地区，恢复了撒丁王国。奥地利和匈牙利，是不同民族的爆炸性混合物，日耳曼人、匈牙利人、捷克斯洛伐克人、罗马尼亚人，和现在的意大利人都汇集于此。因此在1772年和1795年，加强奥地利对波兰的征服是不可能的。天主教和共和国的波兰人民面临的是希腊东正教沙皇不文明的统治，但重要的地区归属了新教的普鲁士。沙皇对于整个芬兰的征服也被确认，截然不同的挪威人和瑞典人在一个国王的统治下团结在一起。读者会看到，神圣罗马帝国处于特别危险的混乱状态。普鲁士和奥地利，部分归属于联邦，部分位于联邦之外，其中包括许多小国。丹麦国王加入了德意志邦联，因为他在荷尔斯坦因拥有一些领土。卢森堡被列入德国联邦，虽然它的统治者也是荷兰的国王，虽然它的许多人说法语。

人们完全无视这样一个事实，如果是讲德语的人在德国文学的基础上建构自己的观念，讲意大利语的人在意大利文学基础上建构自己的观念，讲波兰语的人在波兰文学的基础上建构自己的观念。如果他们都在自己语言限制的范围内践行自己的观念，管理自己的事务，那么状况就会好得多，不那么令人讨厌。难怪在德国这一时期有一首最流行的歌曲，宣布只要是讲德语的地方，就有德意志祖国！

1830年，讲法语的比利时，被法国当时的革命激发，起来反抗尼德兰王国与荷兰的联合。被荷兰建立共和国或者法国吞并的可能性吓坏了的力量，急忙安抚这一情况，给比利时送来了一位君主，哥达—科堡的利奥波德一世。1830年，在意大利和德国也爆发了无效的叛乱，更严重的叛乱发生在俄罗斯的波兰。一个共和政府在华沙举行了长达1年的反对尼古拉斯一世（1825年接替亚历山大）的斗争，然后被暴力残酷地镇压下去。波兰语言被禁止使用，罗马天主教取代希腊东正教成为国家宗教。

公元1821年，希腊人反抗土耳其人。6年来，他们打了一场绝望的战争，而欧洲政府则袖手旁观。自由主义者抗议这样的旁观政策，来自各个欧洲国家的志愿者加入到反抗的队伍之中，最后英国、法国和法国联合采取了行动。土耳其舰队被法国和英国在纳瓦里诺战役（公元1827年）击溃，沙

1814年路易十八回归王座

希腊抗击土耳其，塞奥多尔·瓦拉基斯绘

皇入侵土耳其。依据《亚得里亚堡条约》（公元1829年），希腊获得了自由，但不允许恢复古老的共和传统。一位德意志国王被派往希腊，这是来自巴伐利亚的奥托亲王，信奉基督教的总督在多瑙河省份（现在的罗马尼亚）和塞尔维亚（南斯拉夫地区的一部分）设立起来。然而，在土耳其被完全驱逐出这些土地之前，仍然要经历很多的流血斗争。

第五十七章｜材料知识的发展

在整个17世纪和18世纪，以及19世纪的开端，这些大国和王公们的冲突在欧洲不断上演，并把《威斯特伐利亚条约》错落有致拼接的万花筒转换为《维也纳条约》的拼凑（公元1815年），而帆船则把欧洲的影响蔓延到世界各地。知识在稳定增长，人们认识世界的总体思想日趋清晰，他们生活在欧洲和欧洲化了的世界，这是一个处于进步中的世界。

这种发展，与政治生活没有什么联系，在整个17世纪和18世纪，对政治生活上也没有产生什么显著的直接影响。在这一时期，也没有对民众思想产生重大影响。这些反应要晚一些才体现，到19世纪的后半期，才充分显露出来。这个进程主要是在生活富裕、有着独立精神的人的小范围世界中进行的。如果没有这些英国人所谓的"绅士"，科学方法就不会在希腊产生，也不会在欧洲得到复兴。大学在这一时期哲学和科学思想的发展中也扮演了重要的角色，但不是最主要的角色。依靠资助的研究，倾向于胆小和保守，缺少主动性，抵制革新，除非受到独立精神的鼓舞。

我们已经注意到了1662年皇家学会的形成，以及它在实现培根"新大西洋"梦想中的作用。在整个18世纪，有许多关于物质和运动的一般概念梳理，有很多数学的进步，有对显微镜和望远镜的光学玻璃应用系统的开发。在分类的自然历史中，出现了复兴的力量，即解剖科学的复兴。由亚里士多德和达·芬奇构想过的地质科学（1452—1519年），开始解读岩石记录。

1850年的本·坎贝尔号蒸汽船

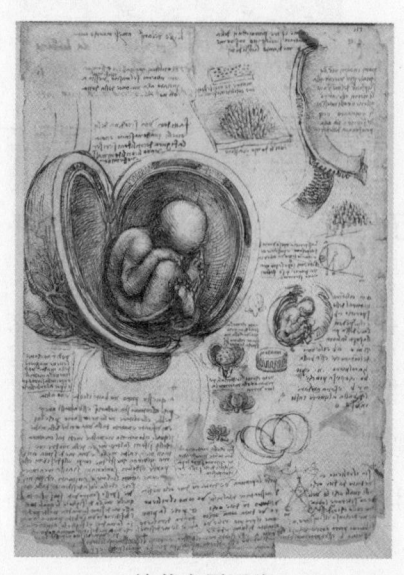
达芬奇原画稿

自然科学的进步,促进了冶金科学的发展。改进的冶金技术,提供了更大胆处理大量金属和其他材料的可能性,由此引发出实际的发明。机械制造得到发展,形式多样,这些都是革命性的产业。

1804年,特里维西克对于瓦特的机器进行了改良,使其能够运用与运输,制造出第一台机车。1825年,第一条铁路,连接斯托克顿和达林顿,开始运营,这是斯蒂芬森的"火箭号",它是一个13吨重的列车,速度达到每小时44英里。1830年以后铁路成倍增长,到19世纪中叶,铁路网络已经扩展到整个欧洲。

这在人类长期已经适应的条件里面是一个突然的变化,陆地运输达到了一个极高的速度。在俄罗斯经历灾难之后,拿破仑从维也纳到巴黎用了312小时,这是一个约1400英里的旅程。他利用每一个便利条件行进,平均每小时的速度是5英里。一个普通的旅行者完成这一旅程的时间不止两倍。在公元1世纪,在罗马和高卢之间的速率也基本相同。这时,突然发生了巨大的变化。铁路使得普通的旅行者能够在48小时之内到达目的地。也就是说,他们把欧洲的主要距离缩小到原来的1/10左右。行政区域的统治范围可以扩大10倍。这种可能性在欧洲的全部意义仍有待实现。欧洲仍然处于马和公路时代所划定的边界。在美国的影响则立竿见影。对于向西蔓延的美利坚合众国来说,这意味着到达华盛顿的可能性,无论其边界有多么遥远。这意味着在以前很难控制的广大区域实现统一。

在早期的发展阶段,汽船比蒸汽机领先了一点。有一艘汽船,夏洛蒂·邓达斯号,1802年,在克莱德道湾出现。1807年,美国人富尔顿的船有了蒸汽机,船名克莱蒙特,是英国制造的发动机,在纽约附近的哈德逊河进行了试航行。驾驶第一艘蒸汽船出海的也是一个美国人,菲尼克斯,从纽约(霍博肯)到费城。

怀特兄弟的飞机

因此，它也是第一艘使用蒸汽（也有帆）穿越大西洋的船只，船名叫萨凡纳（公元 1819 年）。所有这些都是明轮轮船，明轮轮船不适合在繁忙的海洋中工作。轮桨太容易粉碎，然后船只就不能使用了。螺旋轮船走得相当慢。在螺丝钉是可行的东西之前，必须克服许多困难。

直到 19 世纪中叶，蒸汽船的吨位才超过帆船。之后，海上运输发展迅速。人类第一次开始穿越海洋，对他们到达的日期有一定的把握。跨大西洋穿越，这是几个星期可能延伸到几个月不确定的冒险加速，直到 1910 年，这种情形改变了。在最快的船的情况下，在 5 天之内到达，到达的小时也是可以预期的。

同时，随着蒸汽运输在海上和陆上的发展，一个新的和引人注目促进人类交往设施的出现了。基于沃尔特、加尔瓦尼和法拉第对于各种电现象的调查研究。电子电报于 1835 年诞生。1851 年，第一根海底电缆铺设在法国和英国之间。几年之后，电报系统已经传遍了文明世界，迄今为止，从一个点到另一点缓慢传播的消息，现在几乎可以传遍全世界。

蒸汽铁路和电气电报，应该归因于 19 世纪最流行的想象力，它们是最引人注目和革命性的发明，但他们只是更广泛的进程中最为明显的、最笨拙的第一批成果。技术知识和技能正以惊人的速度发展，如果与以前的任何一个时代的进步来衡量，达到了非常惊人的程度。在日常生活中，起初人们不太引人注目，但最后变得非常重要的是，人类对各种结构材料使用的力量在不断延伸。在 18 世纪中期以前，铁矿石是以木炭的手段从矿石中提取，小块处理，锤打成型。这是一个工匠的材料。质量和技艺极大地依赖于钢铁工人个人的经验的睿智。在这些条件下，可以处理最多的铁量为（16 世纪）两三吨（有一个非常明确的上限，因此，也限制了大炮的规模）。

炼钢厂

第五十七章　材料知识的发展

伦敦国王大学，乔治四世所建立

18世纪，出现了热风炉，开始使用焦炭。直到18世纪，我们发现了轧制钢板（公元1728年）、轧制棒和钢筋（公元1783年）。1838年，内史密斯的蒸汽锤姗姗来迟。

古代的世界，因为它的冶金劣势，不能使用蒸汽。蒸汽机，即使是原始的抽泵机，也不能在铁皮之前发展起来。用现代的眼光观察，早期的引擎似乎是很可怜和笨拙的铁器，但是是当时的冶金科学所能做到的最大限度。截至1856年年底，贝西默冶金法出现了，（公元1864年）则进入了炼钢进程，其中钢和各种铁可以融化、净化和定型，这在某种程度上是闻所未闻的。今天，在熔炉里面，人们可能会看到一吨炽热的钢铁像锅里沸腾的牛奶一样旋转。在人类以前的实际进步中，没有什么能与人类完全掌握的钢铁相媲美。铁路和早期的各种发动机只是新冶金方法的第一次胜利。现在，出现了钢铁船、巨大的桥梁和新型的钢铁建筑。人们意识到得太晚了，他们以前设计的铁路太窄，否则他们在组织旅行的时候，可以具有更大的稳定性、舒适性，也可以在更大的规模上展开。

19世纪以前，世界上没有船只超过2000吨的负荷；现在大约5万吨邮轮没有什么了不起。有人嘲笑这种进步是"纯粹的量变"，但那种嘲讽不过是沉迷于知识的局限性。巨轮或钢框架建筑不是他们能够想象的，他们认为这只是过去的小船或建筑的放大版，其实这是一种不同类的事物，更轻、更坚固、更精细和更强的材料；而不是一个先例和经验法则，它是微妙而复杂的计算。老房子或老船，物质材料是最为重要的，必须盲目地服从材料和它的需求。在新形势下，材料被控制和改变。煤、铁、沙被挖掘出来，经过熔融和铸造，变成了钢铁和玻璃的大厦，在拥挤的城市能够竖立高达600英尺！

我们详细地介绍了人类钢铁冶金知识的进步及其结果。关于铜和锡，以及多种金属的故事都是同时发生的。但是镍和铝的名字，在19世纪之前并不被人所知。正是由于对巨大的和不断增长的物质的掌握，有了不同类型的玻璃、岩石和石膏、颜色和纹理，才使得机械革命的主要成就迄今已实现。然而，我们仍处于这一问题的第一阶段。我们有力量，但我们仍然要学会如何运用我们的力量。对于这些科学礼物的首次运用，是粗俗的、愚蠢的或可怕的。艺术家和改良者几乎还没有开始对于这些物质进行无休止的改变。

随着这种机械可能性的延伸，新的电学科学发展起来了。到了19世纪80年代，新发明开始产生影响，让人留下了深刻的印象。然后忽然出现了电灯和电力牵引，能量的转变，光或热可以沿着铜线传送，水沿着管道流淌，这些都开始进入普通人的观念之中……

在这一知识迅速增殖的过程中，英国和法国成为开路先锋，但是现在德国人，在拿破仑的统治下学会了谦卑，在科学探究领域展示出极大的热情，逐渐向英法的领导地位挑战。英国科学主要是英国人和苏格兰人的创造。

英国大学在这一时期处于教育倒退的状态，很大程度上致力于传授迂腐的拉丁和希腊语的经典。法国教育，也以耶稣会学校的古典传统为主，因此德国人组织一个调查的实体并不困难，虽然规模不大，但的确与事情的可能性息息相关。其规模相对于英法发明家和实验派的小队伍，已经很庞大了。虽然这项研究和实验工作使英国和法国成为世界上最富有和最强大的国家，但它并没有使科学和发明的人变得富有和更有权势。一个真诚的科学人必须有超脱的境界，他太专注于他的研究计划和方案，而不是如何赚钱。他发明的经济开发变得非常轻松和自然，因此，进入一个更贪婪的人手中；所以我们发现有钱人，在科学进步的每一个新阶段都会成堆出现在英国，虽然他们对科学家和发明者没有采取杀鸡取卵的做法，但是却任由他们忍饥挨饿。他们认为，发明者和发明自然要服务于聪明人的利润。

在这件事上，德国人要聪明一些。德国"博学"之人并没有对新的学习

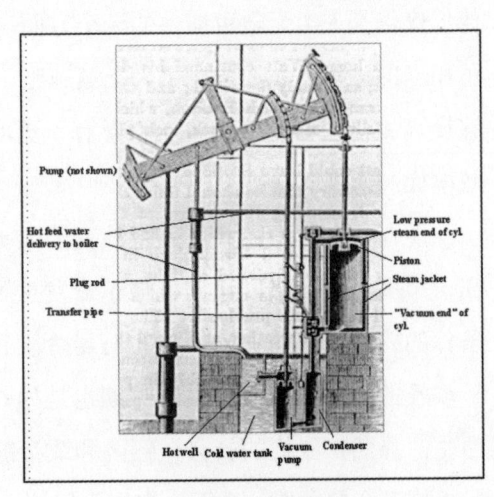

早期蒸汽机极示

表现出同样强烈的仇恨。他们允许它的发展。德国商人和生产商对科学的态度和英国竞争对手并不一样。这些德国人认为，知识可能是种植作物，对肥料有反应。因此，他们确实承认科学头脑有一定的机会，他们在科学工作上的公共开支相对来说更大，这项开支得到了丰厚的回报。19世纪下半叶，德国科学工作者已经使得每个投身科学的学生认识到，如果希望跟上他领域的最新进展，那么德语就是必要的语言。在某些部门，特别是在化学领域，相比其西方邻国，德国获得了非常大的优势。60年代和70年代以来德国的科学努力开始在80年代显现，德国在技术和工业上稳步追赶上了英国和法国。

在80年代，一种新型的发动机开始使用，开启了发明史上的一个新阶段，发动机的膨胀力取代了蒸汽的膨胀力。光，高效的引擎，可以应用到汽车，最后达到一个螺距的亮度和效率，使长期的飞行成为一个实际的结果。1897年，华盛顿史密森协会的兰利教授发明了一个成功的飞行机器，但还没大到能够容纳人体。1909年，飞机可以进行载人飞行。随着铁路和汽车道路的完善，人类速度的提高似乎有了停顿，但随着飞机的到来，在地球表面一点和另一点之间的有效距离出现了新的减少。18世纪，从伦敦到爱丁堡的距离是8天的路程。在1918年，英国民用航空运输委员会报道，从伦敦到墨尔本的旅程，环绕半个地球的行程，将在8天之内完成。

关于一个地方与另一个地方的时间距离惊人地减少，我们不必过于强调。他们仅仅是人类无限可能性的一个方面。例如，农业和农业化学在19世纪取得了相当的进步。人们学会了为土壤施肥，因此在17世纪同一地区的农业产量能够提高4倍或者5倍。医学科学有了更非凡的进步，平均寿命延长，日常工作效率提高，疾病在减少。

现在，在这里，我们完全改变了人类的生活，形成了一个新的历史阶段。在一个多世纪的时间里，机械革命发生了。在这段时间里，人实现了对于物质条件的跨越，他的生活比他在石器阶段和耕种阶段的漫长间隔都要大得多，对于埃及的佩皮和乔治三世的时期也是如此。新的人类事务的巨大物质框架应运而生。显然，我们的社会，经济和政治的方法都需要调整。但这些调整必须等候机械革命的发展，今天，它们仍然处于开始阶段。

第五十八章｜工业革命

在很多的历史书籍中，存在把工业革命和机械革命混淆的倾向。机械革命，是有组织的科学的发展，这是一个全新的事物，它与农业的进步或金属的发现发明是一样的。工业革命是具有历史先例的东西，是社会和金融发展的结果。这两个过程一起进行，它们不断地相互反应，但它们的起源和本质不同。如果没有煤，没有蒸汽，没有机器，会发生工业革命；但在这种情况下，它可能会更密切地关注罗马共和国后几年的社会经济发展。它会反复重复剥夺自由农民，大地产、巨大的金融财富和社会破坏性的金融流程都将出现。即使在权力和机械之前，工厂的方法也会到来。工厂不是机器的产品，而是劳动的"分工"。钻孔和血汗工人制作女帽纸箱和家具之类的东西，给地图着色和书籍插图等，这都发生在水车轮被用于工业用途之前。这就是奥古斯塔斯时期罗马的工厂。例如，新的书籍，在书的卖方工厂里由成行的抄写员来完成。笛福菲尔丁的政治小册子，意识到把为了生活的穷人集合在一起工作的必要性，这在 17 世纪结束之前在英国已经发生。有人暗示它甚至发生在更早的莫尔《乌托邦》（公元 1516 年）。这是一个社会的发展，而不是机械的发展。到过去的 18 世纪中叶，西欧的社会经济史实际上是罗马国家在最后的 3 个世纪中已经走过的道路。欧洲的政治分裂，反对君主政体的政治动乱，平民的暴动，也许还有欧洲机械的创意和发明，把这些过程变成新的方向。由于基督教，人类团结的思想更广泛地

1689年的无活塞蒸汽泵

分布在新的欧洲世界，政治权力不那么集中，精力充沛的人们急于通过头脑致富。所以，他们很乐意从奴隶思想和剥夺劳动力，转换为借助机械动力的理念和机器致富。

机械革命，机械发明和发现的过程，是人类经验中的一件新事物，它没有想到可能产生的社会、政治、经济和工业后果。另一方面，像大多数其他的人类事务一样，工业革命越来越深刻的变化，彻底转变了人类的生存条件。工业革命的影响主要体现在两方面：一方面，积累财富，小农户和小企业灭绝，大金融到来，发生了这些类似罗马共和国后期的事情；另一方面，在18世纪和19世纪，资本日益集中，这起因于机械革命带来的劳动性质的深刻差异。旧世界的力量是人类的力量；一切最终要靠人的肌肉动力。由牛、马牵引等提供力量，也做出了一定贡献。抬举重物，开采岩石，都是人力完成的。耕种土地的时候，人与牛一起耕作。轮船在罗马时期的对应物就是携带出汗的划桨者的帆船。在早期文明中，有相当一部分人从事纯粹的机械劳动。开始的时候，电力驱动的机器似乎并没有把人从这种愚蠢的辛劳中释放出来。大批量的人受雇于挖掘运河、制造铁路和修筑堤防等，矿工人数大大增加，但设施的扩展和商品的产量

1851年水晶宫，各国展示自己的工业产品

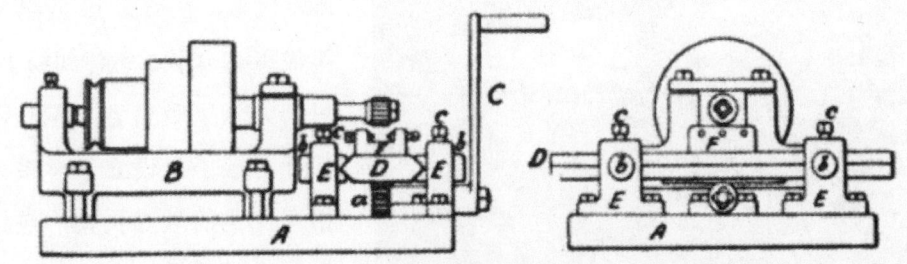

1818年的铣床

增加得更多。随着19世纪的继续,新形势的朴素逻辑向人类更加明确地展示出自己的力量。人类不再是动力资源。人类从事的工作,机器可以做得更快更好。只有在需要选择和智慧的时候,人类才是需要的。人类之前所依赖的苦工,可以休息了,这些劳工是只需要服从的动物,他们的大脑是多余的,对于人类的福祉而言,成了不必要的存在。

那些农业和矿业,在最新的冶金过程后成为古老的行业。为了耕田、播种和收割,快速的机器代替了许多人的工作。罗马文明建立在廉价和退化的人类身上;现代文明正在以廉价的机械力进行重建。100年来,动力越来越便宜,劳动力价格上涨。如果在一代人左右的时间里,机械不得不在矿井中等待,那仅仅是因为人类比机械便宜得多。

这是人类事务中极为重要的转变。古老文明中的富人和统治者一直着关注苦工的供应。随着19世纪的到来,有智慧的人们开始意识到,普通人比苦力更好。他必须接受教育,以确保"工业效率",他必须了解所做的事情。从基督教传教的日子开始,大众教育在欧洲已经慢慢开启,就像它在亚洲已经慢慢开启一样,伊斯兰教也开始了这一进程,因为必须使信徒了解拯救他的信仰,并使他读懂一些传达给他信念的神圣书籍。基督教与竞争对手的争论,对于信徒的竞争,为大众教育打下了基

1830年的城市铁路与机车

第五十八章 | 工业革命

础。例如，在英国19世纪30年代和40年代的教派纠纷中，每一方为了吸引青年信徒，都针对孩子们设立了一系列相互竞争的教育机构，包括教会"国民学校"、非国家教会的学校，甚至是罗马天主教小学。19世纪后半期是整个西方世界大众教育迅速发展的时期。上层阶级的教育没有什么明显的进展，毫无疑问，教育没有平行推进。因此，隔离阅读者和非阅读者的鸿沟，现在只体现在教育水平的细小差异上。在这个过程的背后，是机械革命。这种情形，完全无视社会条件，坚持要彻底废除全世界完全文盲的阶级。

工人冶铁，威廉·斯科特1855年绘

罗马的普通公民从来没有理解过罗马共和国的经济革命。普通的罗马公民从来没有看到他经历的清晰而全面的变化。但是工业革命，当它发展到19世纪末的时候，受到其影响的普通民众看到的是一个整体的过程，因为他们可以阅读、讨论和交流，因为他们看到的东西是以前的平民从来没有经历过的。

第五十九章 | 现代政治社会思潮的发展

古代文明的机构、习俗和政治思想发展缓慢，一代又一代地传承下去，没有人设计，没有人预见。只有在公元前 6 世纪，人类青春期这个伟大的世纪里，人们才开始清晰地思考彼此之间的关系，并首先提出质疑，提出改变和重新安排人类政府既定的信仰、法律和方法。

我们已经讲述了希腊和亚历山大市的辉煌的知识黎明，以及随后奴隶文明的崩溃。宗教迫害和专制政府使得黎明变成黑夜。直到 15 世纪和 16 世纪，无畏思想的光芒才再次有效地刺穿了欧洲的黑暗。在欧洲的精神天空逐渐净化的过程中，我们试图展示阿拉伯好奇之风和蒙古征服之风的某些东西，以及他们是如何清理欧洲的天空的。起初，主要是物质知识的增长。第一批成果是物质成就和物质力量。人际关系学、个人心理学、社会心理学、教育学和经济学，不仅更为微妙和复杂，而且与许多情感问题密不可分。他们的进步比较慢，面临着更为强大的反对力量。人们会平心静气地听着关于星星和分子的最多元化的建议，但是关于我们的生活方式，会反射到我们每一个人身上，对我们有所触动。

就像在希腊一样，柏拉图的大胆猜测是在亚里士多德对事实的苦苦追寻之前出现的。所以，在欧洲，首次的政治研究是以"乌托邦式"的故事形式展开的，直接模仿了柏拉图的共和国及其法律。托马斯爵士的乌托邦也是对于柏拉图的奇怪模仿，其成果就是新的英国济贫法。那不勒斯人康帕内拉的《太阳城》更为精彩，但是没有取得相应的成果。

到 17 世纪末，我们发现了相当多的政治和社会科学作品。这次讨论的先驱是约翰·洛克，他是英国一位共和主义者的儿子，是一位牛津学者，研究集中在化学和医学领域。他关于政府、宽容和教育的论述充分显示了社会重建的可

埃德蒙·伯克

能性。基本和洛克平行但是稍微晚一点的是法国的孟德斯鸠（1689—1755年），他对社会、政治和宗教机构进行调研，并进行了基本的分析。他剥去了法国专制君主的神圣外衣，与洛克共同清除了许多虚假思想，这些想法迄今为止蓄意阻止了有意识地试图重建人类社会的想法。

之后的那一代人，在18世纪后期的几十年里，对孟德斯鸠的道德和智力思想进行了大胆质疑。一批才华横溢的作家，"百科全书派"，主要是从耶稣会的优秀学校里面培植出反叛精神，他们设计出一个新世界（公元1766年）。与百科全书派并行的，有的是经济学家，有的是重农学派，他们大胆地调研食品和商品的生产和分配。摩莱里，《自然法典》的作者，抨击私有财产制度，提出了社会领域的共产主义组织。他是19世纪规模庞大的集体主义思想家的先驱，他们集中在一起，成为社会党的前身。

什么是社会主义？社会主义有一百种定义，社会主义者有上千个派别。社会主义本质上是对公共利益的批判，而不仅仅是对财产的批判。我们可以很简单地回顾一下这个思想的历史。它和国际主义思想是我们政治生活中最主要的两个基本思想。

财产的概念来源于物种的好斗本能。早在人是人之前，祖传的猿就是业主。所谓的原始财产，就是野兽要为之战斗的东西。狗和它的骨头，老虎及其巢穴，咆哮的雄鹿和它的羊群，这些都是财产。在社会学中，没有比术语"原始共产主义"更没有意义的表达。早期旧石器时代的家族部落中的族长，坚持对他的妻子、儿女和工具的所有权，在他可见的领地里面。如果任何其他人漫游到他看得见的领域，他打他，如果可能，他还会杀死他。在时代的进程中，部落在成长，阿特金森在他的《原始法》中进行了充分的证明，老年人对年轻人越来越宽容，允许他们从外部落里面抓来妻子、工具和装饰品。人类社会是这个人和那个人之间的财产妥协形成的。由于把异族驱逐出境是本性使然，各部落之间必须妥协。如果丘陵、森林和溪流不是你的土地或我的土地，那是因为它们必须是我们的土地。我们每个人都希望有自己的土地,但这行不通。那样的话,其他人就会毁了我们。因此,社会从一开始就减轻了所有权的程度。在野兽和原始野蛮人中,拥有东西的愿望比在文明世界里的时期要强烈得多。它根植于本能,而非理性。

在自然的野人和今天没有受过教育的人那里,所有权的范围不受限制。

你能通过战斗得来的东西,就是属于你的。女人、俘虏、野兽、林间空地、采石场还是其他东西,只要你能抢到,就是属于你的。随着社会的成长,约束人自相残杀的法律开始出现,人们开始探讨解决所有权的粗略方法。人们可以拥有他们第一个捕获或声明的东西。欠债不付的债务人,似乎应该成为债权人的财产。同样自然的是,在宣称一块土地后,一个人应该向任何想使用它的人付款。慢慢地,在人身上出现了有组织生活的可能性。这种无限的财产,不知道从什么时候开始成为一件讨厌的事情。人类发现自己出生在一个所有人都声称拥有的宇宙中!不!他们发现自己生来拥有,并且一直这样声称。现在难以追查早期的文明社会斗争,但我们讲述的罗马共和国历史表明,社会慢慢意识到,债务可能为公众带来不便,应该否定,土地的无限所有权也极其不便。我们发现,后来巴比伦严格限制奴隶的财产。最后,在伟大的革命家拿撒勒的耶稣教义中,对于财产的攻击,是以前从来没有过的。他说,拥有巨大财产的人进入天国,比骆驼穿过针眼还要困难。在过去的 25—30 个世纪里,对财产许可权的持续不断的批评似乎一直在进行。在拿撒勒的耶稣之后的 1900 年,我们发现全世界都在基督教的教导下,相信人类不可能有财产。而且,一个人可以"做自己喜欢的事情"的想法,可以自由处置财产的想法,也更加摇摆不定。

但在 18 世纪行将结束的时候,世界在这个问题上还只是处于疑问阶段,没有明确的解决方案。人们的主要动机之一是保护财产免受国王的贪婪榨取,免于贵族的剥削。法国大革命开始时,主要是为了保护私有财产才采取避税的手段。但是革命的平均主义使它进入到了对他们要保护的财产的批评中。当他们没有站立的基础,没有东西可吃的时候,

伏尔泰

他们怎么能够获得自由和平等,而除非他们任劳任怨地工作,主人们不会给他们提供食品和住所。穷人们抱怨说,这实在是太过分了。

有一个重要的政治集团,对这一政治难题的回答就是"分割"。他们想实行财产平均化。原始的社会主义者,或者更确切地说,共产主义者想彻底废除私人财产。国家(当然是民主国家)拥有所有财产。

这是自相矛盾的,不同的人寻求相同的自由和幸福,一方提出尽可能绝对的财产,另一方则是要彻底结束它。但它的确是这样的。这个悖论的线索是:所有权不是单一的,而是多种多样的。

直到19世纪,人们终于意识到财产不是一件简单的事情,而是复杂的不同价值和后果的复杂归属问题,许多事失误(如一个人的身体,一个艺术家的工具、服装、牙刷),很显然属于个人财产。还有更大范围的事情,例如,铁路、各种各样的机械、房屋、种植园、游船,每一个都需要仔细地考虑,以界定它在多大程度上,在什么限定的条件下,它可能属于私有财产,多大程度上就进入公有领域,国家可以出于集体利益对其进行管理和出租。在实践方面,这些问题转化为政治问题,以及制定和维持有效的国家管理问题。他们引发了社会心理学的问题,并涉及教育科学。对财产的批判仍然存在巨大的热情,比对科学的热情要高得多。一方面是个人主义者,主张保护和扩大我们现有的自由;另一方面是社会主义者,会在很多方向限制我们的所有权和限制我们的专有行为。在实践中,我们会发现一个渐变的过程,一个极端个人主义者,他不会容忍任何形式的税收来支持政府,而共产主义者会否认所有的财产。今天的普通的社会主义是集体主义的,他会允许一定数量的私有财产,但是教育、交通、矿山和土地这些最为重要的基本事项,都要掌握在一个高度组织的国家手中。现在看来,理性的人似乎逐渐集合在一起,走向了经过科学研究和规划的适度的社会主义。人们越来越清楚地认识到,未开化的人不容易合作,不容易成就大事业,而且每一步都在走向一个更复杂的状态,国家接管私人企业的每一个功能,需要相应的教育进步和适当的控制。

在一段时间内,雇主和受雇者之间的紧张关系,特别是自私的雇主和不情愿的工人之间的对立,导致了世界范围内共产主义的传播,这是与马克思的名字联系在一起的。马克思的理论建立在这样的基础上,认为人的思想受到经济需要的限制,而在我们目前的文明中,人群中的富裕阶层和雇佣阶级、雇佣群体之间存在着必然的利益冲突。随着机械革命的推进,这一庞大的就业多数会变得越来越有阶级意识,对抗统治的少数阶级,这种反抗情绪越来越强化。在某种意义上,具备阶级意识的工人会夺权,他预言,这会开创一个新的社会状态。对抗、暴动、可能的革命是可以理解的,但这并不意味着一个新的社会状态或任何东西,而是一个社会破坏性的过程将接踵而至。马克思主义在俄罗斯进行了试验,我们随后将注意到这个问题,这将被证明是一个很奇异的过程。

马克思试图通过阶级对立代替国家对立,马克思已连续创造了第一、第二和第三国际工人协会。但从现代个人主义思想出发,也可能达到国际思想。从伟大的英国经济学家亚当·斯密时期开始,人们越来越认识到,为了世界的繁荣,地球上不受支配的贸易是非常必要的。个人主义对于国家的敌意,就是对关税界限和所有限制自由的行为和运动的敌意,国家的界限似乎证明了这一点。看到两种不同的思想方式,是非常有趣的,他们在精神上不同,在物质上也不同,作为阶级斗争的马克思主义者的社会主义,和维多利亚时期的个人主义的自由

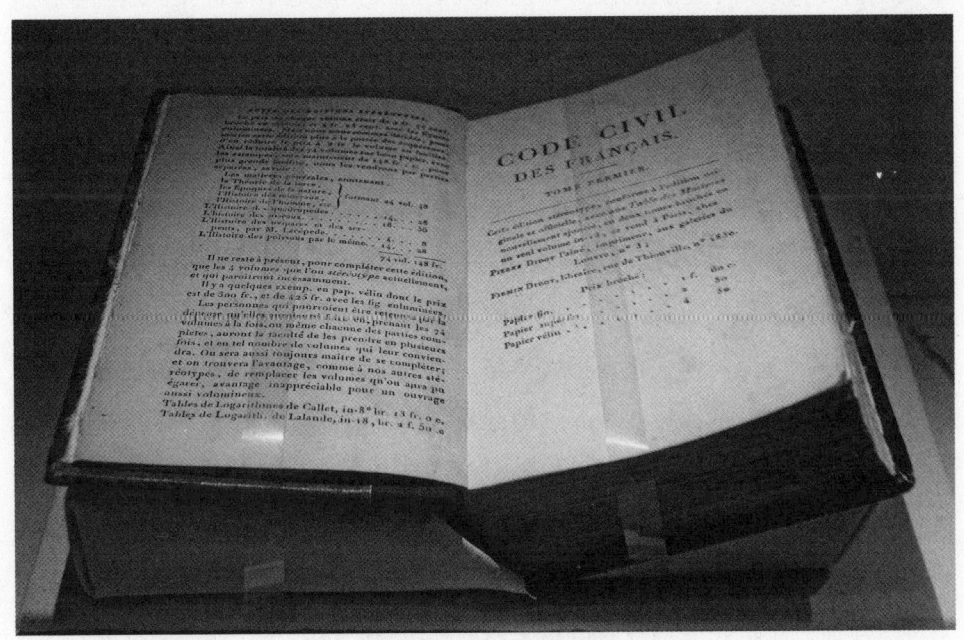

拿破仑制定的法国民法典

第五十九章｜现代政治社会思潮的发展

马克思　　　　　　　　恩格斯

贸易理念，最终碰撞到了一起。不考虑他们的主要分歧，超越现有国界和限制，在全球范围内来处理人类事务，这是他们的共同之处。现实的逻辑战胜了理论的逻辑。我们开始看到，虽然个人主义的理论和社会主义理论的出发点大相径庭，却存在共同的探索，都在试图对社会和政治思想广泛解读，探讨人们如何进行社会协作。随着人们对于神圣罗马帝国的信心下降和基督教的衰退，随着新大陆发现的时代开阔了他们的视野，随着人们的眼光从地中海世界扩展到整个世界，这种探索在欧洲再度出现。

把这种对社会、经济和政治思想的阐述和发展，直接放在今天的讨论中，会引起对这本书范围和意图的争论。但是，正如我们在这里所做的那样，站在学生的角度从世界历史的范围来看，我们必须认识到，这些指导思想在人类头脑中的重建仍然是一个尚未完成的任务，我们甚至不能估计任务是如何完成的。一些共同的信念似乎正在出现，他们的影响力对于政治活动和今天的公共行为是非常明显的，但目前他们还不够清楚，也没有足够的说服力，迫使人们相信这些肯定能够系统地得以实现。人的行为在传统和创新之间动摇，总体上他们更倾向于传统。然而，与这一思想甚至是一代人之前的时光相比，似乎有一个轮廓塑造了人类事务的新秩序。这是一个粗略的轮廓，很多细节模糊不清，在细节和规则上来回波动，但它日趋清晰，轮廓日趋明显和固定。

一年又一年，许多事务变得越来越清晰，越来越具备一体性的特征，在这些事情上应该有一个共同的世界性控制。例如，整个地球现在是一个经济社会，自然资源的合理开发利用要求一个综合的方向。发明的能量越大，目前零星的、有争议的行政事务就会变得越来越浪费和危险。财政和货币也事关整个世界的利益，只有在全球范围内才能够成功处理。传染病与人口的增加和迁移现在引起了全世界的关注。更大的力量，人类的活动范围的增加，也使得战争具有特别大的破坏性。战争作为解决政府和政府、人与人之间关系的方式，也是无效的。所有这些问题，都呼吁超越现存政府的更大范围和更全面的控制和权威。

孟德斯鸠

但这并不意味着解决这些问题的关键在于世界上要通过征服建立超级政府，或合并现有政府。通过与现有机构的类比，人们想到了人类议会、世界大会、地球总统或皇帝，我们的第一个自然反应就是这样的。但半个世纪的建议和尝试、讨论和经验，在整体上是令人气馁的。沿着这条线到世界统一，阻力太大。现在，人们的观念转化为建立一些专门委员会或组织，现存的政府把权力委托给他们，处理一些具体问题，如关于人类自然财富的浪费，关于劳动条件的均衡，关于世界和平、货币、人口和健康，等等。

世界可能会发现，所有的共同利益都被当作一项共同事业来管理，而它仍然没有意识到世界政府存在的必要性。

在人类一体化得以实现之前，在国际安排可以超越爱国的猜疑和嫉妒之前，普通人应该具备人类团结的想法仍然是必要

1848年共产党宣言第一版

第五十九章｜现代政治社会思潮的发展　281

的，而人类是一个大家庭的思想应该得到普遍的理解。

在20个世纪或者更长的时间段里面，伟大的宗教精神一直在试图宣传人类是兄弟的想法，但是一直到今天，部落之间的怨恨、愤怒和不信任，民族和种族摩擦，阻碍并且成功阻止了更广阔的视野。四海之内皆兄弟的思想，斗争到现在，逐渐影响到人类的灵魂。就像基督教的思想斗争，在6世纪和7世纪基督教时代的混乱和无序中，影响了欧洲的灵魂一样。这种观念的传播和胜利必须是平凡的传教士进行极其投入的工作，没有当代作家可以冒昧地猜测要做多少工作，可能会产生多少收获。

国内社会和经济问题似乎是密不可分地与国际问题交织在一起的。每一种情况下的解决方案，都在呼吁同样的服务精神，可以进入和启发人类的内心。国家之间的不信任，关系的棘手性和利己主义都被反映出来，在面对共同产品的时候，个人的所有者和工人们的情形也是如此。个人所有权的夸张，就是国家和皇帝贪婪的个体化表现。他们是同一天生倾向的产品，出于同样的无知和传统。国际主义是国家的社会主义。任何一个与这些问题进行斗争的人都不会感到，心理科学存在着足够的深度和力量，有充分规划的教育方法和组织，可以为人类交往与合作的这些谜题真正和最终的解决方案提供帮助。我们今天没有能力计划一个真正有效的和平组织，就像1820年的人不可能设计出电气化铁路系统一样，但我们知道这件事同样可行，可能指日可待。

没有人可以超越自己的知识，没有思想能超越当代的思想，我们无法猜测或预言，在历史上伟大的和平来临之前，多少代的人类将生活在战争浪费和不安全感之中。伟大的历史似乎指出，和平存在于心中，和平存在于世界上，终将结束我们浪费和漫无目的的生活。我们提出的解决方案仍然模糊和粗糙，充满着各种激情和怀疑。一个知识重建的伟大任务正在进行，它仍然是不完整的，我们的概念变得越来越清晰和准确，缓慢还是迅速，这点很难分辨。但随着他们越来越清晰，他们将汇集人们思想和想象力的力量。他们目前缺乏力量，是由于他们缺乏保证和准确的公正。他们被误解，是因为他们变化多端，令人困惑。但是伴随着精确和肯定性，新视野的世界将获得令人信服的力量，也许很快就会获得力量。从逻辑上说，一项伟大的教育改革即将展开。

第六十章 | 美国的扩张

世界上最新交通发明的最大受益地区，是美国北部。在政治上，美国的宪法，是 18 世纪中期自由主义思想的具体表现，也是这一思想的智慧结晶。它没有国家教会，没有王权，没有封号，它保护的财产是一种自由的体现，最初每个州的实践不完全一样，但几乎给每个成年男性公民投票权。它的投票方法是野蛮粗暴的，因而其政治生命很快被置于高度有组织政党机器的控制下，但这并没有阻止新解放人口活力的发展，其企业和公共精神远远超出当代其他人口。

然后是我们已经注意到的加速运动。这是一个奇怪的事情，美国是最应该感恩于这个加速运动的国家，却对它感知最少。美国把铁路、河轮船、电报等当作是他们成长的自然部分。然而事实并非如此。这些事情的发生正好是为了挽救美国的统一。今天的美国是由河流汽船，然后由铁路连接在一起的。没有这些东西，现在的美国，这个辽阔的大陆国家，将是完全不可能的。人口向西流动会更加迟缓。它可能从来不会穿过中部大平原。从海岸到密苏里，经过了将近 200 才得以有效地安顿下来，这还远远不到大陆的一半。第一个建立在河外的州是 1821 年的密苏里州，它也被称为汽船州，但距离太平洋的其余部分是在几十年内完成的。

如果我们拥有影院的资源，我们将展示北美洲自从 1600 年以来的年度地图，用小点来代表成百上千的人，每一个点代表一百，每一个星星标志拥有数十万人的

林肯

城市。

读者会看到，200年来，点慢慢从沿海区和通航水域扩散，逐步进入印第安纳、肯塔基等地区。然后大约在1810年，发生了变化。沿着河道的事务变得更加生动。这些点将成倍扩大和传播。那是汽船的力量。开拓者的圆点不久将在堪萨斯和内布拉斯加州的一些边远地区沿着大河蔓延。

然后，大约从1850年开始，出现了黑线的铁路，小黑点不会简单地蠕变，而是奔跑运行。他们现在出现得如此迅速，就好像他们被某种喷雾机发射出去一样。突然间，出现了第一批星星，以显示10万人的第一座大城市。先是一两个，然后是许多城市，就像不断增长的铁路网络中的一个结。

美国的成长是一个在世界历史上没有先例的过程，它是一种新的发生形式。这样的社会在以前是不可能存在的，如果没有铁路，它肯定会在很久以前就崩溃了。如果没有铁路和电报，从北京管理加利福尼亚可能比华盛顿更为容易。但美利坚合众国不仅人口增长惊人，它还保持了惊人的一致，它变得更加整齐。

美国西进运动，约翰·卡斯特1872年绘

三藩人今天更像是纽约人，远远超过了维吉尼亚人和新英格兰的类似度。同化的过程畅通无阻。美国正被铁路、电报编织，越来越多地融入到一个巨大的统一进程中，说话、思考和行动与自身和谐一致。很快航空将在这一进程中起到更大的作用。

南北战争的转折点——葛底斯堡战役

美国这个伟大的国家在历史上是一个全新的事物。曾经有过人口达到1亿的伟大帝国，但都是不同的人种混合；从来没有一个单一的人种在此之前达到这一规模。我们需要一个新名词来称呼这个新事物。我们称美国为一个国家，正如我们称法国或是荷兰为一个国家。但这两件事就像汽车和马的不同一样。它们是不同时期和不同条件的创造物，它们以不同的速度和完全不同的方式工作。美国的规模和可能性介于欧洲国家和全球合众国之间。

但是在通往这个伟大和安全的道路上，美国人民经历了一个可怕的冲突阶段。内河轮船、铁路、电报和有关设施，没有及时避免南部和北部之间不断加深的利益和思想冲突。前者是持有奴隶的州，后者是所有人都自由的州。最初，铁路、轮船的确使得美国的这两个区域之间的冲突更加深化。由于新的交通工具，统一的趋势日益增加，使南方或北方应该占优势成为更紧迫的问题。妥协的可能性很小。北方的精神是自由和个人主义，南部是大庄园和高贵的阶级统治着忧郁的主体人群。

在人口向西横扫的浪潮中，每一块新的领土都被组织到国家中来，都要迅速进入快速增长的美国系统，成为两种观念之间的冲突区域。它是应该成为一个自由的公民州，还是地产和奴隶制占优势的州呢？从1833年起，美国反奴隶制协会不仅抵制奴隶制的扩张，而且鼓动全国彻底废除奴隶制。在得克萨斯加入联邦的时候，这导致了公开冲突。得克萨斯原本是墨西哥共和国的一部分，但大部分地区是由美国南部蓄奴州的移民开拓出来，它退出墨西哥，于1835年独立。1844年，并入美国。在墨西哥法律之下，奴隶制在得克萨斯被禁止，但现在，南部声称得克萨斯实行奴隶制，并得到了它。

同时，海洋导航的发展带来了越来越多的欧洲移民，美国北部人口急剧膨胀，爱荷华、威斯康星、明尼苏达和俄勒冈的人口增多，这在国家层面，给了反对奴隶制的北方在参议院和众议院占据优势的可能性。在种植棉花的南部，被废奴运动不断增长的威胁所激怒，又担心国会的优势，开始商量脱离联邦。南方人开始梦想吞并南部的墨西哥和西印度群岛，连同奴隶州，脱离北方，建立范围直到巴拿马的奴隶制国家。

亚伯拉罕·林肯作为反扩张总统在1860年的当选，坚定了南方对于联盟的分裂。南卡罗来纳通过了"分裂国家条例"，准备战争。密西西比州、佛罗里达州、亚拉巴马州、格鲁吉亚、路易斯安那和得克萨斯加入了这一阵营，在亚拉巴马州的蒙哥马利召开了会议，选举杰弗逊·戴维斯为美国"南方各州联盟"的总统，并通过宪法明确坚持"黑人奴隶制度"。

亚伯拉罕·林肯完全是在独立战争后长大的新生代典型人物。他早年曾经是向西移民人口的一分子。他出生在肯塔基（公元1809年），孩童时期被带到印第安纳，后来又到了伊利诺伊州。那时，印第安纳偏僻山区的生活极其粗糙简陋，房子不过是荒野中的小木屋，他的学校教育贫穷而随意。但他的母亲教他及早阅读，他成了一个热爱书籍的人。17岁时，他是一个热爱体育的青年，是一名伟大的摔跤手和赛跑者。有一段时间，他在一个商店做店员，后来开了一个小商店，合作者是

18-19世纪美国版图的形成历程

一个酗酒的伙伴,欠下的债务,他用了15年都没有付清。1834年,当他只有25岁的时候,他当选为伊利诺斯州众议院的成员。在伊利诺斯,奴隶制问题非常突出,因为在国会主张奴隶制延长的正是该党的伟大领袖伊利诺斯参议员道格拉斯。道格拉斯是一个很有能力和威信的人,几年来,林肯用演讲和小册子与他作战,稳步上升到他最强大对手的位置,并且取得了最终的胜利。他们最后的斗争是1860年的总统竞选,1861年3月4日,林肯就职总统,南部各州已经行动起来,开始积极脱离联邦政府在华盛顿的统治,并付诸战争行动。

美国内战是临时凑合的军队之间的战斗,从几万人稳步增加到几十万人。直到最后,联邦军队超过100万人。这是在新墨西哥和东海岸之间的广大地区作战,华盛顿和里士满是主要目标。在此,我们无法讲述那场史诗般的斗争,它在田纳西和密西西比的丘陵和树林之间来回移动,沿着密西西比河而下。杀戮造成了可怕的内耗。推力是随后的反推力,希望变成了失望,如此轮回。有时华盛顿似乎在南部军队的掌握之中,时而北方军队再次向里士满推进。南部的军队,在数量上不占优势,资源更贫穷,但他们的指挥官是非常有才能的李将军。北方的军队指挥官远远不及这位将军,于是北方不断更换统帅。直到最后,在谢尔曼和格兰特的带领下,北方军战胜了衣衫褴褛的南方人。1864年10月,谢尔曼指挥下的一个联邦军队突破南部盟军,从田纳西通过佐治亚到海岸,正好横穿南部联盟的区域,然后转身穿过卡罗莱纳,出现在了南方联盟的军队后方。与此同时格兰特把李围困在里士满,直到谢尔曼与其完成了合围。1865年4月9日,李和他的军队在阿波马托克斯投降。1个月内,所有剩余的南方军队都放下武器,南方联盟不存在了。

4年的内战对美国人民来说意味着巨大的物质和精神损失。国家自治的原则对许多人来说是非常珍贵的,北方实际上似乎是在迫使南方接受这一点。在边境的州,兄弟之间,甚至是父子之间,都会站在对立的一面,发现自己处于敌对的军队中。北方觉得它的事业是正义的,但对于大多数人来说,这不是一个重要的、无可非议的正义。但对林肯来说,这是毫无疑问的。在混乱中他是一个头脑清醒的人。他主张联合,主张美国的和平。他反对奴隶制,但他认为奴隶制是次要问题,他的主要目标是美国不应该被撕成两个对立和不和谐的

林肯在剧院被枪杀

碎片。

在战争的开始阶段，联邦政府和联邦将军们主张迅速解放奴隶的时候，林肯反对这一建议。奴隶是以分期和补偿的方式获得解放的。只是到了1865年1月，林肯认为条件已经成熟，国会才建议增加永远废除奴隶制的宪法修正案，这项修正案经由各州批准的过程中，战争已经结束了。

随着战争进行到1862年和1863年，最初的激情和热情消退，美国出现了厌战情绪。总统发现自己的后面是失败主义者、叛徒、被解雇的将军和扭曲的政党政治家，大家的情绪中充满着怀疑和疲惫，前面则是平庸的将军和沮丧的部队。他的主要安慰肯定是在里士满的杰弗逊·戴维斯情形也没好到哪里去。英国政府的行为不端，让海军对南方联盟提供帮助，英国派出了3艘快船，阿拉巴马是最好的一只，在海上追击美国的航运船只。法国在墨西哥的军队践踏了门罗主义。来自里士满的建议是放弃战争，通过谈判和讨论解决问题，南方和北方结成联盟，对付在墨西哥的法国。但林肯不会听取这样的建议，除非维持联邦的权力至高无上。林肯主张美国人对付法国，但不是以分裂的身份，而是以整体的身份来做这件事情。

经历了漫长的挫折和曾经无效的努力之后，他度过了分裂的黑暗阶段，把美国团结在一起，没有任何记录表明他的目标曾经动摇过。很多时候，他坐在白宫，一动不动，就像一座严峻的纪念碑；有时他通过开玩笑和谈论轶事放松自己。

他看到了联盟的胜利。在里士满投降后的第二天，他来到了这座城市，接受李将军的投降。随后回到华盛顿，并于4月11日做了最后一次公开讲话，主题是和解与战败州的忠诚政府重建。4月14日晚上，他去了华盛顿的福特剧院，当他坐在舞台上观看剧目的时候，被击中头部的后面，凶手是一位名叫布斯的演员，他对林肯抱有不满，他偷偷地爬进包厢里，完成了这次暗杀。但林肯的工作完成了，联邦得救了。

第六十一章｜德国崛起到欧洲的主导地位

我们已经讲述了法国大革命和拿破仑冒险后，欧洲重新安定下来，处于暂时的和平状态，这是50年前政治条件的现代化复兴。直到19世纪中期，钢铁、铁路和汽船的新设施没有产生明显的政治后果。但是由于城市工业发展，社会处于紧张状态。法国仍然是一个非常动荡的国家。紧随1830年的革命其后的是另一场革命，1848年革命。然后，拿破仑三世，拿破仑波拿巴的侄子，成为第一任总统，然后在公元1852年成为皇帝。

他着手重建巴黎，把它从到处是绘画的城市，变成了今天的宽敞的大理石的拉丁化城市。他着手重建法国，使之成为一个辉煌的现代化帝国。他表现出一种重振大国竞争力的倾向，试图使欧洲如同17世纪和18世纪一样忙于徒劳的战争。俄罗斯的沙皇尼古拉一世（1825—1856年）也变得咄咄逼人，向南压向土耳其帝国，眼睛注视着君士坦丁堡。

世纪之交后，欧洲进入了一场新的战争周期。他们主要是为了"力量平衡"和争夺霸权地位的战争。英国、法国和撒丁岛在克里米亚战争中袭击俄国，保卫土耳其；普鲁士（意大利作为盟国）和奥地利争夺德国的领导权，法国从奥地利那里解放了意大利北部，其代价是萨伏依，意大利逐渐成为一个统一的王国。拿破仑三世病得很厉害，建议在美国内战时期，尝试在墨西哥冒险；他在那里设立了一个马克西米利安皇帝，但是当胜利的联邦

德国1848年革命

1871年在法国凡尔赛宫德国皇帝与军队欢呼

政府展现出锋芒之后，他又对这个皇帝置之不理，最后这位皇帝被墨西哥人枪击。

1870年，法国和普鲁士之间的欧洲争夺战一直悬而未决。普鲁士早就预见并准备好了这场斗争，而法国因财政腐败而没落了。法国的失败是迅速而戏剧性的。8月，德国入侵法国；9月，一支伟大的法国军队在色当投降，另一支10月在梅斯投降。1871年1月，巴黎在被围攻和轰炸后，落入德军手中。在法兰克福，签署了和平条约，阿尔萨斯和洛林归属德国。德国，包括奥地利，成为一个统一的帝国，与普鲁士王成为德国皇帝。

在接下来的43年里，德国是欧洲大陆的主要力量。1877—1878年，俄土战争之后，除了在巴尔干的某些调整，欧洲边境保持了30年难得的稳定。

普鲁士三巨头：俾斯麦、鲁恩、莫尔特克

第六十二章 | 汽船和铁路构建的新的海外帝国

18世纪结束的时候,是帝国扩张主义者破坏和幻灭的时期。英国和西班牙到他们美洲殖民地之间的旅程,漫长而乏味,妨碍了母国和子国之间的自由往来,所以殖民地分离成为新的和独特的社会,具有鲜明的自身思想和利益,甚至自身的语言模式。随着他们的成长,他们越来越紧张于他们无能为力和不确定的运输环节。在旷野中的贸易站点,像法国在加拿大的贸易站;或在国外的贸易机构,像在印度的英国机构,都是非常脆弱的。所以它们可能会寻求依附于某个国家的存在,能够给予他们支持。19世纪早期的许多思想家认为,海外殖民已经走到了极限。1820年,欧洲各国在海外建立的粗陋"帝国",在公元18世纪的地图中占有很大比例,现在已经缩小到非常小的尺寸。只有俄罗斯在扩大,穿越到亚洲。

1815年的英帝国包括:加拿大人口稀少的沿海、沿河和多湖地区,还有一块内陆,但是非常荒凉,只有旷野定居点和哈得逊公司的皮毛交易站;约1/3的印度半岛处于东印度公司的统治下;好望角海岸地区居住着黑人和具有反叛精神的荷兰移民;一些贸易站出现在非洲西海岸,直布罗陀、马耳他、牙买加岛,西印度群岛、南美洲的英属圭亚那。在世界的另一边,澳大利

1857年印度大起义

1860年英国总理与印度君主在查谟和克什米尔会面

亚和塔斯马尼亚的植物学湾（博特尼湾）居住着判处有罪的囚犯。西班牙保留了古巴和一些在菲律宾群岛的定居点。葡萄牙在非洲有一些古代占领的残余。荷兰在东印度群岛和荷属圭亚那有各种岛屿和财产，丹麦在西印度群岛有一个岛屿。法国有一个或两个西印度群岛岛屿和法属圭亚那。这似乎与欧洲列强所需要的一样，可能从世界其他地区获得利益。只有东印度公司表现出扩张的精神。

而欧洲正忙于与拿破仑的战争，东印度公司在一系列总督的统治下，在印度的角色就如同土库曼等来自北方的入侵者一样。维也纳和平之后，它继续进行征税，发动战争，派遣大使到亚洲强国，看起来就是一个准独立的国家，然而，其财富主要还是流向西方。

我们不能在这里详细说明英国东印度公司是如何走上霸权之路的，它不断变换盟友，最终成为所有人的征服者。它的力量传播到阿萨姆、信德和奥德。印度地图开始呈现了今天英国学童所熟悉的轮廓，这是一个由英国直接统治下的大省所维系的土邦的拼凑。

1859年，在印度本土军队发生严重叛变之后，东印度公司的帝国被英国王室吞并了。为了对印度进行更好的管理，总督成为君主的代表，公司的事务由对英国议会负责的国务秘书掌管。1877年，洛德·比肯斯菲尔德担任这一职务，维多利亚女王被宣布为印度女皇。

正是沿着这样的主线，印度和现在的英国联系在一起。印度仍然是大莫卧尔的帝国，但大莫卧尔已经被大不列颠的"加冕共和国"取代。印度是一个没有独裁者的独裁国家。其规则结合了绝对君主专制的弊端和官僚制度的没有人情味和不负责任的特征。印度人抱怨没有明确的君主，他的皇帝是一个金色的象征，他们只能到英国散发传单，或在英国下议院提出一个问题。议会越是被英国事务占据，对印度的注意力就越少，印度就越会受到少数高级官员的摆布。

在铁路和轮船的效力展现之前，除了印度，没有任何欧洲帝国的扩张一直在持续。英国相当多的政治思想家都倾向于把海外的财产视为国家的弱点。澳大利亚定居点发展缓慢，直到1842年，发现了有价值的铜矿，1851年发现了黄金，赋予了它们新的重要性。运输方面的改进也使得澳大利亚羊毛成为欧洲市场上日益抢手的商品。一直到1849年，加拿大都没有显著的进步，它受到法国和英国移民之间纠纷的困扰，发生过几次严重的叛乱。直到1867年，新宪法建立了一个新的加拿大联邦，解除了它的内部压力。正是铁路改变了加拿大的前景。它使加拿大，正如它使美国一样，向西扩展，向欧洲销售其玉米和其他产品。尽管它的增长广泛而迅速，加拿大仍然保持着语言、情感和利益上的一致性。铁路、汽船和电报电缆确实改变了殖民地发展的所有条件。

在1840年之前，英国的殖民已经在新西兰开始，新西兰土地公司已经形成，开始开发该岛的一切可能

东印度公司在伦敦的总部

第六十二章｜汽船和铁路构建的新的海外帝国　　293

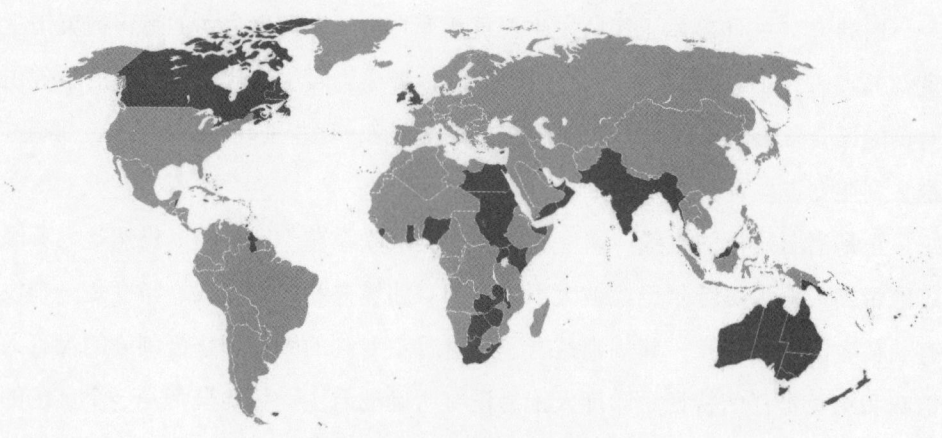

到1898年为止的英国及其殖民地

性。1840年,新西兰也被添加到英国王室的殖民地里面。

正如我们所指出的,在英国的殖民地中,加拿大是第一个对新的运输方式开放的区域,并很快展现出其经济活力。目前,南美洲共和国,特别是阿根廷共和国,开始感觉到他们的牲畜贸易和咖啡种植与欧洲市场的贴近度在增加。迄今为止,吸引欧洲列强进入动荡和野蛮地区的主要商品是黄金或其他金属、香料、象牙或奴隶。但在19世纪的后1/4,欧洲人口的增加迫使政府去国外寻找食物;而科学工业的增长创造了一个新的原材料需求,他们需要油脂、橡胶等迄今为止被忽视的物质。很明显,大不列颠、荷兰和葡萄牙在热带和亚热带产品的控制中取得了巨大的商业优势。1871年之后的德国,现在的法国和后来的意大利,开始寻找没有被占领的原料区,或者能够给他们现代化谋利的东方国家。

因此,世界各地开始了一场新的争夺战,除了在美洲门罗主义禁止那样的冒险,争夺在所有缺乏政治保护的土地上展开。

靠近欧洲的是非洲大陆,充满了模糊的诱惑性。1850年,它是一个黑色神秘的大陆,只有埃及和海岸是已知的。在这里,我们没有空间去讲述那些第一次刺穿非洲黑暗的探险家和冒险家的惊人故事,以及那些追随他们轨迹的政治代理人、管理者、商人、定居者和科学家。在非洲,有像侏儒一样的奇怪人种,霍加皮一样的奇怪野兽,奇妙的水果、花和昆虫,可怕的疾病,森林和山区等惊人的景色，巨大的内陆海，巨大的河流和瀑布也被发现，这是一个全新的世界。甚至（在津巴布韦）发现了一些没有记录和消失的文明，早期人类向南的进展，也被发现。欧洲人来到这个新的世界，发现枪已经在阿拉伯奴隶贩子手中，而黑人则生活得混乱无序。

到了1900年之后的半个世纪，所有非洲都在欧洲列强之间进行了测绘、探索、估计和划分。在这场斗争中，很少注意到当地人的福利。阿拉伯的贪婪的确是被遏制而不是被驱逐。出于对橡胶的贪婪渴望，比利时统治的刚果当地人被强制采集橡胶，缺乏经验的欧洲管理者与当地人的冲突加剧，导致了可怕的暴行。在这件事上，没有哪个欧洲强国的手是干净的。

在这里，我们无法介绍大不列颠如何在1883年取得埃及的详细细节，完全不考虑埃及事实上是土耳其帝国的一部分，也不考虑这种混乱如何导致1898年法国和大不列颠之间的战争。当时马钱德上校，从西海岸穿越非洲中部，试图在法绍达占领尼罗河上游。

我们也不能讲述英国政府如何首先同意布尔人，或者说荷兰移民，在奥兰治河流区和德兰士瓦建立独立的共和国，然后英国出尔反尔，1877年，吞并德兰士瓦共和国。也不能讲述德兰士瓦的布尔人在赢得马朱巴山战役后获得了自由（公元1881年）。因为持久的新闻宣传，马朱巴山成为折磨英国人的痛苦记忆。1899年，英国与这两个共和国爆发了战争，持续3年的战争使英国人民付出了巨大的代价，最终在两个共和国的投降中结束。

他们的征服时期是短暂的。1907年，随着征服他们的帝国主义政府垮台，自由党人掌控了南非问题，这着两个共和国与所有南非的好望角殖民地和联邦的纳塔耳 起，自由、自愿地作为 个自治共和国归于英国王冠之下。在1/4世纪的时间里，非洲的划分完成了。剩下的3个相对较小的没有被吞并的国家：利比里亚，在西海岸的一个解放的黑人奴隶定居点；摩洛哥，位于穆斯林的苏丹统治之下；阿比西尼亚，一个野蛮的国家，保留着基督教古老而奇特的形式，在1896年的埃德华战役中它成功地对抗了意大利，维护了自己的独立地位。

第六十三章 | 欧洲在亚洲的侵略和日本的崛起

很难相信，有多少人真的接受了这幅用欧洲色彩描绘的非洲地图，作为对世界事务的一种永久的新的解决方案，历史学家有责任记录这样一个事实，它的确被接受了。19世纪欧洲人的思想中，历史背景非常浅薄，没有渗透批评的习惯。西方的机械革命给了欧洲人相对于旧世界其余地区暂时的优势，因为那里的人们仍然是茫然无知的。欧洲人产生了优越感，认为这些优势能够永久确保他们的主导地位。他们对科学的成果的转移毫无感觉。他们不知道中国人和印度人可以和法国人或英国人一样进行研究工作。他们相信在西方存在一些与生俱来的知识驱动，在东部则是天生的懒惰和保守主义，这会确保欧洲人在世界永远的优势。

这种迷恋的后果是，欧洲各国外交机构的设置，不仅仅是为了争夺表面野蛮和不发达的地区，也瓜分亚洲人口众多的文明国家。欧洲人认为，这些国家有待开采。英国在印度的统治虽然内部不稳定，但表面上极其辉煌。荷兰在东印度群岛存在有利可图的大量产业，这些都推动其他的欧洲大国，试图在奥斯曼帝国、远一点的印度、中国和日本，达到同样的目标。

1898年，德国得到了中国的胶州湾，英国则以占领威海卫作为回应。第二年，俄国人占领了旅顺港。对于欧洲人的仇恨席卷了整个中国，有针对欧洲人和皈依基督教的人的仇杀。1900年，

1862年明治天皇接见法兰西第二共和国特使

发生了围困北京使馆的事件。欧洲人联合起来，对北京进行惩罚性远征，解救公使馆，偷走了值钱的数额巨大的财产，俄国人占领了满洲里。1904年，英国入侵了西藏。

现在大国之间的斗争中出现了新的力量——日本。迄今为止，日本在这段历史中只扮演了一个小角色，它与世隔绝的文明并没有对人类命运起到很大的作用。它得到了很多，但给予的却很少。日本人是黄色人种，他们的文明、文字和文艺传统都源于中国人。他们的历史非常有趣和浪漫，他们发展了封建制度，在公元前后的世纪发展起骑士制度；他们对于朝鲜和中国的攻击，相当于东方式的英国对于法国的战争。16世纪，日本第一次接触到了欧洲。公元1542年，一些葡萄牙人乘坐中国的帆船抵达日本。公元1549年，耶稣会传教士圣方济·沙勿略开始在那里教书。有一段时间，日本欢迎与欧洲的交往，基督教传教士接受了大量的皈依。威廉姆·亚当斯成为日本最值得信赖的欧洲顾问，并向他们展示如何建造大型船只。日本建造的船只航行到印度和秘鲁。然后西班牙多明我会和葡萄牙传教士，与英国和荷兰的新教徒之间发生了复杂的纠纷，每一方都警告日本反对别人的政治阴谋。耶稣会士，在某一个时期占据了优势，用非常尖刻的语言侮辱佛教徒。日本的结论是，欧洲人是无法忍受的令人讨厌的人，特别是天主教只不过是教皇的政治梦想和西班牙君主制的幌子，当时西班牙君主已经拥有了菲律宾群岛。日本出现了对基督徒的迫害，1638年，日本对欧洲人来说关闭了，关闭一直持续了200年。在这两个世纪里，日本人和世界上的其他人完全断绝了联系，仿佛他们生活在另一个星

时局图

美国首次登陆日本

球上。日本禁止建造大型船只，没有日本人可以出国，也没有欧洲人进入这个国家。

两个世纪以来，日本一直游离于历史的主流之外。它的状态就是风景如画的封建国家，5%左右的人口，是武士或勇士、贵族和他们的家人，他们毫无顾忌地欺压其余的人口。与此同时，外面的大世界视野更加开阔，新势力不断形成。奇怪的环岛运输更加频繁，经过日本的海岛。有时船只失事，水手登岸。穿过德士马岛的荷兰殖民地，是他们与外界的唯一联系，它也意味着日本没有跟上西方世界的力量。1837年，一艘船只驶进江户湾，悬挂的是陌生的星条国旗，带着几名在遥远的太平洋捡到的漂流的日本水手。船只被炮弹击中了。该旗帜现在又出现在其他船只上。1849年，有一艘船只到来，声称要解救18个遇难的美国水兵。1853年，海军准将佩里指挥的4艘战舰来到这里，拒不离开。他在被禁止的地方抛锚停泊，向当时统治日本的两位统治者发来信息。1854年，他带着10艘船只再度到来，这是用蒸汽推动的令人惊叹的船只，装备了大炮，他还提出了日本没有力量抵抗的贸易和往来的建议。他带着500人的卫兵登陆，并且在条约上签字。迷惑的人群从街上走过，观察着这些外部世界的来访者。

紧随其后的是俄国、荷兰和英国。一个下关海峡的贵族指挥向外国船舰开火，但是遭到了英国、法国和美国的军舰炮击，摧毁了他的庄园，驱散了他的武士。最后，盟军舰队（公元1865年），停泊在京都，迫使日本批准该条约，日本的国门被迫打开。

这些事件使日本人蒙羞。他们以惊人的精力和智慧使自己的文化和组织达到欧洲强国的水平。在人类历史上，从来没有一个国家像日本那样大步前进。1866年，它是一个中世纪的人，神奇漫画的尽头是浪漫的封建制度；1899年，它是一个完全西化的人，达到了最先进的欧洲强国的水平。它完全打消了这样一种说法，即亚洲将永远在欧洲后面，毫无希望。它使欧洲所有的进步看起来都比较迟缓。

在这里，我们无法详细讲述1894—1895年日本与中国的甲午战争。这场战争展示了日本西化的程度。它有一支高效率的西化军队和一支小而健全的舰队，它得到了英国和美国的赞赏，两国把日本当做一个欧洲国家，不再把日本视为另一个印度。俄罗斯正在通过满洲里向朝鲜推进。法国已经控制东京和安南的南部，德国如饥似渴地在寻找一些殖民地。三大国联合起来阻止日本从中国战争中收获任何成果。斗争使它筋疲力尽，三国对日本发出了战争威胁。

日本开始聚集力量。在10年内，它准备与俄罗斯进行斗争，这标志着欧洲历史上的一个时代，即欧洲傲慢时期的结束。当然，俄国人民对世界那个半球所犯的这些麻烦非常和无知的，聪明的俄国政治家反对这些愚蠢的企图，但是一帮金融冒险家，包括沙皇的兄弟陛下，包围了沙皇。他们孤注一掷，准备打劫满洲里和中国，不允许撤退。所以大批日本兵穿过海洋，来到隔海相望的旅顺港和朝鲜，而列车装载的俄国农民沿着西伯利亚铁路，死在那些遥远的战场。

俄罗斯人，指挥不力，供应不足，在海上和陆地上都遭到了日本的痛击。俄罗斯波罗的海舰队绕过非洲，在对马海峡彻底毁灭。俄罗斯的普通民众，被这种遥远的、毫无理出的屠杀激怒了，迫使沙皇结束战争（公元1905年）；日本得到了库页岛南部，这是俄国1875年占领的土地。俄军撤离满洲里，把朝鲜留给日本。欧洲对亚洲的入侵即将结束，欧洲的触角开始退缩。

第六十四章 | 1914年的大英帝国

我们可以在这里简要地分析一下1914年的大英帝国的组成部分的不同性质，它们由汽船和铁路汇集在一起，是一个非常独特的政治组合，以前从未出现过这种情况。

整个体系的第一和最为核心的是大英帝国的"君主共和国"，包括（违背爱尔兰相当一部分人的意愿）爱尔兰。英国议会的多数，由英国和威尔士，苏格兰和爱尔兰的3个议会联合构成，它们决定职务任免，决定各部门的职能和政策，在很大程度上它是为英国国内的政治考虑而产生的。这是一个有效的最高政府，对于整个帝国的其余部分，拥有和平和战争的力量。

第二，按照政治上的重要性，为英国国家"加冕共和国"，包括澳大利亚、加拿大、纽芬兰岛（最古老的英国属地，1583年建立）、新西兰和南非，这些都是独立和自治的区域，与大不列颠结盟，但每个都有由政府任命的代表机构。

第三，是印度帝国，是伟大的莫卧儿帝国的扩展，包括其附属和"保护国"：从俾路支省一直到缅甸，包括亚丁，在所有这些帝国中，英国王室和印度办事处（在议会控制下）扮演着原土库曼王朝的角色。

第四，就是对埃及暧昧的占有。名义上，埃及还是土耳其帝国的一部分，仍保留了自己的君主，但实质处于英国暴君式的官方统治之下。

第五，就是更模糊的"盎格鲁—埃及"苏丹省，由英国和英国控制的埃及政府共同占领和管理。

第六，是一些部分自治的区域，一些起源于英国，一些则不是，有民选立法机关和任命的行政机构，如马耳他、牙买加和百慕大群岛。

第七，就是英国王室的殖民地，由英国本国政府的统治（通过殖民部），简直是专制，在锡兰、特立尼达和斐济（那里有一个指定的议会），以及直布

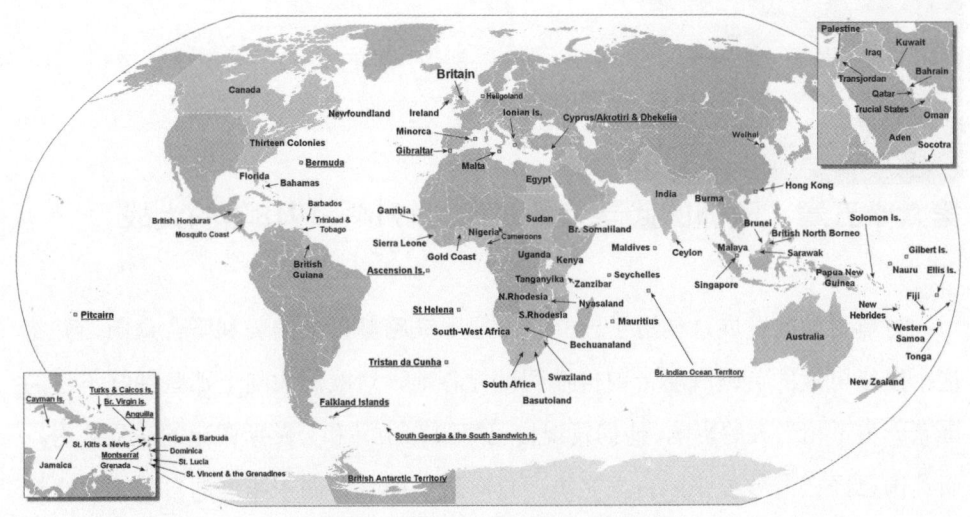

曾经为英国领土与殖民地的所有地区

罗陀和圣海伦娜(那里有总督)。

随后,大片的热带土地及原材料产地,居住的是政治上软弱、未开化的土著居民,名义上被置于保护和管理下,由高级专员在当地酋长(比如巴苏陀兰)或特许公司(如罗德西亚)的协助下进行统治。在某些情况下,是外交部;在某些情况下,是殖民部;在某些情况下,是印度事务部;但在大多数情况下,殖民部对此负责。

因此,毫无疑问,没有一个单独的办公机构或单独的思维模式能够解释整个大英帝国。这是一个增长和积累的混合,完全不同于任何之前所称的帝国。它确保广泛的和平与安全,这就是它为什么能够被许多"服从"的人种容忍和支持的原因。尽管有官方暴政和不足,尽管本土民众对此也不太关注。像雅典帝国一样,它是一个海外帝国,它的方式是海上的方式,它的共同联系是英国海军。像所有的帝国一样,其凝聚力全然依靠一种交通方式;航海技术的发展,船舶建造和轮船,使得16世纪到19世纪之间出现了一个可能的、方便的"不列颠治下的和平",但是空中和陆地运输的发展,给帝国的维持也带来了一定的难度。

第六十五章 | 欧洲的武器装备时代，1914—1918年的大战

材料科学的发展，创造了建立在汽船和铁路基础上的美利坚合众国，并将这个岌岌可危的英国汽船帝国传播到世界各地，对欧洲大陆上那些拥挤不堪的国家产生了相当大的影响。他们发现自己局限在由马和公路所限定的边界之内，而英国已经在海外扩张中占据先机。只有俄罗斯具备向东拓展的自由：它修筑了一条横贯西伯利亚的大铁路，直到卷入了与日本的冲突；它向东南方向推进到波斯边界和印度边境，引起了英国的烦恼。欧洲其他国家都处于日益拥挤的状态。为了实现人类生活新装置的充分可能性，他们不得不在更广泛的基础上重新安排他们的事务，要么是某种自愿的联盟，要么是由某种支配力量强加给他们的联盟。现代思潮倾向于前一种选择，但政治传统的力量驱使欧洲走向后者。

拿破仑三世帝国的垮台，新德意志帝国的建立，指出了德国人对德国领导下欧洲统一思想的希望和恐惧。36年来，欧洲的政体都处于不安定的和平状态，并且关注于那种可能性，那就是德国称霸的可能性。法国，是查理曼帝国分裂以来德国的坚定对手，试图通过与俄罗斯紧密联盟纠正自己的弱点，德国则与奥地利帝国连接在一起（它已不再是拿破仑时代的神圣罗马帝国），还有和与意大利新王国不那么成功的联合。起初，大不列颠像往常一样，对于大陆事务只介入一半左右。但随着德国海军的大举发展，逐渐被迫与法俄集

1916年的德国士兵

团紧密联系。威廉二世皇帝的宏伟想象（1888—1918年）导致德国过早地进入海外开拓,最终带来的不仅是大不列颠,日本和美国都加入到了敌人的圈子里面。

所有这些国家都武装起来。年复一年,全国生产都致力于枪支、设备和战列舰等的制造。年复一年,事物的平衡似乎在向战争的方向倾斜,战争似乎已经不可避免。最后它来了。德国和奥地利袭击了法国、俄国和塞尔维亚,德国军队穿过比利时,英国迅速站在比利时一边参战,日本是它的盟友,很快,土耳其加入了德国一方。意大利于1915年参加了对奥地利的战争,而在那年10月,保加利亚加入了同盟国。1916年,罗马尼亚参战。1917年,美国和中国被迫参加对德国的战争。在这场历史的巨大灾难之中,不应该指责哪一方负有更大的责任。更有趣的问题,不是为什么大战开始了,而是为什么大战没有被预料和阻止。这是一个更严重的事情,千千万万的人产生了"爱国"的愚蠢,实现欧洲统一本来有可能阻止战争,这是一种很直接的方法,但只有一小部分人希望发生这种情形,大多数人对此都持有非常冷漠的态度。

在我们的篇幅范围内,不可能追踪到战争错综复杂的细节。很明显,在几个月的时间内,现代科学技术的进步已经彻底改变了战争的性质。物理科学赋予力量,力量超越钢铁,超越距离,超越疾病;这种权力使用得好坏取决于世界的道德和政治智慧。欧洲政府,受到过时的仇恨和猜疑政策的影响,发现自己掌握着无可比拟的破坏和抵抗力量。这场战争成为烈火,波及全世界,造成双方的巨大损失,与所涉及的问题完全不成比例。战争的第一阶段是德国人对巴黎的巨大冲击和俄国人对东普鲁士的入侵。两次攻击都被停滞,被迫调头。随后,防御的力量得到了发展,进入到战壕战争阶段。有一段时间,对立的军队盘踞在长长的横跨欧洲的战壕里面,无法取得任何进展,也没有巨大损失。军队有上百万的力量,在他们身后,所有的人都被组织起来为前线提供食物和弹药。除了与军事相关的行业,几乎所有的生产活动都停止了。由于劳动力不足,很多女性替代男性在工厂工作。大概一半以上的人居住在欧洲的战争国家里面,这场战争彻底改变了他们的职业。他们被社会连根拔起,并进行了重新的移植。教育和正常的科学工作或者被限制,或者转移到直接的军事目标,而新闻传播被军事管制和"宣传"活动削弱和破坏。

在军事僵局的阶段，通过破坏食物供应和空中攻击，战斗的目标转向攻击后方的非战斗人群。同时，火炮的规模和射程也在不断地提高，出现了毒气弹，和小型被称为坦克的移动堡垒，这些巧妙的装置破坏了战壕里的部队抵抗力。空中进攻是所有方法中最具革命性的。它把战争从两个维度转变为三个维度。迄今为止，在人类历史上，战争只在军队行进和遇见的地方进行。现在则到处都是。首先是齐柏林硬式飞艇，然后是轰炸机，穿越了前线，到达了平民活动区。平民和战斗人员在文明战争中保持的古老界限消失了。每一个种植粮食，或缝制衣服的人，每一个砍伐树木或修理房屋的人，每一个火车站和每一个仓库都面临毁灭。战争进程中的每个月份，空中进攻范围都在扩大，恐怖程度不断增加。最后，欧洲的大部分地区都处于包围状态，每晚都受到袭击。伦敦和巴黎这样的暴露城市度过了一个又一个不眠之夜。炸弹爆炸时，高射炮进行反射击，消防车和救护车在黑暗而荒凉的街道上横冲直撞。对老人和儿童的身心健康的影响尤其令人痛心和具有破坏性。

瘟疫是古老战争的追随者，直到1918年战斗结束才出现。4年里，医学击退了普通的流行疾病；但是随后发生了遍及全世界的流感大暴发，摧毁了数以百万计的人。饥荒也被推迟了一段时间。然而，到了1918年年初，欧洲大部分地区都处于饥荒状态。全世界的粮食生产下降很快，食物的生产和分配都受到了这场大浩劫的影响。1918年11月，战争结束。1918年春季开始，德军强攻巴黎，但没有得手。战争的主要国家因为财力衰竭，进入到崩溃状态。

一战死难将士陵园

第六十六章 | 俄国的革命与饥荒

但是,在一战的核心力量德国和奥匈帝国崩溃之前的一年多,自称为拜占庭帝国继承者的半东方的君主国——沙皇俄国已经垮掉了。早在战争爆发之前的数年间,沙皇的统治已经呈现出明显的衰退迹象,一个异想天开的宗教骗子拉斯普丁实际上控制了沙皇的宫廷,内务和军事等公共行政部门无能低效,并且面临严重的腐败问题。战争爆发初期,俄罗斯境内的爱国热情高涨,国家得以征集庞大的军队,但是军队的装备不足,也没有充足的有能力的指挥官,就这样被匆匆忙忙地派往了与德国和奥匈帝国作战的前线。

1914年9月,沙俄的军队出现在东普鲁士地区,从而有力地牵制了德国军队的注意力,这点是毫无疑问的,当时的德国军队正在进攻巴黎,并且取得了初步的胜利。但是,这支主要由俄罗斯农民组成的军队,由于缺乏有效的指挥和组织,死伤人数达到上万人。他们的成就是拯救法国于危难之际,使得整个西欧成为伟大的、悲剧性的俄罗斯民族的负债者。但是,战争的压力对于俄国这一脆弱的、无序的帝国而言太过庞大,它难以承担如此之大的负荷。普通的俄国士兵被送上战场,没有足够的枪支,也没有大炮的支援,他们是狂热的官僚和将军们的牺牲品。在相当长的一段时间内,他们如同动物一样,默默忍受着这一切。但是,所有的忍耐都是有限度的,即便是最愚昧的人也不会永无止境地忍受下去。随后,整个军队都充斥着对沙皇的厌恶情绪。从1915年末开始,俄罗斯的状况

1917年二月革命

第六十六章 | 俄国的革命与饥荒   305

1919年列宁在讲话

开始引起西方盟国的忧虑。1916年，沙俄一直处于防御态势。同时，还有一种传言，说俄国将要同德国单独媾和。

1916年12月19日，在彼得堡举行的一次晚宴上，拉斯普丁遇刺身亡。人们试图把沙皇制度进行改制，这是一次迟来的尝试。1917年3月，形势发生了急剧的变化，先是彼得堡发生了粮食暴动，随后迅速转化成为一场革命。这些革命者试图取缔国家的代议机构杜马，并试图抓捕自由派的领袖们，同时成立以李沃夫为首的临时政府。随后，皇帝被迫退位（3月15日）。人们一度以为，革命是温和的，也是可控的，只是换了一个新沙皇而已。然而，非常明显的是，民众已经丧失了对俄国的信心，无法满足于这样的调整。俄国的民众对于欧洲旧秩序的一切、对于沙皇、对于战争、对于各大强国，都已经厌恶透顶。他们希望得到解脱，迅速摆脱这些令人难以忍受的苦难。协约国的其他成员并不知晓俄国的真实情况，外交官们对俄国的社会也同样茫然无知，他们关注的仅仅是俄罗斯的宫廷。这必然导致他们对于俄国新形势的误判。这些外交官们对共和主义毫无好感，于是想尽办法给新政府公开制造麻烦，力图使其陷入极为尴尬的境地。俄国新建立的共和政府的总理是克伦斯基，他风度翩翩，善于雄辩。他很快发现自己处境不妙：在国内，他受到一股更为革命的力量的攻击，这一派别主张"社会革命"；在国外，则受到同盟国的轻视。俄国的盟国不允

许临时政府在国内分配土地，虽然这是俄国农民渴望的，在国外又不允许俄国退出战争。英国和法国的媒体不断呼吁俄国发动新的攻势，完全没有顾及到俄国已经精疲力竭。当德国军队从陆上和海洋两路向里加发动猛烈进攻的时候，英国海军部却畏缩

1917年二月革命之街道上的射击

不前，没有能够进行期待中的波罗的海远征，新生的俄国共和国孤立无援。虽然英国拥有海军的绝对优势，虽然英国海军上将费希尔勋爵（1841-1920）多次据理力争，英国及其盟友仍然只是进行了数量有限的几场潜艇攻击，在整个大战期间，波罗的海的控制权完全掌握在德国人手中。

然而，俄罗斯人民坚决要求结束战争，为此不惜付出任何代价。在彼得堡，成立了代表工人和普通士兵的机构，这就是苏维埃。该机构强烈呼吁在斯德哥尔摩召开由社会主义者参加的国际会议。当时，柏林发生了食品骚乱，奥地利和德国也弥漫着消极厌战的情绪。毫无疑问，在随后的事件中，这种会议的召开将在1917年促成建立在民主原则基础上的和平，也会促成德国革命。克伦斯基恳请其西方盟国允许召开这次会议，但是它们因为害怕社会主义和共和主义在世界范围内的大爆发，拒绝了克伦斯基的请求。当时，只有英国的工党以微弱的多数同意了这一请求。在盟国没有提供任何精神支持和物质援助的情况下，7月，俄国这一不幸的、"温和的"共和国发动了最后的进攻。虽然在初期取得了几场胜利，但是最终还是惨败的结局，于是发生了针对俄国人的另一场大屠杀。

俄国人已经无法再忍耐下去了。在军队中，特别在北部战线，经常出现兵变。1917年11月7日。克伦斯基政府被推翻，列宁领导的布尔什维克社会主义者夺得了政权。他们完全不顾西方列国的反对，要求和平。1918年3月2日，在布列斯特－里托夫斯克，苏维埃俄国和德国签署了单独的和平条约。

形势很快变得极为明显，布尔什维克的社会主义者，与克伦斯基时期口头上的立宪主义者乃至革命派完全不同。他们是极其狂热的马克思主义共产主义者。他们坚信，俄国政权的获得，仅仅是世界范围内革命的开端。虽然他们缺乏经验，但是决心依靠信仰的坚定性改变世界的经济和社会秩序。西欧和美国政府自己本身组织混乱，因此无法进行这种超常的实验。这些国家的统治阶级不择手段、不计代价地攻击新的布尔什维克政权，报纸更是如此，从而使得其可信度大大降低。全世界的报纸都开动起来，进行了令人厌恶的宣传运动，其内容是未经审核的。布尔什维克的领导人被描绘成不可思议的怪物，嗜血成性，下流放荡，反而把拉普斯丁时期的宫廷衬托的洁白无瑕。西方国家对于这个筋疲力尽的国度进行了武装干涉，叛乱分子都被鼓动起来，他们得到了武器支持和资金援助。对于这个可怕的布尔什维克对手，似乎任何手段都不显得那么卑劣和可怕。

到1919年，这个国家已经被战火蹂躏了整整5年，在布尔什维克的领导下，仍然要继续面对多线作战的形势。在阿尔汉格尔，其作战对象是英国远征军；在东西伯利亚，是日本侵略者；在南部，是罗马尼亚、法国和希腊的军队；在西伯利亚，是沙俄的海军将领高尔察克；在克里米亚，是得到法国军舰支持的邓尼金将军。7月，一支爱沙尼亚军队，在尤登尼奇将军的率领下，几乎抵达了彼得堡。1920年，在法国的煽动下，波兰向俄国发动了新的进攻。同年，出现了新的叛乱，是反动军官弗兰格尔领导的，他接手了邓尼金的工作，继续侵入和蹂躏自己的国土。1921年，喀朗斯塔得的水兵发生了叛乱。在列宁的领导下，布尔什维克政府抵御住了所有的攻势，充分显示出这个政权惊人的坚韧性，而俄罗斯人民在极端艰难困苦的条件下，仍然坚持下来。1921年末，英国和意大利都在某种程度上承认了这个共产主义政权。

但是，如果说布尔什维克政府在反对外国武装干涉和国内叛乱方面取得了成功，那么在努力构建基于共产主义原则的社会新秩序方面，它的努力并不乐观。俄罗斯农民是小土地所有者，对土地有着如饥似渴的需求，这点和共产主义的思想和方法截然不同，其差异如同鲸鱼和飞虫的区别。革命把大地主的土地转移到农民手中，但是农民种植的作物只能换取可以兑换的现金，而革命又完全破坏了货币的价值。战争导致俄国铁路运输系统的崩塌，农业的产量也不断降低，于是农民耕种的粮食只能自己糊口。城镇中出现了饥荒。依据共产主义思想对于工业的改造，非常仓促，缺乏计划，同样也是很不成功的。到了1920年，俄国呈现出来现代文明进程中前所未有的一种景象，是完全崩溃的局面，铁路生锈，无法使用；城镇变成废墟，到处充满着死亡的气息。而这个国家仍然与敌人决战于国门之处。1921年，在战火毁坏的俄国东南部省份，出现了旱灾，还有大饥荒，数百万人正在挨饿。

但是，关于这种危险境地，关于俄国复兴的可能性，距离当今的争议性问题过于接近，所以在这里我们就不进行探讨了。

第六十七章 | 世界政治与社会的重建

由于本书基调和篇幅的限制，我们无法深入解析各种条约所引发的复杂、激烈的争议，关于结束大战的凡尔赛和约问题更是如此。我们已经开始意识到，这场冲突，极其可怕，规模庞大，但是它既没有结束什么，没有开始什么，也没有解决什么。它杀死了数百万人，浪费了世界的资源，使其贫困荒芜。它彻底摧毁了俄国。从最好的层面而言，大战只是给予了我们可怕的尖锐提示：在这个危险而冷酷的星球上，我们过着一种愚蠢的、迷茫的生活。极其粗糙的自我中心主义、国民的非理性狂热和帝国的贪婪无度导致了这场悲剧的发生。然而，当世界刚刚从战争造成的损失与倦怠之中恢复，这些因素又重新浮现出来，有可能再度引起类似的灾难。战争与革命本身不会创造什么，他们对于人类的最大贡献，就是以一种极其粗暴和痛苦的方式，摧毁某些过时的和阻碍社会前进的事务。大战解除了德意志帝国对于欧洲的威胁，粉碎了俄国的帝国主义，清除了好几个君主政权。但是，欧洲的土地上仍然是多国的国旗在飘扬，边境状况令人堪忧，大批军队不断囤积新的装备。

20世纪20年代，甘地在印度开始非暴力不合作运动

在凡尔赛召开的和会依照自身的逻辑来解决冲突和战败国问题，但是会议的安排却并非合理恰当。德国、奥地利、土耳其和保加利亚等战败国无法参加会议，只能被动接受和会强加给它们的决议。从人类的福祉角度进行审视，会议地点的选择本身也蕴含着不幸的

含义。1871年，正是在凡尔赛宫的镜厅，新的德意志帝国宣告成立。这次的情形则发生了一个戏剧性的逆转，还是在镜厅，其含义让人难以忍受。

大战开始之际，各国展现出来的慷慨已经消失殆尽。战胜国的民众关注于自己的损失和苦

奥斯曼帝国苏丹穆罕穆德四世下台，新土耳其诞生

痛，完全无视战败国付出同样代价的事实。大战之所以爆发，是由于欧洲竞争性民族主义发展的不可避免的结果，同时，对于这些竞争性的力量，缺乏一种联邦式的机构去进行调整。在如此狭小的地域范围之内，分布着独立的拥有强大武装的主权国家，战争似乎是一个自然的逻辑选择。即便大战没有爆发，也必然会出现类似的冲突，如果没有政治上的统一对此进行预防，二、三十年后

恐怖片《诺斯菲拉图》上映

会爆发更大规模的战争。国家的战备状态必然会引发战争，这就和母鸡下蛋的道理是一样的，但是这些惨遭战争践踏的国家忽视了这一事实。战败国在道义上和物质上负起全部的责任。如果结局逆转，战败国也会如此对待战胜国的民众。法国人和德国人认为应该谴责德国人，德国人则认为被谴责的应该是俄国人、法国人和英国人，只有极少数的有识之士认为，碎片化的欧洲政治体系才是问题所在。凡尔赛和约的目的是惩戒和报复，要求战败国支付巨额赔款，这是对于战胜国伤亡和损失的补偿，但这又给已经破产的战败国增加了巨额的债务负担。

林肯纪念堂落成典礼

凡尔赛和约试图构建国际联盟防止战争、重建国际关系的努力也显得缺乏诚意，准备不足。

欧洲究竟是否抱有为了持久和平而重组国际关系的意图，这一点是令人怀疑的。把国际联盟的提议付诸政治实践的是美国总统威尔逊。最主要的支持者也在美国。迄今为止，除了保护新大陆免于欧洲干涉的门罗主义，这个新崛起的现代化国家没有形成任何关于国际关系的新理念。现在，突然要求它为了解决这个时代的重大问题做出精神上的重大贡献，它无力做到这一点。美国人的天性要求建立永久的世界和平，他们对于旧世界的政治有着非常强烈的、与生俱来的不信任感，并且孤立于旧世界的各种问题之外。

当德国的潜艇战把美国拖入到战争，并且加入了反对德国的协约国一边作战的时候，针对世界性的问题，美国几乎没有设想出一个美国化的解决方案。威尔逊总统的国际联盟计划是一个非常仓促的计划，其目标是创建一个美国式的世界，这一计划极其粗略、非常不充分，因而也非常危险。但是在欧洲人看来，

一战结束签署和平协定

这是一个非常成熟的美国观念。1918-1919年，人们对于战争极端厌恶，为了防止战争的再度爆发，人们几乎不惜任何代价。然而，旧世界没有任何一个独立的主权国家愿意放弃哪怕是一点点主权，以达到这样的目标。威尔逊总统所倡导的国际联盟讲话越过了各国政府，直接面对的是广大的民众，其反响是巨大的，人民认为这是美国的成熟想法。但是，威尔逊需要与各国政府而不是人民打交道。威尔逊具有开阔的视野，但是现实给他的考验结果却是自私的和狭隘的，他所引爆的热情最终消失殆尽。

狄龙博士在《和会》一书中写道："当威尔逊总统上岸的时候，欧洲是一堆等待被烧制的陶土。欧洲国家从来没有如此渴望追寻摩西的脚步，希望摩西能够把他们带到一块得到长期允诺的土地，在那里战争被禁止，是一块无人知晓的世外桃源。在欧洲人的观念中，威尔迅就是这样一位伟大的领导人。"在法国，人们怀着敬畏之情向他鞠躬。法国的劳工领袖们告诉我，在威尔逊总统面前，他们流出了喜悦的泪水，他们的同志都愿意赴汤蹈火，以实现威尔逊的崇高计划。对于意大利的工人阶级来说，威尔逊的名字就是来自天堂的号角，在这一号角声中，大地将被重新唤醒。德国人认为威尔逊和威尔逊主义是安全的保障。无所畏惧的米尔伦先生说过"如果威尔逊总统对德国人讲话，宣布对德国人的严厉处罚，那么德国人会顺从地接受，不会抱怨，而且马上会付诸实施。"在奥地利，威尔逊的名字就如同救世主一样，只要提起他的名字，就能给受伤的人带来安慰，减轻被折磨的忧伤……。

这些都是威尔逊总统所激发出来的强烈期望。但是他最终令民众极其失望，他创建的国际联盟又是那么地脆弱不堪和徒劳无益，这是一个漫长而令人忧伤的故事，我们无法在这里进行讲述。威尔逊这一个体夸大了我们共同的人性悲剧，他的梦想极其伟大，但是执行却如此无能。美国人对于总统的行为持有异议，拒绝加入国际联盟。这是一个极其缓慢的认识过程，美国人认为他们闯入了某个让他们措手不及的领域。欧洲人也渐渐认识到，在欧洲面临极端困境的时候，美国还没有准备为旧世界贡献任何东西。国际联盟诞生的时候，是一个早产的畸形儿，建构完善，但是没有可操作性，权力也受到诸多限制，所有这些都是有效的国际组织和国际关系形成的障碍。如果国联没有产生，那么问题将更加清楚。然而，在世界范围内点燃的欢迎该计划的热情，世界各地的人们愿意接受计划的愿望，这一点和政府截然不同。他们希望控制战争，这应该是任何历史进行记录并予以强调的部分。除了那些无法有效管理人类事务的短视政府，促进世界的联合和世界秩序的努力一直存在，并且力量在不断增长。

从1918年开始，世界进入了一个会议时代。在所有这些会议中，美国总统哈定（公元1921年）召集的华盛顿会议是最为成功的，也是最富有成果的。同样值得注意的，还有热那亚会议（公元1922年），德国和俄国的代表出席了会议。我们不会讨论这一系列漫长的会议及其进行的尝试。越类来越清楚的事实是：人类正在从事一项伟大的重建工作，其目标是避免大战，避免世界性的大屠杀。即兴组建的国际联盟这样的机构，在一系列的国家之间通过会议的方式进行关系的修修补补，这些都毫无用处，这些工作看起来能解决一切，但实际什么都没有改变，无法满足新时代呈现在我们面前的各种复杂的政治需求。当今时代，需要

1922年，探讨欧洲乃至世界未来的会议在热那亚开幕

系统发展和应用的学科包括：人类关系学、个人和群体的心理学、金融学、经济学、教育学，以及处于起步阶段的其他科学。一切狭隘的、过时的、已经消亡的和即将消亡的道德和政治观念，都将让位给关注人类共同起源和共同命运的更为清晰和简洁的理念。

但是，如果说人类如今面临的危险、困惑和灾难，都已经远远超出了以往的经验，那么是因为科学发展的巨大力量。科学方法的大胆思索、详尽清晰的声明，完备的批判性计划，同样赋予人类控制这种力量的希望和可能。人类仍然处于青春期，面临的麻烦不是衰老和疲惫，而是其不断增长、未能控制的力量。就像我们在本书中所做的一样，当我们把历史看作一个过程，当我们看到人类的奋斗向着可控的方向发展的时候，我们就能够理解当今时代的希望和危险的真实比例。人类已经处于走向伟大的黎明，但是在鲜花和落日呈现出来的美景之中，在年幼动物们的快乐奔跑之中，在万千景致带给我们的快乐之中，我们会多少领悟生活带给我们的启示。在一些雕塑和绘画的艺术之中，在一些美妙庄严的音乐里面，在一些高贵伟大的建筑和令人愉悦的花园里面，我们也将领悟到，在目前物质条件的限定下，人类能够做些什么。我们都有梦想，我们面对的是未被规制然而却在不断增长的力量。我们毫不怀疑，人类终将实现我们最大胆的想象，实现统一与和平；我们的子孙后裔，将生活在一个更加辉煌和可爱的世界里面，那个世界远远超过当今的任何宫殿和花园，人类的力量将不断扩展，其范围将更加广阔，成就将更加辉煌。

人类现在所做的一切，所取得的小小胜利，我们所讲述过的全部历史，都是人类终将从事的宏伟事业的开端。